阅读成就思想……

Read to Achieve

THE LEAN PRODUCT PLAYBOOK

How to Innovate with Minimum Viable Products
and Rapid Customer Feedback

如何开发一个好产品

精益产品开发实战手册

[美] 丹·奥尔森（Dan Olsen）◎著　张瀚文◎译

中国人民大学出版社
·北京·

谨以此书：

献给我的爸爸妈妈，是你们教会我学习，教我追逐梦想；

献给瓦妮莎，我生命中的另一半，是你让我们的每一天都更加精彩；

献给索菲亚和泽维尔，希望你们加倍学习，尽情放飞梦想。

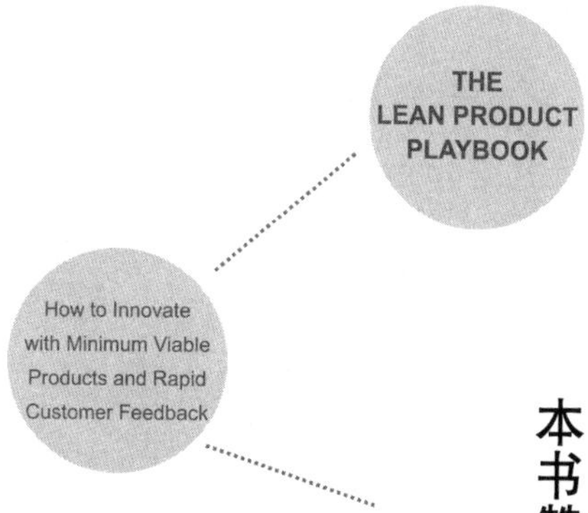

本书赞誉

假如你想要创造出成功、新颖的产品来赢得客户的心，那么你必须读读丹的这本《如何开发一个好产品》。

KISSmetrics 与 Crazy Egg 公司共同创始人 赫特·沙

丹在产品领域的专业知识对处于业务初期与成长期的 Box 公司弥足珍贵。如果你想要创造出成功的产品，想必你会和我一样认可他在本书中的观点。

Box 首席执行官 艾伦·列维

这是一部详尽而优秀的指导书，能指导你实现产品－市场适配，创造出人们喜爱的产品。《如何开发一个好产品》应当成为产品开发人员的必备读物。

《精益创业中的用户体验》(*UX for Lean Starups*) 作者 劳拉·克莱因

丹·奥尔森让产品开发的过程变得简单而富有逻辑。如果你想要创建出出类拔萃的产品，请阅读这本《如何开发一个好产品》。

500 Starups 联合创始人 戴夫·麦克卢尔

丹的这本《如何开发一个好产品》可谓是一本业内期待已久的有关如何运用精益原则进行产品开发的宝典。它通俗易懂、包罗万象，将带你领略打造成功产品的每一处细节。

Qualaroo 和 GrowthHackers.com 首席执行官 肖恩·埃利斯

这本步步为营的开发实践手册，能指导你打造出成功的产品，丹将精益创业提升到了一个新的高度！这本书确实适合每一个人——从设计师到业务人员，直至工程师。

Medallia 公司设计副总，财捷集团前设计创新副总 卡伦·汉森

丹·奥尔森在硅谷精益产品领域的是一位成名已久的大师。他的这本书给产品团队提供了一个简单直观的方法来实现产品的市场适配、推出最简可行产品，然后再系统化地改善产品。

Medallia 首席客户官 肯恩·法恩

这是我读到的第一本真正诠释如何在实际场景中运用精益创业理念的书。全书注重实际、循序渐进，融合了丹在多家企业的产品工作经验，颇具权威性。不论你是在初创企业或是在大公司创建一款产品，这本书都对你很有帮助。

Maven 风险资本公司创始人兼首席执行官 吉姆·沙因曼

丹是一位天赋异禀的产品领导者，曾经在我们公司创立初期大展宏图。他把自己的专业知识和建议，总结成了这本易于遵循的指南，能帮助你创建出更好的产品，提供真正的客户价值。我向所有从事产品和服务的人强烈推荐这本书。

MoodLogic 天使基金投资人与联合创始人 克里斯汀·平克

丹将产品开发过程从混乱状态转变成了运转精良的机器。每一个阅读本书的人都将受益于他的这种精彩而实用的方法。如果你想提高企业组织的创新能力，这本书不可不读。

PresenceLearning 联合创始人兼首席执行官 杰克·林奇

今天国内的市场营销过度强调了产品的包装与宣传，鲜有企业会在萌发产品概念时就预先验证其市场可行性。产品部门任重道远，这本《如何开发一个好产品：精益产品开发实战手册》值得你反复阅读体会。

华云数据市场总监 吴迪

推荐序一

某日与一位创业的朋友聚会，谈及他公司目前的业务状况，友人所感慨的不外乎经营艰难，竞争激烈。说罢拿起手机问我："你猜这玩意儿多少钱？市场价在 1 000 元人民币以内，我算过一笔账：芯片 20 美元、屏幕 15 美元、内存 8 美元、入网许可……我实在弄不懂他们是从哪里赚钱的？"这是今天国内企业家一种普遍的困惑。我们对市场的分析往往是取材于竞争对手，特别是竞争对手的产品拥有多大的市场，而优势则寄希望于更好的技术辅以更低的售价。

不得不说，我们在生产制造方面拥有独特的天赋，能够以极低的价格，在很短时间内仿造出相似的产品，甚至在品质和工艺上做到更胜一筹。这使得市场选择更加丰富，消费者可以从中受益。但对企业而言，这很容易挤压正常的经营利润，继而影响到未来的发展。

在产品管理领域工作了十余年后，我深切认识到客户价值的重要性。在每次考虑一个新产品或功能的概念时，都要先回答两个问题：谁在乎呢？那又怎样？因为企业所推出的任何一款产品都应该能满足某个细分市场的特定需求，并且能够比其他可替代方案带来更高的客户价值。

于是我给这位朋友留下几个问题：这款产品的定位应该是愿意为通信设备支付少于 1 000 元的群体，他们中存在哪些细分市场？各自会有哪些具体的需求？哪些是今天市场上的产品所无法满足的？至于该用多少钱的芯片和屏幕，在对细分市场有一定认识和定位之后，才开始判断应该选择何种方案。否则，很容易便会根据手边的方案，做出一款市场并不在乎，又不怎么样（有许多可替代方案）的产品。

谁在乎呢？那又怎样？这两句话同样可以视为精益产品开发的核心。读过丹·奥尔森的《如何开发一个好产品：精益产品开发实战手册》后，对精益开发有了系统性的理解。全书围绕着“产品–市场适配金字塔”展开，透过对问题空间与方案空间各个层级的诠释，引导读者一步步完成产品上市之前应做好的准备工作。客观来讲，今天市场上的不少产品，不论其成功与否，在上市发布之前，并没有经过精益产品开发过程中各步骤的验证，从而增加了很多不必要的成本，甚至导致产品最终难以在市场上立足。除了在产品开发方面，我们从产品市场营销端也可以看出端倪。

打开任何一家在线购物网站，物品琳琅满目。你可以通过多种途径找到心仪的商品，名称搜索、条形码，甚至可以直接根据实物照片找到相应的商品。不过这些都是在方案空间内的检索，也就是说客户已经知道需要购买什么了，于是在选购过程中，影响决策更多的是商品的价格、交货时间、店家信誉等商务因素。

读过这本书后，你会了解到从问题空间入手的好处，以及如何做到。这将成为今天的产品经理必修的一门课程，让产品诞生的第一时刻便明确了它会销售到哪里去，解决了哪些问题，相比可替代方案的优势所在。此外，精益产品管理并不仅限于商品，这种精神已经逐步渗透到文化领域。以美剧为例，在正式播出前每一部美剧都会先有试播集（与一般的预告片相比，试播的时间比较长，故事相对完整），根据播出情况分析收视率，了解受众主要集中在哪个年龄段、什么性别、哪些行业，喜欢看这部片子的原因是什么，再根据反馈数据和情况决定电视剧的风格、集数、情节走向等，这和精益开发的理念异曲同工。

我愿意向每一位产品创作的人士推荐这本书，同时感谢丹·奥尔森让我对精益产品管理有了如此系统化的认识。

柴小舟

霍尼韦尔大中华区副总裁兼总经理

推荐序二

开发产品易，开发成功的产品难。不少产品都没能逃脱“推出之时即是死亡之日”的厄运，相当数量的产品，其生命周期不会超过 5 年。如何提高产品研发的成功率，对研发流程进行更有效的改进，是所有创业者、产品经理、项目经理的永恒话题，不同背景、不同行业的从业者针对这个问题提出了诸多的管理思路和流程，六西格玛、瀑布开发、RUP、敏捷开发、精益管理、IPD 等都是不同时代、不同背景下的佼佼者。

2012 年，埃里克·莱斯（Eric Ries）在《精益创业》（*The Lean Starup*）一书中提出的精益创业理念，即以极简产品尽早推向市场，通过快速的学习和不断获得有价值的用户反馈，不断地对产品进行迭代优化，从而赢得市场。这一理念一经推出就获得了大量粉丝，精益创业也是行业大牛对产品管理在当前时代特征下的前沿理解。

当然，精益创业也不是产品管理的银弹。毫无疑问，精益创业在行业革新的初期会起到巨大的推动作用。这时，用户需求相对模糊、专家众说纷纭、目标用户的可选择性小、行业竞争不够激烈，产品需要解决的是行业的共性问题，用户对产品用户体验不断改进有足够的耐心，也有兴趣参与其中。但随着行业竞争的不断加剧，市场热点从通用市场向行业细分市场转变，后来者的市场准入门槛被迫不断抬高，缺乏深度行业理解的从业者再试图通过精益创业获得用户反馈会有相当的难度，用户往往在看到产品的第一眼就完成了初选——是使用还是抛弃。在适当的功能覆盖下推出精品、剑走偏锋、以奇致胜可能更适合竞争激烈的市场阶段，不管期望如何，现实就是如此的残酷。移动互联网的发展历程无疑是这一现象的注脚。

管理思想从来不是万能的，脱离不开特定的行业和行业发展阶段。但精益创业提倡的重视需求、重视反馈、不断迭代的理念，是当代产品管理的重要价值观，而快速迭代会引起缺陷率的上升，管理不慎，会导致相当次数的版本更新都是为了解决上一版本的缺陷而更新的，引起不小的行业争议和唱衰，即使业界巨头有时候也不能避免。

管理思想也不能脱离产品所依赖的资源而独立谈论，一个产品的成功与否维系于多项因素，总结起来脱离不了合适的人在合适的时间做了合适的事情，离不开天时、地利、人和。产品的成功，更多的是在具体的人、时、事约束下对管理思想的灵活运用，彼之蜜糖可能是吾之砒霜。管理思想是抽象的，在项目开展时，不是每一个创业者、产品经理、项目经理都具有丰富的从业经验和深刻理解，还不会走如何能跑？这时一套针对共性问题总结出来的操作流程就显得非常重要，这也正是本书的价值所在。

思想有了，流程有了，该如何实施？2000 年左右，华为引入 IBM 管理流程 IPD 时提出的“先僵化、后优化、再固化”的变革要求和柳传志的“踏上一步，踩实了，再踏上一步，再踩实，当确认脚下是坚实的黄土地以后，撒腿就跑”的管理实践也许值得我们思考和借鉴。先学习，再优化，通过实践不断加深对理论的理解，通过实践不断总结更适合自己的本土化流程，才能找到一条真正适合自己的路。

苗忠良

上海松宸市场营销策划有限公司技术总监

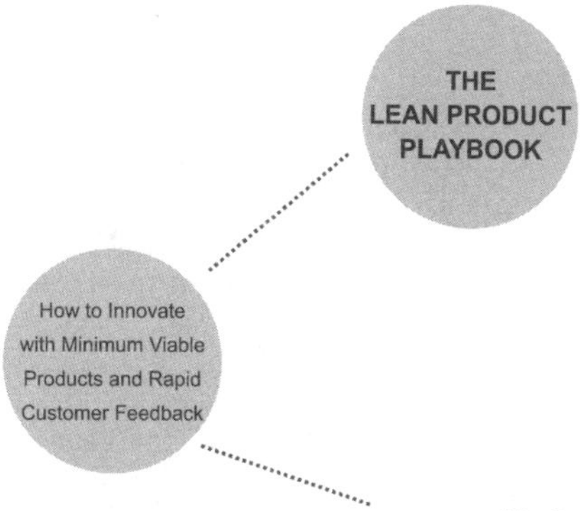

前言
为什么产品会失败，精益又如何逆转败局

创造一款出色产品绝非易事。有关新产品高失败率的统计数字发人深省。你听到过苹果、谷歌、Facebook 以及许多成功产品的故事，不过你也一定清楚有难以计数的产品淹没在市场大潮的滚滚洪流之中，甚至给那些出品公司带来灭顶之灾。

回想一下去年你所使用过的产品。其中有多少是你所钟爱的？有多少是你厌恶的？又有多少是你能记住的？可能和大多数人一样，真正令你喜爱的产品少得可怜。

假如你所在的团队拿出了一款广受追捧的产品，你一定知道那种感觉有多棒：顾客热情地表达对产品的赞赏；公司业绩呈指数级增长；你们尽可能提高产量以满足市场需求的浪潮；客户渴求你的产品并给予高度评价。

但是很遗憾，能够做到这样成功的产品凤毛麟角。为什么创造一款广受欢迎的产品如此之难？为何会有这么多产品折戟沉沙？

产品为何会失败

我在整个职业生涯中，曾经参与过许多不同种类产品的开发和研究工作。在分析了许多产品遭遇失败的根本原因之后，我发现遭遇失败的产品有一个普遍模式，而导致产品失败的根本原因就是它们无法比其他替代品更好地满足客户所需。这就是“产品–市场适配性”（Product-Market Fit）这一概念的精髓，它是由美国网景通信公司的马克·安德森（Marc Andreessen）在 2007 年提出的。他还提出，那些创业公司"由于无法达到产品与市场的适配而遭受挫败"，对此我深有同感。

由埃里克·莱斯发起的"精益创业行动"（Lean Startup Movement）在很大程度上促使产品－市场适配这一概念得到普及，也让人们对其重要性有了广泛认识。精益开发引起广泛共鸣的原因之一就是，大家都知道创造出一款成功产品有多困难。所以，我是一名精益创业理念的强烈支持者。

许多人第一次听到这种理念时往往非常兴奋，急切地希望付诸实践。可是，当我和其中一些拥趸在交流后才发现，他们虽然对此事兴趣浓厚，但却只了解一些宏观概念，对具体应用知之甚少。

这不禁让我想起许多想通过锻炼拥有好身材的人。他们积极性很高，想马上开始锻炼，努力练出一副好身材。他们报名参加各种健身俱乐部，购置全新的健身装束，兴冲冲地赶到健身房，但当他们到达现场时却不知该如何上手：应该进行哪些练习？应该使用哪些器械？如何运用正确的健身方式？他们热情极高，但对应该如何开始自己的健身工程却感到茫然无措。

本书的目的

我撰写这本书，旨在为那些想运用精益创业准则开发产品的读者弥补知识短板。本书将给你提供清晰明了、循序渐进的指导，帮助你开发出成功的产品。在和许多产品团队共事期间，我知晓了大家可能遇到的林林总总的挑战，经见了许多成功与失败的案例。厚植于这些经历和教训的土壤，我开发出了一套实现产品－市场适配的框架流程。

产品－市场适配金字塔

我所说的产品－市场适配金字塔实质上是一套框架，将产品－市场适配归纳成五项关键的组件：目标客户、客户未被挖掘的需求、价值定位、功能设置与组合，以及用户体验（User Experience, UX）。其中每一个关键组件在本质上均是一个可验证的假说。根据它们之间的关系可以对这五种假说理出一条逻辑顺序，从而构成金字塔的层次结构（如图 I–1 所示）。

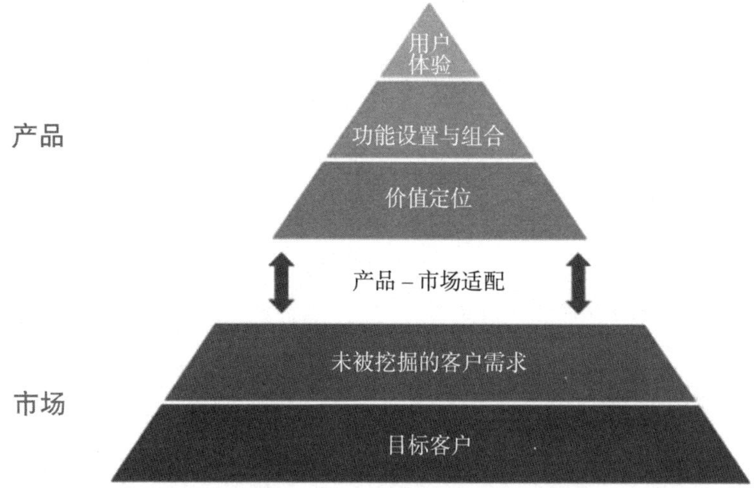

图 I–1　产品 – 市场适配金字塔

精益产品开发过程

在提出产品 – 市场适配金字塔之后，我又在此基础之上，设计了一个简单的迭代程序，并把它称为精益产品开发过程（Lean Product Process），用以指导实践。该过程从金字塔低端自下而上穿过每个层级，能帮助你把产品 – 市场适配中的五项关键组件更为清晰地表达出来，并对其进行验证。整个精益产品开发过程包含以下六个步骤：

- 确定你的目标客户；
- 识别客户未被满足的潜在需求；
- 明确产品的价值定位；
- 细化最简可行产品（Minimum Viable Product，简称 MVP）的功能设置与组合；
- 创建最简可行产品的原型；
- 与客户一同测试最简可行产品。

本书详细描绘了这个过程中的每一步，并配以相关的真实案例。我还专门用了一章的篇幅来分享关于该过程在实际应用中的一个完整的深度研究案例。

一份全面指南

我写这本书的目的在于提供一份全面的指南，因为只有经过一系列正确无误的程序，你才能开发出一款真正的明星产品。除了精益产品开发过程外，我还会涉及其他许多主题。你在书中会读到有关用户体验设计的详细解析以及敏捷开发（Agile Development）的相关知识。另外还包括详尽、深入的分析方法，以及如何运用指标来优化你的产品。

精益产品开发过程以及本书中其他各项建议，均源自我亲身参与开发高科技产品的一手经验和教训，包括成功和失败两方面的案例。

自我介绍

我个人的知识背景是技术技能和与商业技能的复合体，这可以追溯到当我 10 岁时，我父母给我买了第一台计算机。几年后，我就开始创业了。我在美国西北大学学习电子工程学，随后从事核潜艇的设计工作，开启了在高科技领域的职场生涯。工作期间我利用业余时间取得了弗吉尼亚理工学院工业工程学的硕士学位，正是在此期间，我了解到了精益制造的理念，也正是这种理念，推动了后来的精益创业运动。

后来我家搬到了硅谷，我进入斯坦福商学院深造，并加入财捷集团（Intuit）。在这里我接受了 MBA 培训，范围涉及产品管理、产品开发、顾客调研、用户体验设计以及市场营销方面。我带领 Quicken 的产品团队，在销售绩效与利润方面创造了公司产品的新纪录。伴随着知识和经验的增长，我日益渴望将自己所学的知识应用于创业企业。在离开财捷集团之后，我有很长一段时间在创业企业工作，或者与创业公司合作。

时至今日，我已为许多家企业提供过咨询服务，帮助他们应用精益原则开发出成功的产品。在整个咨询过程中我会与顾客一同工作：我与首席执行官，以及他们的管理层团队紧密合作，与产品经理、设计师和开发者置身同一战壕，我常常扮演着临时产品副总的角色。

我曾经与一大批不同领域的企业合作，对本书中所列出的这些概念进行了反复运用和验证，这些企业包括 Facebook、云存储商盒子网络（Box）、云服务网络 YouSendIt（现名 Hightail）、微软、移动医疗应用 Epocrates、软件服务商 Medallia、移动软件广告平台 Chartboost、侨兴环球（XING）、金融引擎（Financial Engines），以及数字化基础医疗服务商 One Medical Group。我发现这些理念几乎适用于所有客户。从规模上说，从小型初创型企业到大型公共机构全包括；从性质上说，多种不同类型的行业、目标客户、产品类别以及业务模型全覆盖。

我十分乐于将精益产品开发的经验和尽可能多的人们分享探讨。我经常会在一些研讨会上发言，还在硅谷主持每月一次的精益产品开发聚会。这些论坛的与会者常常能通过各种提问、建议与反馈意见，帮助我深化、优化本书所提供的这一整套开发系统。

本书的目标读者

如果你对精益创业、顾客拓展、精益用户体验、设计思考、产品管理、用户体验设计、敏捷开发或者分析感兴趣，那么这便是一本十分适合你的工具书，它是教会你“如何做”的操作手册，并通过循序渐进的方式帮助你开发出一款能让顾客认可其价值的产品。

本书适合：

- 任何想要开发一款新产品或服务的人；
- 任何想要改善现有产品或服务的人；
- 企业家；
- 产品经理、设计者和开发者；
- 市场营销人员、分析师和项目经理；
- 首席执行官与其他管理人员；
- 在任何规模的企业内工作的人们；
- 任何有志于开发出优秀产品的人。

本书所给出的建议对软件产品尤为适用。当然，对于其他产品类别，例如硬件或穿戴设备同样重要，甚至还包括非技术类产品。本书涵盖的指南适用于不同的商业环境，包括企业对消费者模式（B2C）以及企业对企业模式（B2B）。

本书的结构

全书共分三个部分。第一部分“核心概念”解释了产品－市场适配的基本观点，问题空间和方案空间。

第二部分“精益产品开发过程”详细叙述了整个流程中的六个步骤，每一步自成一章。此外，第二部分还包括以下章节：

- 运用理想的用户体验设计原则；
- 不断迭代、不断调整，改善产品－市场适配性；
- 一个完整的精益产品案例分析。

第三部分“创建并优化你的产品”，在你已经用最简可行产品验证了市场之后，为你提供可应用于后续工作的指导。其中有一个章节介绍如何运用敏捷开发方法开发产品，涉及测试、持续集成以及持续开发。另外，其中包含两个有关分析的章节，讲解了运用指标来优化产品的方法论，以及一个深入的实际案例分析。

写作这本书让我有机会与更广泛的读者分享所思所想和经验教训。在我的工作实践中，经常会与许多良师益友、前辈同仁，就如何创造出卓越产品这一主题，进行热烈的讨论和激烈的争辩，这样的思想交锋与碰撞让我得益匪浅。我们的研究领域处在持续改变和不断演进之中，各种新的思想层出不穷，这就是我为本书设立网站的原因所在（网址：http://leanproductplaybook.com），它将成为我们一起分享与探讨的平台。我真诚地邀请您访问该网站，阅读最前沿的资讯，并积极参与讨论。

THE LEAN PRODUCT PLAYBOOK

How to Innovate with Minimum Viable Products and Rapid Customer Feedback

目录

第一部分　核心概念

第二部分 精益产品开发过程

第5章 明确产品的价值定位（第三步）

第6章 细化最简可行产品的功能设置与组合（第四步）

第7章 创建最简可行产品的原型（第五步）

第8章 运用理想的用户体验设计原则

第9章 与客户一同测试最简可行产品（第六步）

THE
LEAN PRODUCT
PLAYBOOK

How to Innovate
with Minimum Viable
Products and Rapid
Customer Feedback

第一部分

核心概念

THE LEAN PRODUCT PLAYBOOK

How to Innovate with Minimum Viable Products and Rapid Customer Feedback

第 1 章 通过精益产品开发过程实现产品 – 市场适配

产品 – 市场适配是个非常有趣的术语，把握住了打造卓越产品的本质。这种观念囊括了所有影响产品成功的关键要素。产品 – 市场适配是精益开发至关重要的一项理念，本书将让你通其本质、窥其全豹。

翻看不同人写的有关产品 – 市场适配的文章，你会发现对其所作的诠释各有千秋。相信现实环境中的案例可以更好地解释这些概念，因此在本书中我会涉及许多在产品 – 市场适配方面成功或失败的案例。不过首先让我们从澄清产品 – 市场适配的概念入手。

什么是产品 – 市场适配

正如我在前言部分提到的，马克·安德森在其著名博文《唯一重要的事》(*The only thing that matters*) 中提出了产品 – 市场适配这个概念。他在博文中写道："产品 – 市场适配可以简单地理解为用投其所好的产品来满足翘首以盼的市场。"我对产品 – 市场适配的理解是你打造出的一款能够为顾客带来巨大价值的产品，这与马克的观点并不冲突。这意味着你的产品比其他可替代品更能实实在在地满足顾客的实际需求。

有些人将产品 – 市场适配定义得更加宽泛，除了最核心的理念外还要求具备有效的营收模式，也就是说你可以成功地为产品定价；另一些人则在产品 – 市场适配的概念中增加了有效果 / 价格比要求的顾客获取模型。这些定义基本上将产品 – 市场适配等同于业务有利可图。在我看来，将"产品 – 市场适配"视为"有利可图"

的观点掩盖了这一概念的本质，有些狸猫换太子的味道。

在本书中我只会使用其最核心的定义。在商业环境中，“创造价值”并不等同于“获取价值”。前者是后者的基础，要获取价值，你首先必须先创造出价值。更清楚地讲，诸如业务模式、顾客获取、市场营销和定价等都对业务成功非常重要，每一项都值得单独写本书来进行讨论。本书会涉及这些课题，你也可以运用本书提供的定性和定量技巧对这些方面进行改善。事实上，第 13、14 章还会谈到如何优化这些业务指标，不过本书的主要着重点还是落在对产品 – 市场适配这一核心概念的讨论上，并为你实现这个目标提供指导。

产品 – 市场适配的金字塔

要做到产品 – 市场适配，单纯靠一种定义难以给你提供充分的指导。这便是我构思出产品 – 市场适配金字塔的原因，它可以作为供我们的实际行动所遵循的框架，如图 1–1 所示。这一层级模型将从产品到市场的整个过程分解为五个关键组成部分，由金字塔的各个层级来分别代表。产品位于上部，包含三层；而市场则位于金字塔下部，由两层组成。在产品与市场两个部分内，每一层由其直接的下一层决定。产品 – 市场适配则位于金字塔上下两部分的中间位置。

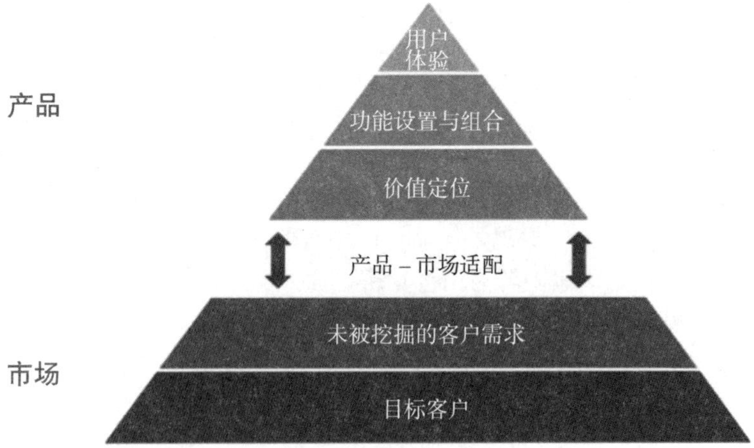

图 1–1　产品 – 市场适配金字塔

市场部分

根据这样的金字塔层次，我们先从底部，即市场部分着手。市场由现有客户与潜在客户构成，他们共同具有某种特定需求或者一组相关需求。举例来讲，美国所有需要提交收入纳税材料的公民构成了美国的税收申报准备市场。你可以将市场中的顾客总数，或者是这些顾客所产生的整体收入视为市场规模。采用这两种测量方式得出的结果，都可以看成现有市场或未来潜在市场的规模。

同一市场内的不同顾客会选择不同的解决方案来满足其需求。例如，税收申报准备市场中的一些顾客或许会选用布洛克税务公司（H&R Block）的专业服务，而另一些人可能采用手工方式或者采用 TurboTax 之类的软件来自行筹划。

在一个既定市场内，你可以分析每个竞争产品的市场份额情况，即统计每一款产品所占有的市场百分比。例如，你可以对比苹果与三星的市场份额，或者可以依据操作系统类型（iOS、安卓等）来进行市场划分。另一个例子是浏览器市场，不同产品所占的市场份额都非常接近。

当你徜徉在超级市场的货架之间，你会看到不同市场类别的产品：牙膏、香波、洗衣粉、谷类食品、酸奶酪、啤酒等，可谓琳琅满目。每个产品市场所处的生命周期阶段不尽相同，你所看到的许多产品，例如牛奶、鸡蛋、面包，都属于相对成熟的市场，很少会发生改变或创新。不过话虽这么说，你仍会看到新市场出现，例如纺必适（Febreze）通过一种不用清洗即可去除纤维织物异味的产品创造出了一片全新的市场。在该产品发布之前，这个市场并不存在。你同样还可以在许多市场上看到这类主动竞争产品（Active Competition），即企业通过产品创新来赢得市场。

产品 – 市场适配金字塔将市场分割成两个不同部分：目标客户和他们的具体需求。在模型中，需求层在目标客户层之上，因此需求层与产品 – 市场适配性的相关性更强。

在尝试为顾客创造价值的过程中，你首先要找到某个特定需求，从而挖掘出相应的市场商机。举例来说，如果在某个市场内现有解决方案已经完全能够满足顾客所需，效果令人满意，那么这或许不会是你想要进入的领域。在开发一款新产品或改善现有产品时，你会寄望于解决那些尚未被充分满足的顾客需求。这就是我为什么要用“未满足的需求”来作为这一层的标签的理由。顾客会将你的产品与其他可替代品进行比较，因此你的产品满足顾客需求的相对程度，要取决于整个竞争场景。下面让我们先进入金字塔的产品部分。

你的产品

产品是指一种具体的供给，用以满足顾客的一组需求。从这个定义看，产品－市场适配的理念显然既适用于产品也适用于"服务"。产品与服务最本质上的区别在于，产品是一种物化的商品，而服务则是无形的。不过，随着产品逐步开始通过网络与移动设备完成交付，产品与服务间的显著差异正在渐渐淡化，尤其是当软件即服务（SaaS）① 的概念盛行之后，情况更是如此。

软件本身只是无形的代码，往往运行在服务器端，客户不会直观地看到。在现实环境中，软件产品是以用户感受与用户体验的形式呈现出来的，也就是产品－市场适配金字塔顶端的部分。除软件之外，任何涉及与客户互动的产品也同样如此。用户体验代表着将产品的功能带入到用户的实际生活中去。

产品的功能里包含着各种特性，每一种特性的目的都旨在满足顾客的具体需求。汇总起来形成了产品的功能设置与组合，位于用户体验下方的一层。

在判断产品应当具备哪些功能之前，你先要确定产品计划满足客户的哪些具体需求。在这个过程中，你需要清楚判断你的产品相比市场上其他产品所具有的优势。这对于产品策略而言非常重要。你想要满足的需求总和就构成了产品的价值定位，也就是产品－市场适配金字塔中"功能设置与组合"下方的一层。同时，你的价值定位还在顾客需求层之上，因此它从根本上决定了产品在实现你的目标和解决顾客实际需要之间的契合程度。

价值定位、功能设置与组合以及用户体验这三个层次合起来决定了你的产品。如图 1–1 所示，你的产品与市场在产品－市场适配金字塔中是两个独立的部分，而创造客户价值可以被视为一个努力让两者完美结合的过程。

产品－市场适配

通过这个模型所表现的产品－市场适配，可以作为一种测量产品（金字塔上方的三层）是否满足市场需求（金字塔下方的两层）的测量指标。你的目标客户决定了产品能在多大程度上满足他们的需求。同样，顾客也会判断你的产品和市场上的同类竞品相比是否更加适合他们的需求。要做到产品－市场适配，你的产品应当比竞争对手更好地满足顾客的"潜在需求"。让我来介绍一款成功做到了这一点的产品。

---

① 软件即服务，是指云计算技术中，云服务提供的一种方式。——译者注

Quicken：从第 47 名到第 1 名

财捷集团的 Quicken 个人财务软件便是一款进入红海市场后成功做到产品 – 市场适配的产品案例典范。早在精益开发思想出现之前，在斯科特·库克（Scott Cook）与汤姆·普鲁克斯（Tom Proulx）于数年之前刚刚创立财捷集团时，他们便已开始实践精益的某些原则。在发布 Quicken 产品时，市场上的个人财务产品已经多达 46 款。但是，经过缜密的客户调研，公司的创始人得出结论，现有的产品还没有一款能够做到产品 – 市场适配。这些产品无法满足顾客的需求，用户在使用过程中都存在着不同程度的弊端。当时由于几乎每个人对支票开立都非常熟悉，两位创始人据此提出一种假设，支票簿式的设计将会非常好用。事实证明这种假设是正确的：通过借鉴支票簿式进行概念设计所形成的用户体验引起了顾客的共鸣，这使得 Quicken 快速成为个人财务软件中的佼佼者。

Quicken 取得的佳绩在很大程度上要归功于财捷集团运用了在今天被归为精益理念的某些原则。当时该企业率先使用顾客调研与用户测试来为软件开发者提供信息反馈。在每个版本发布之前，他们会固定进行可用性测试并组织公测，这些做法还要等到若干年后才会成为业界主流。他们发明了“跟我回家”的概念，鼓励财捷集团员工走进零售商店，在顾客购买一套 Quicken 软件后询问用户是否可以跟随他们回家，观察顾客如何使用软件。这让他们在把握顾客对产品的最初印象方面获益匪浅。

让我们评估一下 Quicken 的产品 – 市场适配金字塔。在这个市场上有许多客户，而这款产品无疑能解决他们的实际需求：人们需要保障支票簿收支平衡、需要关注自己的账户余额，需要了解自己的开支状况。对计算机软件而言，解决这些问题无疑应是小菜一碟，但是尽管市场上有 46 款产品，但顾客的需求仍未被完全满足。通过和顾客对话交流，公司创始人确切认识到 Quicken 的功能设置与组合正是他们所需要的能满足其需求的产品。他们在设计领域的独到见解能让顾客拥有一种完全创新的使用体验，比以往的产品都更便利。这种在可用性方面的显著提升，事实上成了 Quicken 在价值定位方面与其他产品的最大区别。通过实现产品与市场的适配性，Quicken 在激烈的竞争中脱颖而出，成为了创始人一提起来就合不拢嘴的“第 47 名逆袭者”的美谈。

精益产品开发过程

现在我们对产品–市场适配这一概念有了一个详细的模型，但是我们如何才能真正落实呢？依据我与许多团队在诸多产品上应用产品适配金字塔的经验，我设计了一种简化的、迭代式的流程来实现产品的市场适配。图 1–2 显示的便是我所定义的精益产品开发过程，它能引导你从下往上穿过金字塔的每个层级，有助于你表述和测试你对产品–市场适配的五个关键组成部分所做的假设。

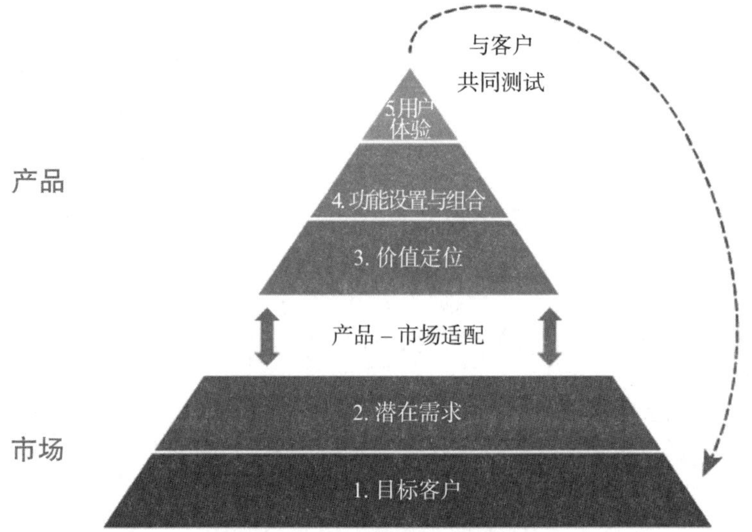

图 1–2　精益产品开发过程

我将在本书的第二部分详细描述精益产品开发过程的六个步骤，每个步骤各成一章：

1. 确定你的目标客户；
2. 识别客户未被满足的潜在需求；
3. 明确产品的价值定位；
4. 细化最简可行产品的功能设置与组合；
5. 创建最简可行产品原型；
6. 与客户一同测试最简可行产品。

最后三个步骤涉及精益原理中最简可行产品（MVP）的概念，我会在第 6、7 章对此进行详细介绍，不过基本上可以认为这便是你的目标客户认可的最低程度的功能集合，顾客会认可它们提供了足够的价值。在开发新产品的过程中，你自然希望在和顾客共同验证有关产品的假设时，能够避免提供超出客户需求的冗余功能。当你开发一款全新产品的首个版本时（简称为版本 1），MVP 这个概念显然大有用武之地。另外，在对现有产品进行重新设计，或者开发升级版本时，MVP 的理念同样非常适用。

当你开发非完整产品时，例如当增加功能或者改善现有产品时，精益产品开发过程同样适用。在这种情况下，如果条件够清楚的话，你可以考虑把这些步骤应用于“最简可行功能”。

第五步是关于 MVP 原型。我有意使用“原型”这个概念宽泛的词汇来表述你可能会与客户共同测试的各种不同类型的与产品相关的测试品。虽然第一款用于测试的“原型”有可能就是随后真正的上市产品，你也可以通过在产品定型之前对最初的假设进行验证，而只花很小的代价就得到很快的信息反馈。

并非每种产品或者每一项功能特性都需要走完所有这六个步骤，其中一些只有在开发全新产品时才是必需的，例如确定你的目标客户、识别顾客未满足的潜在需求、明确产品的价值定位等。一旦你的产品成功地通过了这些步骤，你在短时间内无需再次重复。但是在发布第一版产品后，如果想增加新功能或者改善原有功能，那么你可能就需要把这三个步骤再重复一遍：明确有哪些功能特性想实现、创建这些功能，与顾客共同测试这些功能是否合用。

为了提高产品 – 市场适配的成功率，人们才设计了这样的过程以鼓励设计人员在对产品开发展开思考时，能够达到合理程度的严格和缜密。从某种意义上讲，这一过程可视为一张检查表，它引导你在开发产品的过程中对各项关键假设以及有待做出的决定，进行充分思考。如果这些假设和决定你未能清晰地表达出来，那它们就只是一些晦暗不明的提示。精益产品开发过程有助于你将头脑中的设想和假说清晰地表达出来（你还可以在之后的迭代过程中加以修正）。假如你跳过了这些重要的思考步骤，就可能会把一些关键因素，例如目标客户或是产品策略等，变成听天由命的东西。

返工重做是精益制造里的一项重要观念，它激发了精益开发概念的出现。返工重做意味着你必须花费时间来修复当初欠缺的方面，而最小化返工则是消除浪费的关键策略。精益产品开发过程除了可以让你尽可能达到产品和市场的适配，还可以减少返工，有助于加快开发进度。

要明确的是，在精益产品开发过程中返工重做是难免的。在一个迭代的过程中，如果要向前推进，你就需要不断修正你的假定、设计，以及产品——所有这些都可被视为返工重做。精益产品开发过程的目的旨在尽可能快速地达到产品－市场适配，快速而严谨的思考可以避免或降低返工作业量，有助于尽快实现这一目的。

你可以将精益产品开发过程视为空手道学徒学习、锻炼技艺的各个阶段，他们逐步进阶，以赢得更高级别的腰带。通过训练掌握了核心技巧之后，他们成为黑带的拥有者，能够将所学所悟融会贯通，形成具有个人风格的招式。武术大师李小龙曾经很雄辩地认为："师其法而不必泥其方。"他还认为，要"吸收有用的，抛弃无用的，加入自己特有的"。在学习和实践本书提出的各种理念与指导原则的过程中，这句话同样有重要的指导意义。

我非常希望能够听到你的问题或反馈，以及你在应用本书提出的有关理念的过程中的心得和体会。敬请在本书的专属网站上加以分享：http://leanproductplaybook.com。同样，你还可以看到有关本书的最新资讯，参与到有关创建卓越产品的讨论之中。

在展开对精益产品开发过程的探讨之前，我会在下一章先讨论问题空间和方案空间的问题。理解这些基础概念有助于我们在研讨产品－市场适配金字塔之前先理清自己的思路。

第 2 章 问题空间与方案空间

精益产品开发过程将会指导你亲身实践达到产品－市场适配所需要的各个关键思考步骤。在接下来的章节中，我会详细讲解这个过程。不过在开始之前，我想先分享一个重要的全局性概念：区分问题空间和方案空间。多年来我一直在演讲中谈到这个观点，幸运的是这个概念现在已经被人们越来越多地谈论和运用。

你实际开发的任何产品都属于方案空间，你所做的那些产品设计也同样如此——比如实物模型、框架图，或者产品原型等。方案空间包括任何可以为顾客使用，或者谋求被顾客使用的产品或者产品的代表。这正是初始空白状态的反面。当你确定要开发一款产品时，你实际上就已经选择了一种具体的实现方式。不论你是否已经将其说得非常清晰，这款产品的外观、功能和实现原理，其实都已经基本确定。

与此形成对照的是，在问题空间中不存在具体的产品或设计。相反，问题空间是你想通过你的产品去满足的那些顾客需求所占据的空间。切勿把“需求”这个词定义得太狭隘：无论是顾客的痛点、渴求、有待完成的工作，还是用户故事，它们都应在问题空间占据一席之地。

太空笔

我最喜欢用太空笔这个故事来阐述问题空间与方案空间的不同之处。当美国航空航天局（NASA）计划将宇航员送入太空时，他们已经知道圆珠笔在太空无法使用，因为圆珠笔依靠地球引力而使墨水流动。飞梭笔业公司（Fisher Space Pen）得到了 NASA 的这份合同，决定开展一项研发项目，以发明一款能在没有地球引力的太空环境中使用的笔。在投入一百万美元资金并研发数年之后，终于在 1965 年，公司总经理保罗·费舍尔（Paul Fisher）宣布太空笔研发成功：这是制笔技术的精彩展现，在零重力环境下能够自如使用。

但是对于同样的挑战，俄国的太空机构却选择让宇航员们使用铅笔。你真能买到这样的“俄罗斯版太空笔”（就是一支精心包装的红色铅笔）。

从这个故事可以看出贸然进入方案空间的风险，以及从问题空间着手的好处。假设我们将思考局限于“在失重环境下能够使用的圆珠笔”，我们就很难想到创意更佳、更加廉价的解决方案，比如一支铅笔。相反，如果对问题空间有着清晰的认识（避免任何方案空间的想法），却能帮你找到一大批具有高度创意和很高潜在投资回报率的方案。假如铅笔与太空笔是两种同样足以解决问题的方案，那么避免百万美元的研发投入显然是更加优先的选择。

为避免自己一头扎进研发圆珠笔这一方案，我们可以将问题空间重新描述为：“一种能够在太空失重环境中使用的书写工具。”这样的话，铅笔便成为其中的可选方案之一。不过这一方案仅局限于“书写工具”范畴。或许我们可以比这做得更好：“一种简便易行的，能够在太空的失重环境中记录笔记以便日后参考的方式。”这种对问题空间的陈述方式会激发更多的创新式解决方案，比如具有回放功能的录音机。事实上，思考框架约束之外的创意方案有助于你提炼对问题空间的定义，即便它们事实上并不一定可行。在这种情况下，录音机这种方案或许并不及太空笔，因为它需要电源供电，并且要经过回放才能找到记录，对扫描查找或者阅读而言都不方便。但是通过这种思想操练能够让我们进一步把对问题空间的定义优化为“一种能够在太空失重环境中方便地记录笔记，以便日后参考，而且使用简单、价格低廉、无需额外配备电源”。

我总喜欢举这个例子，绝不是想拿 NASA 寻开心。我只是想用这个故事来说明我的观点。其实，最终证明 NASA 所选择的是最好的解决方案。在太空环境中并不适合使用铅笔：其笔尖可能会折断，并在漂浮中扎入宇航员的眼睛，或是引起机舱内电线短路。在 1967 年阿波罗 1 号大火之后[①]，NASA 要求船舱内所有的物品都不能是易燃品，包括书写工具。因此太空笔着实是一项非常有用的发明，前苏联宇航

① 阿波罗 1 号在 1967 年 1 月 27 日进行的一次例行测试中，指令舱发生大火，三名宇航员丧生，事故原因很可能是因为太空船内电线的某处产生的火花点燃了飞船座舱的纯氧所引发的。——译者注

局后来同样也采取了这种方式。

当在演讲中谈及太空笔的故事时，经常有人会说这只是一个市井传闻而已。其实不然，NASA 对此有过正式解释，详情可浏览 http://history.nasa.gov/spacepen.html，并且飞梭笔业公司在其官方网站上同样承认了这件事（可查询 http://fisherspacepen.com/pages/company-overview）。另一个容易引发争论的焦点是：谁花钱进行了研究开发，是 NASA 还是飞梭？答案是飞梭公司，正如我在前文中所提到的。

问题定义市场

在我产品生涯的早期阶段，财捷集团创始人斯科特·库克对 TurboTax 案例的议论，强化了我对问题空间和方案空间概念的认识。当他和我所在的产品经理团队进行交流时，他问我们："谁是 TurboTax 最大的竞争对手？" 当时大家踊跃举手发言。那时市场上另一款主要的税收申报准备软件是布洛克税务公司的 TaxCut。在听到那些人自信满满的回答，我们最大的竞争对手是"TaxCut"之后，斯科特一针见血地指出，TurboTax 最大的竞争对手事实上是纸和笔。他的观点是，那时大部分美国人仍然使用美国税务局（IRS）的手工表单准备报税，其市场份额远超所有报税软件的总和。

这个案例强调了对问题空间进行明确思考的另一好处：对你的产品所真正参与竞争的市场有一个更加清晰准确的认识。当时在座的很多人都偏向于盯着方案空间，而且把方案空间简单地看成了 两大主要软件产品主导的"税收申报准备软件"市场。斯科特则从更广阔的"税收申报准备市场来"思考问题空间，把客户可能会把报税业务委托其办理的那些会计人员也包括在内了。正如之前的章节中讨论过的，一个市场就是由一系列相关顾客需求组成的，它恰恰就存在于问题空间中。市场不会局限在任何一个能够满足顾客现有需求的方案上。这便是为什么你会看到"市场瓦解"现象的原因：因为一种全新种类的产品（方案空间）更好地满足了市场需求（问题空间）。新技术经常可以通过以更低廉的成本为顾客提供类似的收益而引发市场瓦解。网络语音电话服务（VOIP）便是颠覆式技术取代传统电信服务的一个很好例证。起先网络语音电话服务的品质难以与传统电话线路相提并论，但它的成本十分低廉，因此对很多固定电话市场而言，这仍然是一个上佳的解决方案。

是什么？如何做

作为财捷集团的产品经理，我学会了如何从问题空间出发撰写详细的产品需求，而尽力避免陷入到方案空间中。我们接受的培训是，首先要聚焦于产品要为顾客完成什么样的服务，之后才是考虑这个产品“如何”才能实现这个目标。你常常听说那些优秀的产品团队能把“是什么”和“如何做”分得很清楚。“是什么”代表着产品应当给顾客带来的价值，即产品可以为用户做什么，或是能够帮助用户做什么。而“如何做”则是产品向顾客提供这种价值所采用的方式，包含了产品的设计以及实现产品功能的具体技术。“是什么”属于问题空间，而“如何做”属于方案空间。

由外而内的产品开发

企业或部门内很容易流行一种“由内向外”的产品开发方式，在这里“内”代表着企业，而“外”则表示顾客与市场。在这种方式下，人们往往会在还没有对问题空间形成正确的理解之前，就挺进到方案空间中。在这样的团队内，产品创意的起源就是一个或多个员工认为开发某个产品市场会有很好效果，但并未将这种想法在顾客群体中进行实际测试来验证它是否能真正满足顾客的需求。要想避免这种“由内向外”的思维方式给我们带来的风险，最好的方法就是要确保你的团队始终与顾客保持沟通。这便是史蒂夫·布兰克（Steve Blank）① 要把产品团队的成员们“赶出办公楼”（Get Out Of the Building，GOOB）的原因。

与之相对的“由外而内”的产品开发，则是从理解顾客的问题空间入手，通过和顾客不断交流洞悉他们的实际需求，以及他们对现有解决方案的褒贬态度，由外向内的产品团队在开始产品设计之前，会形成对问题空间稳健的定义。精益产品团队会清晰表述出他们业已形成的设想，并征求使用者对于早期设想的反馈意见来加以验证。这种方式是精益精神的本质所在，也是多年以前就信奉以使用者为本的精益实践者们所积极倡导的。

① 史蒂夫·布兰克是硅谷十大最具影响力的人物，被誉为“硅谷教父”，他催生了席卷全球的精益创业运动，被《哈佛商业评论》誉为当代“创新大师”，他被《圣何塞水星报》（*San Jose Mercury News*）评为硅谷最有影响力的十大人物之一。——译者注

你是否应该听取客户的意见

有人或许会这样反驳以使用者为中心的设计，他们认为和使用者的沟通并不会将你引导到那些全新的、突破性的解决方案上去。这些质疑者们经常会引述福特汽车公司创始人亨利·福特那句著名的话："假如我问人们他们想要什么，他们会告诉我想要一匹跑得更快的马。"他们同样还会举出史蒂夫·乔布斯的例子，以及苹果如何成功地推出了许许多多看似通过"由内而外"的设计而开发出的产品。事实上，乔布斯在 2008 年接受《福布斯》杂志的采访时同样引述了亨利·福特的话。①

确实，在你的产品领域，顾客很可能并不知道下一步的突破性解决方案会是什么。但是会有人怀有这样的期待吗？他们不是产品的设计者，不是产品经理，也不是技术专家。这种荒谬的想法源自人们希望借此来为自己忽视与顾客沟通，疏于理解他们的需求和喜好的行为找出理由。他们这样辩解不过就是找一个借口来逃避与顾客的沟通，因为他们太想对"由内向外"的观念抱残守缺了。他们自以为无所不知，认为与顾客的沟通是浪费时间，丝毫不理解问题空间与方案空间的关系。

顾客很可能不会给你直接带来突破性的产品，但这并不意味着理解他们的需求和喜好是在做无用功。相反，对顾客需求和偏好的正确把握，有助于产品团队探索出创新式的潜在解决方案，同时可以更加准确地评估顾客对各个方案价值的认可程度。

反对以使用者为中心进行产品设计的人还会这样辩解："苹果并不和顾客对话。"但是在 1997 年苹果全球开发者大会上，史蒂夫·乔布斯分享过他更为开明的观点，这与精益产品开发过程相一致。他说道：

> 你应当先从顾客体验的角度着手，然后再返回到具体技术上。你不能从技术出发开发产品，然后再尝试把它卖给消费者……当我们要尝试为苹果制定新的策略和愿景时，源头应该在这里：我们如何才能为顾客带来惊人的收益？……而不是：让我们与工程师一起坐下来，看看我们掌握了什么了不起的技术，怎样才能把它推向市场。我认为这才是我们应当选择的正确道路。

---

① 当时的乔布斯的原话是：有些人说："消费者想要什么就给他们什么。"但那不是我的方式。我们的责任是提前一步搞清楚他们将来想要什么。我记得亨利·福特曾说过，"如果我问消费者他们想要什么，他们应该是会告诉我，'要一匹更快的马！'"人们不知道想要什么，直到你把它摆在他们面前。正因如此，我从不依靠市场研究。我们的任务是读懂还没落到纸面上的东西。——译者注

苹果手机两个新功能的成与败

对以在产品发布前不征求顾客反馈而出名的苹果公司而言，他们的产品在市场上能大获成功的一个很重要的原因，也是因为对于顾客需求的深刻理解。以在iPhone 5S中引入的触摸识别指纹传感器为例。触摸识别指纹利用了非常领先的技术：高解析度的传感器仅有170纳米厚，却可以在每英寸内捕捉500点数。其按钮使用蓝宝石玻璃制作，是一种硬度极高又极透明的物质，用来保护传感器。同时，该按钮也作为一个镜头，准确地把传感器聚焦在使用者的手指上。触摸识别功能可以记录下小到人眼看不见的指纹脊线①细节，可以从任意方位识别多个指纹。

要指望iPhone手机的使用者们提出这样的解决方案是不太可能的。我猜苹果公司在发布这项技术之前也不会经过大量客户的实际测试。尽管如此，我仍要强调负责iPhone手机开发的团队对问题空间有着非常深入的理解，对于顾客认可触摸识别的价值颇有信心。触摸识别在传统的手机解锁和苹果应用商店登录方式之外，为使用者提供了一个新的解锁方法。触摸识别的优势在于，对顾客而言，这种身份识别方法既安全又方便，是一件很有意义的事情。而在以往，安全和方便二者往往是相互矛盾的，身份识别的便利性往往伴随着安全性的降低（反之亦然）。

绝大部分iPhone的使用者都会告诉你，他们需要频繁地解锁手机，一天中往往会有千百次。每个人都想节省时间，如果能使解锁操作更加便捷，对顾客而言显然是很有价值的事情。另一方面，iPhone的使用者同样重视安全性，他们并不愿意别人未经授权就打开自己的手机，尤其是当手机丢失或者被盗时。假如采用4位数字密码的话，他人猜到你密码的概率在1到10 000之间。而苹果公司宣称，对触摸识别功能而言，两枚相似指纹出现的概率仅有1/50 000（要同时尝试用不同的指纹比数字更加困难）。

触摸识别功能使得身份认证比输入一串解锁密码或是苹果应用商店的登录密码快了许多，同时使用者也能更加方便地使用，不用担心忘记密码。

正是由于触摸识别功能可以带来明显的时间节省与更高的安全性，所以iPhone开发团队对于顾客接受该特性的价值自信满满，甚至无需加以明确验证。但即便如

① 纹路中隆起部分是手指真皮向表皮乳突形成的皱痕，又称指纹脊线（ridge）；指纹脊线之间的凹陷部分，称为指纹的谷线（furrow）。——译者注

此，假如苹果公司完全将触摸识别功能与顾客隔离开来，那也将面临着一些不可预知的风险。事实上，苹果公司的确在公司内部员工中作过测试（内部员工往往是很有价值的客户代表）。这种在内部试用产品的测试技巧被称为“吃狗粮”。①

需要指出的是，苹果公司也并非完美无瑕。例如顾客对 2013 年苹果在 MacBook Pro. 的电源按钮上所做出的产品“改进”就并不认可。在之前版本的笔记本电脑上，电源按钮远离键盘，形状较小，有明显的颜色区分并采用了嵌入式设计，所有这些特征能确保其不会被意外按到。当使用者点击按钮时，系统会显示对话框并提供重新启动、休眠与关闭电脑的选项，这样使用者就可以选择取消操作。但是苹果公司决定在 2013 年的版本中改变电源按钮设计：他们将其设计成与其他按钮相同的样子（在右上部，原本退格键的位置上）。新按钮紧邻“删除”键和音量键，这些都是十分常用的。结果，使用者经常意外点击到电源按钮，然后不得不点击取消。

雪上加霜的是，在随后的操作系统 OS X Mavericks 的升级中，电源按钮的功能被重新设置了。当你点击电源按钮时，不会再得到多种选择的提示框，而是直接进入休眠模式。这两种改变简直让使用者抓狂，他们的笔记本电脑在使用过程中经常因误操作而意外地进入到休眠状态中。诸如此类的可用性问题其实很容易在用户测试中发现，即便只是小规模的测试也能及早发现并解决掉它。

让我们比较一下苹果公司的这两个产品案例。在触摸识别的例子中，使用者的收益相当明显，并且预期不会有任何风险。而在电源按钮的案例中，用户会得到什么好处呢？谁都搞不清楚。或许新的电源按钮设计是出于企业内部的考虑，例如从美学方面考量，或是从降低成本方面考量。但不管怎样，这种新的按钮设计和操作方式最终降低了顾客的满意度。确实，顾客不会引领你突破性地开发出创新产品，但他们的反馈犹如黑夜中的闪电，能照亮摸索向前的道路，让你避免坠入失败的深渊。

通过方案空间发现问题空间

别奢望顾客会把他们的问题空间完全展现在你面前。他们很难就抽象的潜在收

① 人们知道在做狗食的时候，由于狗不会讲话，所以会有一个人去吃这个狗的食物，然后来判断此种食物的口味。——译者注

益以及不同方案间的相对重要性作出正确判断，即便他们告诉你答案，也很可能是不准确的。因此发掘这些需求并定义问题空间是产品开发团队自己的工作。其中的一种方式便是在拜访顾客的过程中观察他们是如何使用现有产品的。这种技巧被称为情境访谈（Contextual Inquiry）或顾客发现访谈（Customer Discovery）。你可以观测到他们在使用现有产品时的“痛点”是什么。哪怕顾客自己也难以明确地表达清楚，你依然可以询问他们对于当前方案是否满意。当你对顾客的需求和在他们心目中各种需求之间的相对重要性做出假设以后，你同样可以运用这些技巧来验证、改善你的假设。

事实上，顾客们更擅长在方案空间为你提供反馈。假如你向他们展示一项全新的产品或设计，他们很快就能告诉你自己喜欢哪里、不喜欢哪里，他们会将你提出的方案与其他类似方案进行比较，明确各自的优劣所在。与顾客进行方案空间内的讨论会比试图在问题空间内讨论更见成效，并且你在方案空间内的发现实质上有助于你验证、改善在问题空间内所做的假设。认识问题空间的最佳途径，往往就是客户对你在方案空间里所创建的产品所作出的反馈。

问题区空间和方案空间是产品 – 市场适配金字塔的必要组成部分，如图 2–1 所示。产品的功能设置与组合和用户体验位于方案空间，这是顾客可以看到并做出反应的部分。金字塔的另外三层属于问题空间。问题空间与方案空间重要的界面位于价值定位与功能设置与组合之间。很显然，在方案空间内，你完全可以改变产品的功能设置与组合与用户体验。但是在问题空间内，对于顾客与他们的需求，你可以去瞄准、定位却无法改变；而价值定位虽然也位于问题空间内，但你对此有充分的控制权。

正如硅谷初期投资基金 500 Startups 的天使投资人戴夫·麦克卢尔（Dave Maclure）所说：“顾客并不关心你的方案是什么，他们只在乎他们自己的问题。”确保完全区分开问题空间与方案空间，并在迭代验证、改善你的假设时交替在这两个区域内展开思考，这是你做到产品 – 市场适配的最佳途径。下面我们将开始对精益产品开发过程的讨论，这将为你提供循序渐进的指导，培养你实现产品与市场适配的能力。

让我们从整个过程的第一步谈起：确定你的目标客户。

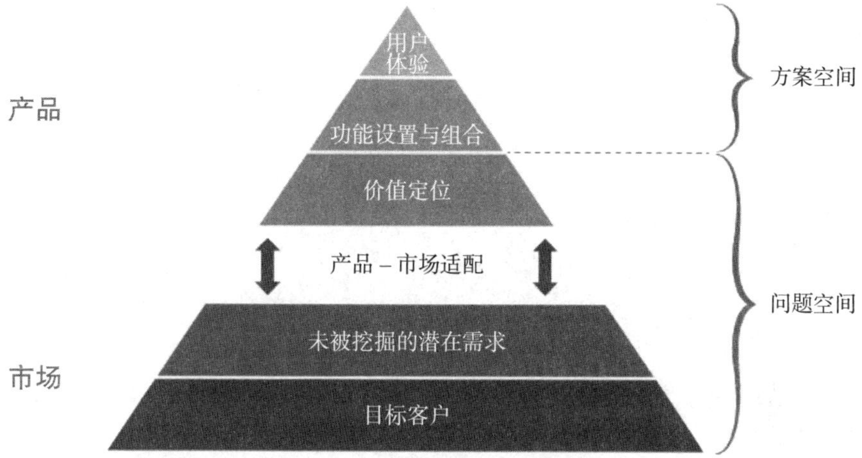

图 2–1　问题空间与方案空间

THE LEAN PRODUCT PLAYBOOK

How to Innovate with Minimum Viable Products and Rapid Customer Feedback

第二部分

精益产品开发过程

第 3 章
确定你的目标客户（第一步）

我们从确定目标客户来开启精益产品开发过程，这也是产品 – 市场适配金字塔的最底层。在问题空间中，你想确定的获益与特定的细分客户群有关。不同的顾客有着不一样的需求，即便是需求相似的客户，对其需求也有不同的判断视角，对其重要性判断也有自己的相对次序。

“垂钓”客户

许多企业在发布产品之前并没有对目标客户的问题进行清晰、详尽的讨论。有时，企业为其心目中的一类目标客户发布了一款产品，却最终发现吸引了另一部分细分客户群。匹配产品和目标客户就如同垂钓一般。你的产品如同放置在水中的诱饵，而想钓到的鱼便是你的潜在客户。有时你只想抓某一种类的鱼，但最终却求鱼得虾。你可以对目标市场做出假设，但是无法知道谁会真正成为你的目标客户，直到你将鱼钩抛入水中，看到哪种鱼上了钩。如果有了给顾客展示的实际产品或者原型，你便可以对所针对的目标市场获得更加透彻的认识。

当然，你的鱼饵也可能会吸引到不止一类顾客。例如 Quicken 最初的设计定位于个人消费者，让他们可以更简便地进行家庭税务筹划。但由于其使用便捷，不少小型企业的负责人也开始选用这款产品来管理公司的财务。Quicken 产品团队惊喜地发现，使用诱捕小鱼的鱼饵竟然也能逮到大鱼。通过客户调查，财捷集团发现了大约有三分之一的 Quicken 用户使用其作为公司的财务管理软件。于是财捷集团开发出了全新的 Quicken 家庭版与企业版来更好地满足家庭和小型企业用户各自的特殊需求。这种对目标市场的开拓性发现，同样帮助财捷集团开发出了 QuickBooks，这是一款专门用于企业财务管理的记账软件。

企业往往想要拓展或改变其目标市场。有些企业希望采取迈向“高端市场”的策略。举例来说，他们目前的销售对象是小型企业，但希望向更大型的企业销售；另外一些原本针对大型企业的产品也会计划进一步开拓“低端市场”，而一家在某个行业内取得成功的企业可能会想渗透到相邻行业中。比如你已经开发出了一些课程管理软件，并实现了与大学教授们的市场—产品适配，这时你可能会想进入职业培训市场。当相邻市场的需求近似时，你的产品可能只需经过很小的改动就可以完美适配。

如何细分你的目标市场

你可以通过获取各种相关的顾客属性来定义目标客户，从而判断某人是否在你的目标市场中。这些属性可以是基于人口统计学、心理学统计、行为学统计，也可以是建立在需求的基础之上。根据相关属性，把一个宽泛的市场划分为特定次级市场就被称为市场细分。

基于人口统计学的市场细分

人口统计学是指对特定人群进行的定量化统计，例如年龄、性别、婚姻状况、收入和教育水平等。假如你正在开发一套应用程序，目的是帮助妈妈们方便地向亲朋好友分享自己宝贝的照片。你就可以这样描述目标客户：20 至 40 岁的女性，有至少一名年龄在 3 岁以内的儿童。

假如针对企业市场，你可以相应地使用企业统计指标，这就如同针对企业的人口统计学，指标包括企业规模、行业性质等特质。你可以用两种非常出名的体系来区分行业，标准产业分类（Standard Industrial Classification，简称 SIC），以及北美工业分类系统（North American Industry Classification System，简称 NAICS）。

基于心理学统计的市场细分

心理学统计是指对人群按照心理变量进行区分的统计方式，例如态度、观点、价值观与兴趣等。在上述例子中，你或许会将目标客户描绘成喜欢使用社交工具，愿意经常与亲朋好友分享宝贝照片的妈妈。而在人口统计学的数据中，你不会看到对这位 20 至 40 岁女性是否希望分享照片等方面的描述。

对于许多产品而言，人的心理学属性会比人口统计学属性更加有用。说到某人为什么会在你的目标市场中，其人口统计学属性很少是最重要的原因，只是偶然的影响因素。在上述案例中，应用程序的目标市场定位是那些喜欢分享图片的妈妈。事实上妈妈就对应着统计学上的“女性”，而生育过宝宝的限定也等同于“20 至 40 岁”范围的人口统计学数据。

基于行为学的市场细分

同样，你还可以使用相关的行为学属性来描述目标客户：他们是否有特别的行为，以及这种行为的频度。你或许可以这样定义目标市场：现在每周在社交媒体（例如 Facebook、iPhone 照片分享工具等）平均分享三次及以上宝宝照片的妈妈们。当在为活跃的投资者开发股票交易软件时，你对目标客户的定义可能会是每周进行 10 次及以上股票交易的投资者。

建立在需求基础上的市场细分

另一种有效的市场细分技巧建立在顾客需求的基础上。在这种方式中，你将市场分割为具有明显差异化需求的细分市场。我们以无线网络视频监控摄像头 Dropcam 为例，它提供了一种物美价廉的无线摄像头。作为父母，我使用 Dropcam 摄像头在孩子睡觉时进行监控：我可以方便地通过智能手机应用实时观察他们，听到他们的声音，而不用进入他们的房间；另外还有人在离家外出时，使用 Dropcam 作为家用的安防摄像头；养宠物的人在离家后也可以用其查看宠物的状况；企业用户用它作全天候的安防摄像头，预防入店行窃等侵犯财产安全的行为。

你很难只用单纯的人口统计学或者心理学统计来涵盖上述这四种迥然不同的顾客细分任务，但是通过基于需求的细分，他们以一组统一的客户群的形象浮现出来，即都需要通过远程方式方便地获取和观看实时影像。

不过，虽然从总体上看他们都有着类似的宏观需求，然而进一步细分的话，他们的需求仍会呈现较大的差异性。Dropcam 对此颇有见地，为每个细分市场进行量身定制。在网站上按“用户”标签进行分类，他们设置了“家庭安防”“婴儿监控”“宠物类”以及“商用类”等不同的专属页面。在不同的细分类型中，Dropcam 突出了产品各个方面的特性。例如，他们利用云计算提供视频流记录服务，可用于回放浏览。由于我只是使用 Dropcam 来实时观察孩子睡觉时的状况，所以该特性对我并无价值。但是对有安全需求的客户而言这点非常关键，他们为此愿意在购买摄像机之外每月支付 Dropcam 相应的服务费用。这个例子同样还简要地提示了我在下一个章节将详细展开的内容——如何将目标客户与你对他们需求的预测有机地联系起来。

使用者与购买者

在某些情况下，尤其是企业对企业销售产品时，最终使用你产品的客户（使用者）并不一定是购买决策人（购买者）。例如，Salesforce.com 是企业内销售人员所使用的一款应用，管销售的副总通常是购买者。但是在某个特定企业内，首席技术官（CTO）却可能是替他拍板的人。当然或许企业内还会有其他利益相关者需要对特定的购买决策达成一致，比如首席财务官、事业部的总经理、法律顾问、首席安全官等等。在这种情况下，非常有必要将主购买人，即控制预算并有权支付的决策者，与其他参与决策过程的利益相关者区分开。其他人通常是潜在的“阻碍者”，当他们的目标不能被满足时，他们会对你的产品投反对票。购买者通常要从最终用户那里去了解最确凿的需求，而这才是你实现产品 – 市场适配的关键所在，在明确目标用户之后，你还有必要正确识别目标购买者。

技术采纳的生命周期

你或许听说过杰弗里·摩尔（Geoffrey Moore）的经典著作《跨越鸿沟》（*Crossing the Chasm*），介绍如何对高科技产品进行市场营销。在书中，摩尔向我们普及了在定义目标市场过程中需要考虑的另一项重要理念——技术采纳生命周期（Technology Adoption Life Cycle），它按照按客户对采用新技术风险的好恶程度，将一个客户市场分割成五个独特的细分客户群体。

1. **创新者**是指那些技术发烧友，他们以通晓最新颖、最先进的科技产品为傲，享受摆弄新产品带来的快感，以探索其中的奥妙精深之处为乐。他们更愿意使用未经完善的试验品，发掘其中的缺陷或不尽如人意的地方，同时对许多产品最终可能失败的现实也坦然接受。
2. **先行者**是指那些具有远见的人，他们愿意接受全新的创新方式来改变现状，赢得优势。与创新者不同的是，他们的兴趣出发点并不是对技术内在的癖好，而是达到获取优势的机会。

3. **早期大众**是指那些实用主义者，就技术本身而言他们并无多大兴趣，这些人之所以会采用新产品只是因为在经过一系列实践验证，看到了新产品有其价值的实际证明。他们比前面两类细分客户更加重视规避风险，因此他们更加希望从可靠的信息源得到参考以便让自己心安，并且倾向于向生产这类产品中的领导型企业购买。
4. **晚期大众**是指那些对风险相当反感的保守人士，他们对创新技术能够带来价值这件事深感疑虑，只在遭遇压力时才会不得已而选择接受，比如出于财务原因、竞争威胁，或是惧怕太依赖陈旧、即将淘汰的产品，未来将无法获得必要的服务支持。
5. **迟钝者**是指那些天生的怀疑主义者，对于创新极其谨慎、畏惧。他们规避任何改变，并对新的技术有着固执的刻板偏见，即便这些技术已经成为大势所趋的潮流。

摩尔指出，对许多颠覆性的革新产品，创新者与先行者是持拥护态度的，但是很难对早期大众形成强大的市场拉动力。因此，他认为在先行者与早期大众之间存在着一条鸿沟，这也是书名的由来，旨在揭示如何成功地弥合鸿沟。

当你定义目标客户时，很重要的一点在于理解目前的产品市场所处的技术采纳生命周期。你或许会在新技术发布之初定位创新者作为目标市场，因为他们会对全新的技术方案点赞，愿意为此支付额外费用，并会重视创新所带来的核心价值，忽略其瑕疵。而随着时间的推移，当你想赢得额外的细分客户群体时，你就需要注意他们不同的需求与偏好，例如提升使用的简便性、提高可靠性并降低成本等，这要求你在他们接受产品之前，先对产品做出相应的改变。

人物角色模型

在描绘目标客户的过程中，人物角色模型（Personas）是一项非常实用的工具。阿兰·库珀（Alan Cooper）在“目标向导设计”（Goal-Directed Design）过程中十分看重使用人物角色模型。在其《跑出精神病院》（*The Inmates are Running the Asylum*）一书中，他将人物角色模型描绘成“对使用者和他的愿景的精确定义”。库珀解释说“人物角色模型并非某个真实存在的人物”，而是“假设的使用者原型”。人物角色模型的使用非常广泛，许多认可以使用者为中心的产品和用户体验设计团队都在使用这种方式。虽然人物角色模型主要在设计阶段使用，但我仍然建议你在产品开发过程的早期阶段就应用它，这是一种很好的方法，能帮助你把握对目标客户的构想。当然你也可以在精益产品开发过程的后续步骤，如在涉及初步设计时再考虑人物角色模型。但如果能从现在开始，你就可以将准备工作做得更好。

人物角色模型还有助于让企业内每一个与产品相关的人对同一目标客户达成共识。通常某个产品项目会涉及大量人员，如果你不将其清晰地加以记录、分享、讨论，很可能所有相关者的想法都不在同一频道上。最后，人物角色模型有助于产品团队在哪些是重要的功能特性，如何设计用户体验等方面作出决定。好的人物角色模型能够使团队中的每一个人洞察幽微，逻辑清晰。当作为一个团队进行产品决策时，这能促进大家协调一致。除此之外，虽然团队中的每个人都根据人物角色独立工作，自主作出各项细小的产品决策，人物角色模型还是能让大家的工作成果更和谐一致、体现出合力效应，而非窝工浪费、互相冲突。

人物角色模型中应该传递哪些信息

良好的人物角色模型中包含着与目标客户相关的人口、心理、行为以及需求属性。人物角色模型的特性应该可以用一页纸囊括，作为客户原型的一张快照，要让人快速理解意会，通常包含如下信息：

- 姓名；
- 有代表性的照片；
- 对其最关心内容的表述；
- 职衔；
- 人口统计资料；
- 需求 / 目标；
- 相关的动机与态度；
- 相关的工作与行为；
- 使用当前解决方案的苦恼与痛点；
- 知识技能水平（在相应的领域中，例如计算机熟悉程度）；
- 产品使用环境（例如在喧闹、繁忙的办公室使用笔记本电脑还是在家中的躺椅上看平板电脑）；

- 技术采纳的生命周期细分（在目标产品领域）
- 任何其他显著的特性。

在图 3–1 中，使得人物角色模型栩栩如生的两个方面分别是：假象的人物照片，以及他们对最重视的方面所作的表述。你的团队成员通常只能记住名字、照片以及他们的表述，尤其是当他们没有正在看着人物角色模型描述的时候。图 3–1 来自著名的用户体验设计师贝卡·泰兹拉夫（Becca Tetzlaff）。你还可以从以下网址看到泰兹拉夫更多的作品：http://beccatetzlaff.com。

一位忙碌的母亲

丽莎·贝内特

年龄：32 岁
性别：女
婚姻状况：已婚
教育程度：学士学位
工作：教师
年收入：$55 000

孩子们的正常状况是我最关心的，不过养育两个孩子需要我全身心地投入，因此我需要以一种方便快捷的方式来始终记牢他们的医疗处方和如何用药。

丽莎是一位小学教师。她与工作繁忙的丈夫戴夫育有两个孩子艾迪生（12 岁）和卡莱布（9 岁）。因为戴夫经常要工作到很晚，因此主要由丽莎负责照顾孩子。
虽然她的孩子们总体上是比较正常的，不过两个孩子都必须按时服用处方药。艾迪生患有哮喘病，总是要使用身边的药物吸入器。丽莎总担心她会忘记在吸入器内加入药物，这会给艾迪生带来危险。应付生活总是要忙得团团转，丽莎很少有时间能留给自己。因此她需要一种更加方便的途径来记录孩子们的处方和用药安排。

目标：
- 提醒孩子们按时用药；
- 跟踪孩子们的日常状况；
- 方便地为吸入器补充药物。

技术能力：
- 平均水平；
- 拥有 iPhone 手机；
- 会使用台式计算机；
- 使用 Facebook 来保持和家庭成员以及朋友间的通讯。

兴趣：
- 和家人在一起；
- 与孩子们一同参加课外活动；
- 网球运动。

图 3–1　个人角色模型

如何创建人物角色模型

那该如何获取你所需的信息来创建个人角色模型呢？假如已经有客户了，你可以采访、调查他们，和客户进行一对一的面对面沟通是你获取此类知识的最佳渠道。如果你很明确地知道应该问什么，那么大规模调查可以让你一次性地从许多顾客那里收集更多信息。

在使用调查数据时很重要的一点是，你不应该使用所收集数据的平均值来生成人物角色模型。模型应该代表着一个真实的个体，你肯定不希望产品是为了某个其实并不存在的平均值人群臆造出来的。正如库珀所指出："在我的社区里人们平均拥有 2.3 个孩子，但是其中没有任何人会真的有 2.3 个孩子。"很显然，用某个拥有 2 个或 3 个孩子的人物模型会更加合理。你可以使用收集来的调查数据，确保人物角色模型能代表绝大多数客户。深入了解这些与目标客户特性相符的被调查个体，你一定会有所启发。

当然，在发布一款全新产品，或者尝试拓展新的目标市场时，你或许未必有现成的客户。但你可以发挥想象力自行设想目标客户的概貌，然后通过和符合这些特性的潜在客户交流沟通来验证你的假设。在能够通过展示业已完成的设计或产品征求反馈之前，你主要是通过与潜在客户的交流，来了解他们的需求、对当前方案的使用现状以及其痛点所在，以此来识别潜在的市场机会。

我与其他在精益领域工作的人将此称为"顾客发现"访谈。在以使用者为中心的设计过程中，这通常被称为"情境调查"或"人种志研究（Ethnographic Research）"①。你应当在整个精益产品开发过程的各个阶段都使用迭代的方法。随着和越来越多的顾客进行沟通交流，你得到的信息越来越多，需要不断修正人物角色模型，以使其更加准确，更经得起时间的检验。你会在不断迭代中前行，一直到你对识别出目标客户不再存有疑虑，并且知晓如何满足他们的需求。下一章我们会深入讨论客户需求。

① 人种志研究，是一种关于研究者与研究对象"交互作用"的实地调查研究。这种研究可应用于多种情境，尤其适用于对社会群体、个体与群体所处地背景以及人际交往过程的研究。——编者注

人物角色模型中的潜在问题

许多产品团队都能熟练地运用人物角色模型方法，然而也有人对此不感兴趣，甚至受累于此。这些人通常没有建立起高品质的人物角色模型 ，因而也不会实现以用户为中心的完美设计。和任何工具一样，人物角色模型也会被误用。糟糕的角色模型可能缺乏关键信息，属于胡编乱造，向壁虚构，或是建立在纯粹揣测而非真实的客户数据基础之上。在另一些极端情况下，人物角色模型中又包含了太多毫无意义的信息。一个有用的人物角色模型应当是实际的，能提供有用的信息，可以有效指导产品的设计决策。

开发人物角色模型并不会减缓你的产品开发过程，当然这并不代表你需要耗费大量时间一定要让你最初假设的角色模型尽善尽美不可。你可以在完成初稿后再随着开发过程的进行，不断对其进行迭代修正。很难想象可以在一开始就能将人物角色模型做得像图 3–1 中那样完整而经得起推敲，那是得到用户不断反馈后，经多次迭代修改形成的结果。随着了解的不断深入，你可以逐渐改善对角色模型把握的精确性。

即便人物角色模型已清晰地落在纸面上，仍有可能被产品团队的其他成员忽视。他们应该在作出设计决策、评估设计方案时就不断参考该模型。如果产品团队的成员忽略了它，你需要提醒他们，告诉他们模型的好处，以及作为团队成员应该如何使用它。

我曾经看到过有些企业在开发了一系列人物角色模型之后，便停止了与顾客的交流。尤其是当不断有新人加入产品团队时，企业可能会慢慢地丢掉与顾客沟通的渠道。人物角色模型是一种很好的工具，但是这并不足以取代与顾客不断进行的沟通和交流。

在开发过程中要尽可能早地与潜在客户沟通。不过当有了工件，或是产品原型之后，你就可以对目标客户形成更加准确的认识，这就像将鱼饵抛下，看看你可以抓到哪些鱼。与 Quicken 和 Dropcam 类似，你或许会发现产品吸引了不止一种类型的客户，因此你应该为每一种客户类型创建一个新的人物角色模型。

你的客户群中某些人或许比其他人更喜欢你的产品。这些人很可能会更加频繁地使用，甚至向其他人推荐，你可以通过社交媒体发现这些情况。与这些热情的顾客交流，尤其可以帮助你优化对目标市场的构想，并且洞察到产品真正满足了客户的哪些需求。

现在你已经确定你的目标客户，至少对此有了一系列假设，你已经准备好进入到精益产品开发过程的下一个阶段，即专注于理解客户的需求。正如我将在下一章中谈到的，你会更加专注于未被挖掘的客户需求，即产品－市场适配金字塔的下一个层级。

第 4 章
识别客户未被满足的潜在需求（第二步）

既然我们已经确定了目标客户，或者说至少对此形成了一系列假设，我们就应该把注意力转向了解他们有哪些我们可以通过产品来满足的需求。目的就是在决定设计一个解决方案产品之前，建立并验证你对问题空间的认知。既然客户需求看起来是个很模糊的问题，那就让我先从澄清所使用的术语来入手。

用另一个词来解释客户需求

我们经常会使用“需求”（Needs）来代表顾客想要的或者重视的事物。同样，我们也可以用客户利益（Customer Benefits）这个词来替换“需求”。有时客户会告诉你他们想要的，但你很少会直接从他们口中听到“我需要……”这样精确的需求。有些需求是没有清晰表达出来的，也就是说客户有这个需求，但未在某次调查中表达清楚。此外还有一些未知需求，往往是客户自己也没有意识到但其实很重视的某件事情，直到你调查采访后，或者把某种全新的突破性新产品拿到他们面前时，他们才猛然发现这正是自己需要的。顾客通常不擅长谈论问题空间，他们更倾向于告诉你对某种应用方案的态度，是喜欢还是讨厌。老练的采访者懂得如何仔细地聆听客户的表述，懂得如何通过重复他们的陈述来确认对方真正的意思，并通过一些探寻式提问来廓清问题空间。

你可能会听有些人用顾客期望（Customer Desires）或想法（Wants）来区别需求。虽然这三个词都代表着客户价值，但他们将需求看成是至关重要的，而期望或想法只是“锦上添花”。不过这种区分并没多大意义，只会导致混乱。在谈到需求时，我们并不需要用各种不同的术语来区分其重要性。我会介绍一种框架来量化不同需求的重要次序。

在介绍以使用者为中心的设计或者人物角色模型开发时，人们经常会使用用户目标（User Goal）这个词。用户目标与客户需求并没有什么不同。在敏捷开发中，用户故事（User Stories）用于表示客户的想法。好的用户故事通常遵循这种格式：作为一名“用户类型”，我想要“做某件事情”，从而让我“得到期望的收益”。举例来说，作为一名对公司的安防感到担忧的 Dropcam 用户，我只想快速发现可疑行为是否发生，而不是整个视频，从而让我可以掌握店里正在发生的事情，并不需要耗费大量时间来盯住安防监控。”好的用户故事要反映出这些客户的需求。

客户的痛点（Pain Point）是另一个经常用到的术语，原来也包含在“客户需求”的语义之下。痛点通常代表那些未被完全满足，从而产生不满情绪的客户需求。对客户满意所进行的讨论也会纳入我的分析框架。

客户需求的案例：Turbo Tax

让我们来看一个有关客户需求的案例。在美国，绝大部分在工作岗位上的成年人每年都要填写个人收入纳税材料。这项工作往往耗时费力，让人身心俱疲，因为绝大多数人都不具备深入的税务方面的知识。由于各项法规纷繁复杂且时常变更，人们通常对于自己制作的税务申报是否正确缺乏自信。如果美国国家税务局审查到你的纳税申报单有任何不准确的地方，你还需要支付一定的罚金；假如被视为偷逃税务，甚至会面临牢狱之灾。因此准备一份无懈可击的申报材料显然是一项实用且广泛的客户需求。正如我在第 1 章中所提到的，可以通过不同的方式来满足这种客户需求，比如手动填写美国税务局表单、雇用专业的会计人员，或者使用包含 TurboTax 在内的税务软件。

客户需求犹如洋葱一般：有很多层次，每一层都紧紧地包裹着下一层，本身又被上面一层严密覆盖。要把握 TurboTax 针对的问题空间，仅仅局限于“准备纳税申报单”是远远不够的。

税务申报软件应该比美国国家税务局的表单更好，因为后者只标注了如何填写纳税申报的说明，而报税软件则可以检查你收入填写的准确性。TurboTax 可以用电子方式填写税务情况，更易于打印和进行邮件申报。同时，它还可以确保你的免税额度使用最大化，并减少审计风险，甚至可以支持从雇主、银行、中介等处下载税务信息而无需手动输入填写。这里的每一项都明显是客户的收益。我们将其列举如下：

1. 帮我准备税务申报；
2. 检查税务申报的准确性；
3. 降低审计风险；
4. 节省手动输入税务信息的时间；
5. 节省税务文件归档的时间；
6. 最大化免税额度使用。

这绝非 TurboTax 所能提供的全部客户收益。我们可以很容易地剥开洋葱，找到更多令客户受益的地方。例如，每个州的税收与联邦税收完全分离，TurboTax 可以让你更快速地获得退税。但是出于这个讨论的特有目的，我们先集中在上述六项客户收益。

希望我写下的这些客户收益能得到你的认同。判断一个产品团队是从方案空间入手的最简单的方法是，他们选择列出产品的特征，而非描述出顾客的需求。所有撰写完善并且符合敏捷思维的客户故事，其收益都是从客户的角度写出来的（使用“我”和“我的”）。你会注意到这些收益都以这样的动词开头：有助于、制止、降低、实现最大化。收益代表着价值传递，意味着收益的对象只能是客户。最后，许多收益都和提升客户的期望（减税）或者解决客户所烦心的事情（审计风险、完成报税所耗费的时间）相关。你需要尽可能准确地用这样一种方式来表述收益，从而使其更清晰明了，有时甚至能对产品所能带来的表现改进进行客观的测量。

和发生在精益产品开发过程之中的所有事情一样，客户利益往往是从某种假设出发的。你可能会说：“我认为目标客户 X 会认为 Y 项客户收益对其是有价值的。”当有了一系列你所满意的客户收益假设时，这时你就应当和实际用户进行验证，最好的方式是采用一对一的深度客户发现访谈。

客户发现访谈

在访谈过程中，你应当与客户探讨你假设的每一项潜在收益。针对每一项收益提出以下一系列问题：

1. 你觉得这段陈述对你意味着什么（检查他们是否理解）？

2. 这对你有多大帮助？
3. 假如某一款产品能够带来这项好处，你认为其价值多大（可能的结果反馈是：毫无价值、价值很低、价值一般、颇有价值，或者极具价值）？
4. 如果答复是颇有价值或者极具价值，那么继续提问：为什么这对你会有价值呢？
5. 如果答复是毫无价值或者价值很低，那么继续提问：为什么这对你没有价值呢？

这些问题可以帮助你判断自己是否在用一种清晰的方式向用户描述收益，同时让你了解到这些客户收益的真实价值以及原因。客户认可某项收益的原因对你而言就是值得进一步挖掘的金矿，这些意见将帮助你更好地理解客户的想法，以及什么是他们关注的重点。

当我们询问 TurboTax 目标市场的客户以下六项收益时，他们的回答与意见如表 4–1 所示。

表 4–1　客户收益与意见描述

客户收益	典型的客户意见
1. 帮我准备税务申报	我并不怎么懂得税务。我只是试着根据提示做，但这实在难懂。我不确定应该填写哪些表格。
2. 检查税务申报的准确性	我的数学不好，因此我知道我很有可能会在加减税务表格上的某些数字时出错。
3. 降低审计风险	我总是担心被审计，但是我真不知道报税表单会有哪些风险。如果在国税局的表单上自动出现一些告警提示就好了，这样我就可以修正那些部分。
4. 节省手动输入税务信息的时间	我每年都需要花费大量时间往这些税务表格里输入数据，它们来自我的雇主、银行和经纪人。
5. 节省归档税务文件的时间	我通常会打印报税表，去邮局排队，然后寄出邮件，最后取得已经发送的确认。如果可以避免这些麻烦那就太好了。
6. 最大化地使用免税额度	我并不清楚我可以获得减税的全部项目，我想我应该在这上面损失了不少钱。

在客户发现访谈过程中，你会发现不同的客户会使用不一样的话语来表达相似的想法。你也会看到有些客户的陈述高度概括，而有些则非常具体。例如，当你询问两位客户为什么喜欢 TurboTax 时，一个人可能会说“因为这让报税不再是一种

负担”，而另一个人或许会讲：“我很高兴它可以在我发走文件之前，对我的填写和输入进行检查并报错。”

客户收益的阶梯

在和客户沟通时，你可以反复问他们“这对你为什么重要呢？”直到他们提不出更多新的回答为止。通过这样多方位的细致探讨，就可以把客户对收益的描述从琐碎的细节化描述，提升到高度概括的水平。这种市场调研方式被称为阶梯式（Laddering）调查；提出更多问题的过程，正是你沿着客户收益的阶梯不断向上攀爬的过程。在这段过程的终点，你会发现自己到登上阶梯的顶端，即某项令人满意、对其意见高度集中的客户收益。

让我们来看一个收益阶梯的例子。假如我们现在想搞清楚为什么这么多人倾向于选择运动型多用途车而非小型货车。我们访问了一位客户并开始询问他这个具体的问题。他回答说，选择 SUV 是因为他不喜欢滑动的门。在谈及原因时，他告诉我们他喜欢设计时尚的外观。至于为什么，他说“因为我感觉自己是个潮人”。再一次，当我们提出为什么时，我们了解到，他的最终目的在于希望被他的同事所接受。

当专注在表 4–1 中的六项收益时，我看出了三种不同的收益阶梯，分别是“帮我准备纳税申报单”“检查纳税申报单的准确性”以及“减少我的审计风险”，所有这些收益都指向一个目的，即让我对做好纳税这件事有信心。两项收益“节省手动输入税务信息的时间”以及“节省归档税务文件的时间”都和节省时间相关。最后，“最大化免税额度使用”代表着更高层级的收益——“节省开支”。表 4–2 展示出每一种具体的收益如何映射到相应的收益阶梯上。

表 4–2　客户收益的阶梯

阶梯顶层的收益	具体的客户收益
对纳税具有信心	1. 帮我准备税务申报； 2. 检查税务申报的准确性； 3. 降低审计风险。
节省时间	4. 节省手动输入税务信息的时间； 5. 节省税务文件归档的时间；
节省开支	6. 最大化免税额度使用。

阶梯式的访谈技巧类似于埃里克·莱斯提出的“五个为什么”，这最初由日本丰田汽车公司发明“五个为什么”是一种迭代式的提问技巧，用来找到问题的深层次原因。

需求的层级

除了阶梯之外，你在问题空间经常会遇到的另一件复杂的事情是客户需求是有层级的。这些层级在各种需求之间造成了互相之间的依存性，满足某一项需求所形成的价值是其他需求被满足情况的一个函数。

马斯洛的人类需求层级理论

让我们讨论一下需求层级现象中一个非常知名的案例：马斯洛的人类需求层级理论，如图 4–1 所示。亚伯拉罕·马斯洛（Abraham Maslow）是 20 世纪美国著名的心理学家。

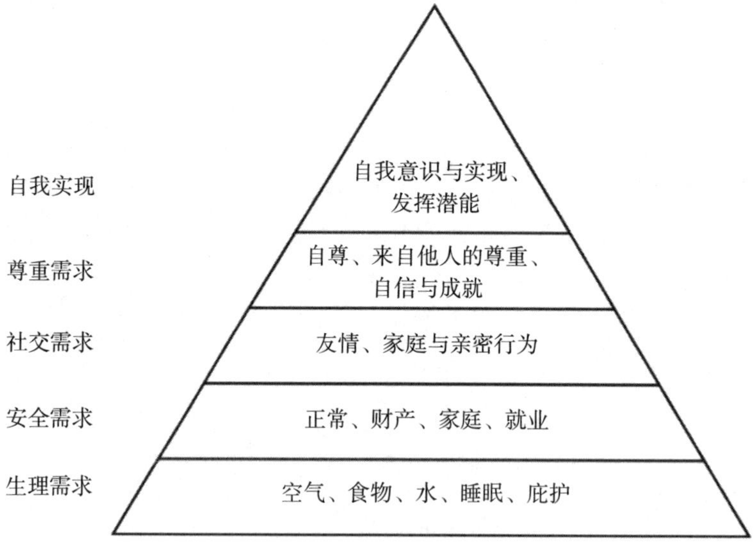

图 4–1　马斯洛的人类需求层级理论

在该理论的五个层级中，第一层的生理需求包含食物、饮水和睡眠；第二层次是安全与保险；第三层属于爱与归属，例如家庭、朋友和亲密伙伴；第四层是尊重的需求，成就与尊重。居于金字塔顶层是自我实现的需求即通过发挥自我潜能实现价值。

层级的另一个含义在于，当基础性的需求未被满足时，上层需求并不重要。当你为产品拓展问题空间时，你很可能会遇到类似的需求层级。在有些情况下，当位于层级更低位置的需求 A 未被满足时，需求 B 便无从谈起。

我对网络用户需求的层级分析

当我在社交网络 Friendster 带领产品团队时，我了解到需求层级真是非常复杂的问题。友人网曾是最流行的社交站点，这类网站（或者说广义上的社交类产品）往往都会经历一种爆炸式的增长，Friendster 同样如此。由于用户激增，以至于使用量超过了我们网络服务器所能支持的流量极限。许多友人网的用户喜欢我们的产品，但是我们的网站下载速度太慢或者由于后台技术问题而无法访问，这点让他们不太满意。为帮助产品团队区分工作的轻重缓急，我创建了网络用户需求的层级表格，在此向马斯洛致敬。如图 4–2 所示。

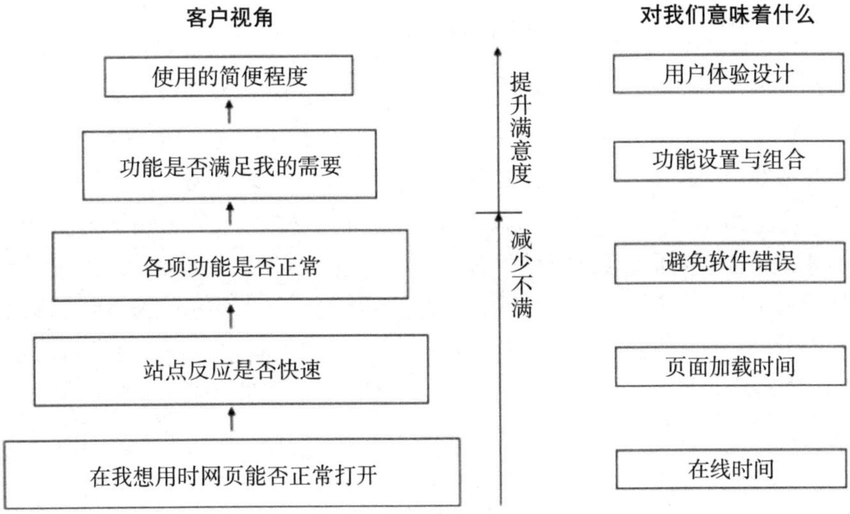

图 4–2　作者丹·奥尔森的网络用户需求层级分析

图 4–2 左边代表着从客户视角出发的五个需求层级；而在每层的右边则是它对我们公司意味着什么。作为企业家、产品经理、开发者或者设计师，我们都喜欢花费时间来创建很酷的功能和超棒的用户体验。但是事实是这两项位于客户需求金

字塔最顶层的位置。首先也是最重要的，产品需要在用户想用的时候可供使用。其次，产品的响应时间要足够快速。再次是产品的品质，是否能以客户期望的方式工作。然后才是功能设置与组合层面，这事关软件的功能问题。在最顶层才是用户体验设计，反映出产品的使用是否便捷，以及尽可能地显得生动有趣，就像马斯洛的需求层级一样，较低层的需求应当比上层需求更早地解决。

你的产品所形成的需求层级绝非一成不变，而是随着时间变化而呈现出动态变化。假设你足够幸运，可能在这个时间节点会产生一款高可用性、快速而且没有任何瑕疵的完美产品。现在你又发布了一项新的功能，这或许会存在某些不足之处，从而降低产品的品质。新的功能或许会给数据库带来更大的压力，从而降低产品的性能。也可能因其誉满业界而变得十分流行，使得用户数量激增，造成服务器不堪重负甚至陷入网络瘫痪。在你处理功能特性与用户体验设计的问题时，很重要的一点是对这种层级谨慎从事，主动地进行“下沉式思考”，在问题出现时首先选择解决低层次的问题。

重要程度与满意度框架

当你已经拓展了问题空间，找出自己的产品可以满足的不同客户需求时，你需要确定有哪几项是你希望通过产品加以解决的。因此你需要以一种合理的方式来对不同需求进行优先级排序，根据其对客户的价值认可来进行排序是一个不错的方法。但是这引出了另一个问题：你如何确定其客户价值？我在 Quicken 负责产品管理时曾遇到过这个问题。每年我们都会发布一个新的 Quicken 版本，而我需要决定新版本的产品计划。财捷集团非常擅长客户调研，因此我有幸同时设计了定量调研与定性调研，以此从客户处获取我所期望的信息。我使用这项调研的结果，根据其重要程度与满意程度设计了一个框架。我发现这个框架提供了一种最佳途径，能让我们以严格、缜密的分析方法思考如何为客户创造价值。利用这个框架可以合理地对各项能够创造客户价值的机会进行排序。借助这个框架的支持，该版本的 Quicken 产品在销量、营业额和利润方面都创造了新纪录。在此之后，我还特别惊喜地发现，还有其他建立在重要程度与满意程度上的思考框架可供选择（我会在后文介绍）。

顾名思义，重要程度在这里就是指某项特定客户需求对客户到底有多重要。重要程度是问题空间中的概念，与采取何种具体的方案无关。对某位既定的客户而言，不同的需求具有不同程度的重要性。例如，有些人会认为隐私比在朋友之间分享最近状况与图片更加重要。我就认识这样的朋友，他们因为这个原因而拒绝使用社交媒体。同样的需求在不同客户之间会呈现出不同的重要程度。在我的朋友之中，不同的人对与朋友分享近况这件事的看法也不尽相同，不同意见差别很大。有些人会在一天内多次发布，而另一些人则很少更新。不同需求的重要程度反映了客户的取舍与偏好。

满意程度是客户对某种能带来客户价值的特定方案有多满意的测量。它揭示了解决方案能在多大程度上满足他们的需求。同一位客户对不同产品会产生不同的满意程度；同样，同一种产品给不同客户带来的满意程度也不一样。

当你将重要程度和满意程度同时考虑时，这个框架的强大作用就会显现出来，如图 4–3 所示，纵轴代表着重要程度（从低到高），横轴代表着满意程度（从低到高），继而将图像分割为四个象限。你可以用这个框架来评估潜在的产品机遇、无论是新产品还是对现有产品进行改善时都适用。

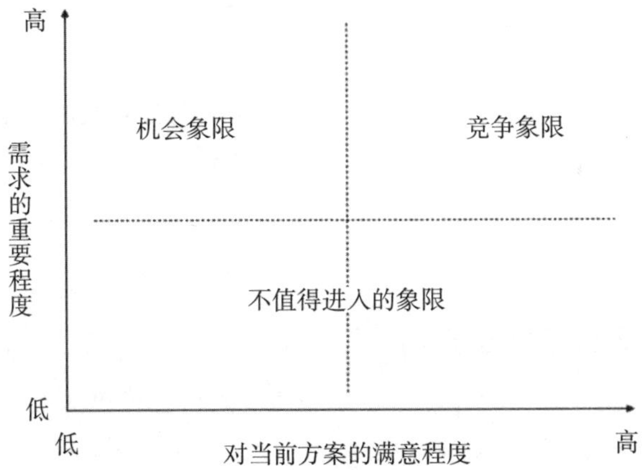

图 4–3　重要程度与满意程度

让我们从下方的两个象限着手。左下方的象限代表着较低满意度，右下方代表着较高的满意度，不过在这两个象限中，对客户的重要程度都不高。因此基于这种考量，不论对现有方案的满意程度如何都没有必要推出新的创意，因为无法创造出足够的客户价值。你的目标在于满足对客户而言重要程度更高的领域。在本章接下来的内容，我将向你展示用实际产品数据构成的重要程度与满意程度图表。

右上方的象限具有很高的重要程度与满意程度。市场中这种领导型产品表现得非常成熟，能较好地满足客户需求。Microsoft 的 Excel 便是这样一个例子，它们在功能上包罗万象，几乎每一位需要电子表单应用程序的客户都能得到满足。维基百科将该应用程序描述为“电子表单中的行业标准”。其功能设置与组合和用户界面多年来保持稳定，没有太大的变革突破，这也是由于 Excel 长时间里并没有受到其他桌面电子表单应用程序的竞争压力。目前最大的竞争来源于采用云计算技术的供应商，在他们所提供的电子表单中，有一部分类似于 Excel 的功能子集，采取免费的商业策略。

值得一提的是右上象限所示的市场并不一定仅由某一独家产品所主导，一个市场中可能存在数个非常相似的产品。领先的一体式打印机很好地满足了较高重要程度与较高满意程度的象限；不过其由许多规模相当的供应商组成，包括惠普、爱默生、佳能、兄弟、利盟等。

当使用这个框架来评估产品各项特性时，右上方的象限代表着现在已经表现出色的功能，其已经满足了客户认为重要的需求，而且顾客对此非常满意。例如，在一次对产品的使用调查中，我发现某一项功能的打分在重要程度上高达 100 分，而满意程度上亦达到 98 分。

左上象限中，客户需求的重要程度很高，但对现有方案的满意度却难如人意，这表示该象限内的客户需求非常重要却没有得到满足。结果是该领域蕴藏着为客户创造价值的绝佳机遇，有一个案例可以对此加以诠释，我们来看打车软件 Uber 是怎么做的。

Uber 的成功：满足被忽视的潜在需求

Uber 正以惊人的速度发展壮大、收获成功。想达到这样的目标并不容易，要依赖强大的执行力以及企业创造性的商业模式。不过假如从重要程度与满意程度框架的角度来观察 Uber，你可能会对该企业的成功找到另一项根本性的原因。

许多人都会有这项重要需求，即租用车辆和驾驶服务，从一地赶往另一地，这可能是突发的需求，也可能会事先安排。出租车是针对这类需求的最常用和最传统的解决方案，但很少有出租车乘客会表示他们对乘坐过程十分满意。最常见的抱怨有：车内脏乱、驾驶员粗鲁、与驾驶员的沟通有障碍、乘坐过程中的安全无保障、对行程费用的担忧，以及支付打车费和小费时遇到的麻烦等。人们同时还会抱怨驾驶员迟到或者拒载。虽然出租车（通常）满足了最基本的需求，让乘客可以从 A 点到达 B 点，但这些抱怨揭示出许多重要而被忽略的潜在需求，牵涉到安全性、舒适性、便利性、经济性，以及可靠性等诸多方面。出租车乘客的这些需求无疑位于框架左上方的象限中。这些需求对乘客而言都很重要，他们对现有的出租车等解决方案满意度又比较低，而潜在客户的数量又如此庞大，这些因素共同缔造了一个非同寻常的市场机遇，Uber 正是瞄准了这个市场并采取行动。

Uber 运用技术手段打造出了一款能让使用者便捷地找到车辆的移动电话应用程序，从而实现了对这个市场机会的资本化。打开该应用程序后你会看到所在区域的地图，并显示出附近所有的 Uber 车辆位置。然后程序会为你物色一辆合适的车，告诉你司机的姓名、照片、评分、驾驶车型以及车牌号码信息。同时，程序会预估司机到达的时间并动态地在地图上显示车辆的当前位置，相比致电出租车或者在路边扬招，这大幅提高了透明度，减少了对是否能准时到达目的地的担忧。Uber 中包含反馈体系，让乘客能够对驾驶员作出评价。这些评价信息让乘客能对待选的司机有更多的了解，而 Uber 也会依据评分来淘汰口碑差的驾驶员。

Uber 同时还从经济方面改善了顾客体验。应用程序让乘客在行程开始之前了解到预计可能会产生的费用，避免在最终付款时出乎意料。同时，程序中存储了信用卡信息，可以在行程结束之后自动处理支付而无需额外操作。相比之下，乘坐传统的出租车在最后付款时可能会非常麻烦，需要额外时间等待驾驶员完成刷卡、打印收据等操作。有些驾驶员干脆只接收现金，当你手头缺乏足够现金时这又会是一个问题。而使用 Uber，在旅途的最后你只管离开车辆，无须为付账费心。

很显然 Uber 满足了许多之前未被重视的客户需求，它们位于象限的左上方，代表着较高的重要程度和较低的满意程度。于是，Uber 从 2009 年上线运营后便大获成功。虽然是一家私人企业，但在其 2013 年 12 月披露的财务数据中，Uber 的活跃用户高达 400 000 人，每周打车高达 800 000 次；公司那时的销售收入每年高达 10 亿美元，利润率 20%。在 2014 年 12 月，Uber 融到了 12 亿美元的投资，估值高达 400 亿美元。你或许很难像 Uber 这样成功，但是高重要程度、低满意程度的市场就是你把握机遇的最佳领域。

破坏性创新与渐进性创新

在谈及创新时，我们通常都会涉及破坏性创新与渐进性创新。渐进性创新是指你只作出较小的改善，让产品的更新版本稍许增加客户价值。你可以通过提高对现有客户价值的满意度或者提供额外的客户价值来实现这种创新。

Uber 很显然打破了传统的出租车市场格局。许多人会将移动手机的应用程序视为破坏性创新的例子。这些产品面世之后较现有方案会带来更显著的客户价值。人们往往认为破坏性创新会带来几何级的提升。在新产品提供了以前人们根本想象不到的解决某项问题的全新途径之后，人们不会想再走到老路上去，这便是破坏性创新。

像Uber这样的破坏性创新，可能出现在左上象限的机会领域，在这里人们可能对一项重要的需求满意度很低。破坏式创新也可能会重新定义现有市场的满意度标准。假设在一个成熟而具有竞争性的市场中原本只有一家或多家领导型企业，即框架右上方的高满意程度和高重要程度象限。破坏性创新的到来会将这些原本的佼佼者推挤到左边，因为它们会提供一种原本的产品难以企及的满意程度。在这个过程中，它相当于改变满意度这个坐标横轴的刻度。

破坏性创新：行走中的音乐

我们来看一下便携式音乐播放市场上出现过的一系列破坏性创新。其客户价值可以被概括为“让我在行走过程中收听音乐”。第一款满足这项需求的产品是晶体管收音机，出现在上世纪五十年代。在此之前收音机采用真空电子管技术，因此体积庞大、耗费电力、容易损坏，这使得收音机的随身移动难以实现。不过即便是可移动的收音机，你仍然无法选择收听自己所喜爱的歌曲。这种局面直到1979年索尼发明了第一款便携式卡带播放器Walkman随身听后才得以改变。收听者现在可以从磁带上收听他喜欢的音乐。随身听是一种破坏性的创新，扩展了客户满意度的标准，它的出现将原本位于象限右上方区域的移动收音机推到了左上方。

数年之后，索尼发布了第一款移动式CD播放器Discman光盘随身听，它带来附加的客户价值是更高的音乐品质，并能便捷地从一首歌跳转到另一首而无需快进或倒退卡带。早期的光盘随身听有一项不足，那就是在受到撞击时CD很容易滑跳，这在后续产品中得以改善。我更倾向于将移动式光盘随身听视为卡带播放器的渐进式创新。对大部分目标客户而言，移动式光盘随身听在我的框架中只是稍许站在了卡带播放器的右边，但这并不足以改变顾客的满意度标准。

移动音乐播放中的下一场革命是MP3播放器，它在1998年面世。最初型号只能存储非常有限的歌曲，但是随着内存容量的不断扩大，这种情况得以改善。苹果在2001年以iPod产品涉足MP3播放器市场。这在当时并没有引起热销，但是公司在后续产品型号中不断作出较大改善。通过结合大容量存储空间、直观的用户界面，以及iTunes媒体软件与数字音乐存储的结合，iPod快速成为MP3播放器中的领导者，占据了70%的市场份额。iPod是一种破坏性创新，因为它再一次提升了使用者对移动式音乐收听的满意度标准。

从这个案例中可以看出，客户满意程度的横轴由市场中的解决方案决定。更具体地说，由当前方案中的“最高水准”决定。当更好的解决方案出现，推动产生更高的客户价值，右上方的满意程度标准被进一步刷新，并将原来所有的方案推向左边。相比之下，反映重要性的纵坐标轴则非常稳定。使用者需要在行走过程中欣赏音乐，这种需求自始至终贯穿在 50 多年 4 轮新技术革新的浪潮之中。需求的重要次序在此期间或许会稍有改变，受到社会与文化趋势的影响，更多人开始使用移动式音乐播放器，但这并不会像满意程度般产生剧变。

目前据说 iPod 与其他 MP3 播放器的市场份额也日渐减少。那么是谁吞噬了 iPod 的奶酪呢？这便是 iPhone 与其他智能手机，它们在兼备 MP3 播放器的全部功能之外，还兼具更多功能。有趣的是，在路途中收听音乐这件事从一种单独的客户需求变成了一系列相关收益中的一部分，使用者现在希望在行程中拨打电话、发送文字信息、浏览网页、玩游戏、使用应用程序等，所有这一切都由一种单独的方案来解决——智能手机。

测量重要程序与满意程度

在我举办过的工作坊中，绝大多数人都认可重要程度与满意程度框架所带来的价值。不过我也收到过许多质疑，很多人不知如何测量重要程度与满意程度。考虑这个问题最简单的一种途径是将其抛给你的顾客（或者潜在客户），你可以当面提问或者进行调研。假设我们是 Uber 产品团队的成员，我们现在开始调查 1 000 名目标客户并且询问他们：“当你乘坐出租车或其他人驾驶的车辆时，你如何评价司机是否礼貌这件事？”我们用 5 分制的评估方式来评估。

1. 一点都不重要；
2. 不怎么重要；
3. 一般程度重要；
4. 很重要；
5. 极其重要。

我们可以使用这些分值的平均数来作为对重要程度的评价，如果需要的话你可以将 5 分制扩展至 0~100 或者 0~10 之间都可以，这样更便于解读。类似的，我们可以提出车辆清洁程度、舒适性、驾驶准时性、安全程度等多方面的问题。

对满意程度而言，我们可以问："在过去六个月中，你在乘坐出租车时对驾驶员的礼貌程度是否满意？"我们可以使用 7 分制的评估方式。

1. 完全失望；
2. 大部分时候都是失望的；
3. 有些失望；
4. 中规中矩；
5. 还算满意；
6. 大部分时候都比较满意；
7. 非常满意。

同样，我们也可以用平均分来作为对满意程度的测量标准。为了更便于解释，你也可以将其转换为 0~100 或 0~10 分的打分制。我们还可以提出车辆清洁程度、舒适性、驾驶规范、舒适程度等方面的问题。

除了潜在客户以外，我们还可以调查 Uber 的现有客户，询问他们同样的有关重要程度的问题。当我们向他们问询关于满意度的问题时，他们要根据对 Uber 的感受来回答（相对于传统的出租车）。与竞争产品比较，满意程度评分是一种非常实用的方式，可以确认客户对你产品评价的优势。

你可能会感到奇怪，为什么我给重要程度和满意程度的打分尺度是不同的。一部分原因在于这是两类不同的评分体系，即单向制与双向制。双向评分制覆盖了负数到正数的范围，而单向评分制只在 0~100 的区间内评分。通常测量满意程度的最佳方式是使用双向评分，因为人们可能会感到满意或不满，因此负数分制是有意义的。相反，重要程度只是一种单纯的程度，不会出现任何负值，因此更适合采用单向评分。

在同客户的交流中，你可以选择使用不同的评分体系。使用超过 11 个选择项会让顾客感觉混乱，而少于 5 个选择项则缺乏精确性。对绝大多数双向评分，我推荐使用奇数选项，因为这样的话你总能找到一个中立的选项。大量调查实践证明，要保障结果的可靠性和选择范围的有效性，通常在单向体系内使用 5 分制而在双向体系内使用 7 分制是一种最佳方案，这也解释了我在上述案例中的设计。

当然你可以将给客户看的评分设计得更精细，以便于计算和解读。但在询问客户的过程中你应当尽可能选择让对方易于理解的评价标准，而非超过他们的接受能力，一味追求回答的精确度。

一个运用实际数据的重要程度与满意程度案例

为了让上述这些概念更加生动、具体，我们使用某款真实产品中的实际数据来说明问题。这是一款我曾经负责的产品，我们会定期对使用者进行调查，邀请他们评价产品的关键特性。在某次这样的调查中，我们让使用者对 13 项关键特性进行重要程度和满意程度的评估。我们对每项特性的评分选取中间值，绘制成图表，如图 4–4 所示，其中每一个点都代表一项关键特性，与其相邻的数值是对该项特性的满意度评分。在右上方区域，你可以看到我之前提到过的那个特性，具有 100 分的重要程度与 98 分的满意程度。作为产品经理，这是我非常乐意看到的结果。由于这项功能已经非常完善，我无需再耗费团队宝贵的资源来对此作出进一步改善。相反，我会更加关注位于左上方象限中的特性，它们的重要程度很高，但目前的满意程度却不尽如人意。你可以看到用 55 分来标注的那个特性，其具备 82 分的重要性，却仅有 55 的满意度。另外只有一个特性的满意程度比这还低（41 分），但是该特性的重要性很低（仅有 53 分）。值得指出的是客户只能对他们使用过的产品方案的满意程度作出评价。

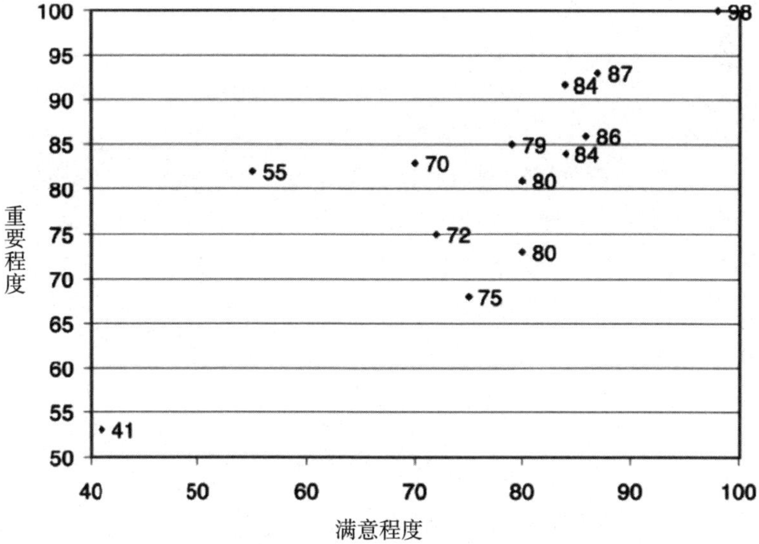

图 4–4　实际数据在重要程度与满意程度框架中的使用

我常听到人们说他们正在创造一款新产品，不过没有可供进行调研的基础客户群体。他们的顾虑在于无法找到足够的客户来得到具有统计学意义的结果，但即便无法轻易调查到上千名受众，你仍然可以从中得到有价值的收获。

样本数是零照样可以

让我们回到 Uber 的例子。假设我们和 25 个人进行了一对一的访谈，受访者经常乘坐出租车，我们向他们提出重要程度与满意程度的问题。你认为他们中有多少人会对乘坐出租车的体验完全满意？可以预想到不会很多，甚至没有人会作出这样的反馈。在调查采访中，我们会发现更多在舒适性、便捷性、安全性、可靠性等方面的需求。假设我们让这 25 名乘客来评价这些方面的重要程度，以及他们在乘坐出租车过程中相应的满意程度，即便你不去调查成百上千人，你也会从结果中找到很有意义的规律。假如在采访中，有很高比例的受访者对某个项目的评分很高或很低，这便是很重要的一个提示，预示当你得到更多的数据点时，你有很大的可能性掌握到自己想要的东西。我将这种技巧称为“定量式定性”，即在定性数据的基础上展开定量分析。但在使用时应当保持谨慎，这确实是一项很好但却未被广泛利用的分析工具。统计学分析在这方面是一种强有力的工具。但是有太多的产品，人们认为他们必须得到确凿无疑的证明才行。事实并非如此，而且通常在产品第一版的早期工作阶段，这也完全不可行。当你的样本规模足够大时，统计学分析无疑是正确的，但这并不是一个要么全真、要么全伪的命题。

我还想进一步讲，你甚至可以在“接触客户之前”，提前使用重要程度与满意程度框架，那么可以从零样本开始着手工作吗？答案是肯定的。具体该怎么做呢？使用框架来清晰地呈现出你的假设。精益方法论的核心就在于清晰阐述每一个设想，并设计相应的测试来验证其有效性。在进行第一次客户拜访之前，你应当针对哪些需求对目标客户是最为重要的作出假设。同样，你也可以假设他们是否喜欢当前的解决方案，以及他们的满意程度。通过将你的假设落实在框架内的四个象限，不断迭代验证，调整修订其在象限中的位置，并随时增加新的内容。

相关的框架

我曾经提到，当年在财捷集团工作时，我推出了属于自己的第一款基于重要程度与满意程度的分析框架。此后，我很高兴地发现，还有另外一些也是基于重要程度与满意程度的框架。缺口分析（Gap Analysis）和工作清单（Jobs to be Done）这两种框架也都在使用重要程度与满意程度来量化不同产品机会的市场规模，从而帮助企业拟定优先级。

缺口分析框架

今天你可以通过在线搜索，找到许多有关缺口分析的定义。我这里所提及的版本，主要是基于对重要程度与满意程度之间“落差”的计算。也就是说，你可以很简单地用对重要程度的评分减去对满意程度的评分：

落差 = 重要程度 – 满意程度

落差越大，意味着有越多被忽略的潜在需求未被满足。在该框架内，满意程度高而重要程度低的场景会使得落差值为负数。

缺口分析的好处在于其可推导出一个单一的数值，非常易于计算。但是，它最大的短板在于这种分析方式将所有的落差看成是同等规模。例如，在 0~10 分的打分范围内，当某种需求的重要程度为 10 分而满意程度仅有 5 分时，其缺口分析值为 5。而当另一种需求的重要程度为 6 分而满意程度为 1 分时，其缺口值同样是 5。这无助于让我们直观感受这 5 分缺口值背后各自的重要性差异，很显然重要性是 10 分的需求会比重要程度为 6 分的具有更高的优先级。我们将在下一个基于重要程度与满意程度的框架中来谈论如何解决这种缺陷。

工作清单分析框架

第一次读到安东尼·伍维克（Anthony Ulwick）的《顾客想要什么》（*What customers want*）这本书时，我倍感亲切，书中所描述的以结果为导向的创新方法，同样使用了重要程度与满意程度来判断商机。伍维克使用了更为复杂的公式来计算其对机会的评分，从而弥补了缺口分析中的不足：

机会得分 = 重要程度 + 取最大值 [重要程度 – 满意程度（只采用大于 0）]

和缺口分析类似，在他的计算公式中同样将重要程度减去满意程度。不过他在减法后只保留正数值，最低只能是 0。此外，他加上了重要程度，来区分判断同样的落差值。在使用 0~10 分的机制中，机会分的范围可以从 0 分（重要程度为 0）到 20 分（重要程度为 10 分而满意程度为 0 分）。伍维克认为当机会分超过 15 分时便是很好的机会，低于 10 分则势同鸡肋。

让我们根据前面例子中的两种需求来计算机得分。第一种需求的重要程度有 10 分而满意程度得 5 分，因此其机会分 =10 + 取最大值（10 – 5，0）= 10 + 5 = 15 分。

而第二种需求的重要程度为6分而满意程度有1分，那么该机会得分为6 + 取最大值（6 – 1，0）= 6 + 5 = 11分。在伍维克的公式中，即便两种需求的重要程度和满意程度的落差值相等，重要程度更高的需求会具有更高的机会得分。

伍维克方法论的核心在于，顾客购买产品和服务的目的在于帮助他们完成好某项任务。顾客所作的购买决策建立在产品是否能够为“工作清单”实现“预期的产出”这一点上。克莱顿·克里斯坦森（Clayton Christensen）与另一些学者同样推崇这种方式，统称为“工作清单”分析框架。

伍维克解释了为什么他认为产出比客户收益或需求更加重要。他反对使用需求和收益的主要理由在于这些概念通常都很不精确。他提醒到，“客户导向”的方式过分依赖于“客户的声音”，而他们往往只能以自己的语言含糊不清地表述。在此我同意客户需求与收益应当精确定义，这正是产品团队的工作，不应该将其抛给客户。为了找到有创意的解决方案，产品团队应当对问题空间给出明确、精准的定义。我理解伍维克的顾虑所在，在很多时候，产品目标或需求过分模糊或者笼统。

他解释道：“对绝大多数工作而言，即便是那些看似非常琐碎的工作，通常都会有50到150，甚至更多的期待产出——这绝非个案。”这句话让我产生了强烈的共鸣，并且让我更加坚信产品团队给问题空间制定出细致而精确的定义是完全可行的，这也是任何成功创新的关键基础。伍维克口中的产出便是我所说的定义明确的客户收益。优秀的产品团队能够把洋葱层层剥开，深入内部洞察幽微，而非仅仅隔靴搔痒。史蒂夫·乔布斯曾有过类似的观点，他认为：

> 当你第一次想要尝试着解决某个问题时，你所找到的第一种方案往往会复杂又繁琐，一部分人会选择就此止步。但是随着不断深入问题的核心，层层抽丝剥茧，你很有可能会找到一些非常高效而简单的解决方案。遗憾的是，大部分人不愿意为做到这一步而耗费时间和精力。

形象化展现客户价值

如果用重要程度与满意程度的测量方式来量化产品机会这种想法与你产生了共鸣，那么在此我强烈推荐你去阅读安东尼·伍维克的《顾客想要什么》这本书。而我运用自己的重要程度与满意程度框架所开发出的量化方式会更加形象和直观。此外，我的方法并不只是量化机会，它同时还从更宽广的角度形象地解释了客户价值，以及如何才能得以实现。

由产品或其功能特性所带来的客户价值

我们先回到在图 4–3 中所介绍过的重要程度与满意程度框架，更精细地专注于坐标轴上的数值。现在我们不仅用低和高来进行区分，而是以 0 到 100 的分值来评估重要程度与满意程度，如图 4–5 所示。这样不论你最初使用 5 分、7 分或者 10 分制来进行测量，最终都可以统一成这样一张图表。

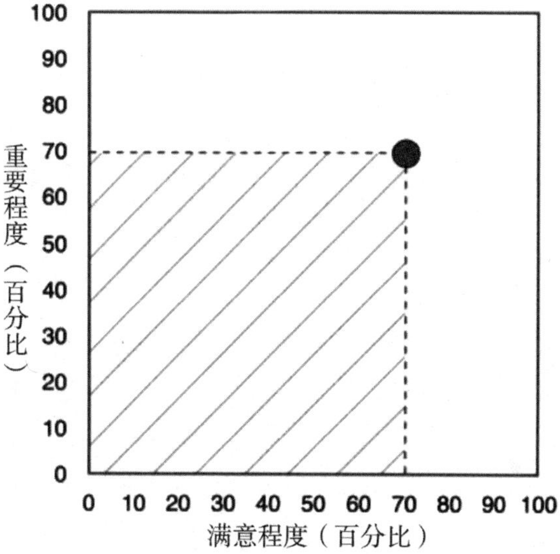

图 4–5　形象化展现客户价值

图表上的每一点都代表了一种需求，具备一定程度的重要性，并且凭借当前产品或产品功能对需求的满足程度达到了一定的顾客满意度。图表中最左下角那一点的重要程度与满意程度都为 0，即这点上的产品特性不提供任何客户价值。相反，最右上角的产品或功能的重要程度与满意程度都高达 100 分，能为顾客的需求带来最大的价值。

某款产品或功能所满足的需求在重要程度上的定位越高，或者能够带来更高的满意程度，它所提供的客户价值也就越大。当这款产品或功能用图表上的一个点来表示时，其带来的客户价值便是该点和原点所组成的矩阵面积。因此你就可以用下列等式来计算客户价值：

产品或者其功能特性所提供的客户价值 = 重要程度 × 满意程度

回过头来看看图 4–5 中所画的点。这项需求的重要程度有 70 分，而顾客对满足该需求的产品满意度亦为 70 分。因此该产品当前的客户价值为 0.7 × 0.7 = 0.49。

这种表达方式非常直观，当你将多个产品或特性排列在如图 4–4 的同一张图表上时，很容易从中看出哪些能够带来更高的价值。矩阵的面积越大，该产品或功能所创造出的价值也就越高。

提升客户价值的潜力

对某款在重要程度与满意程度象限中呈现的产品或其功能特性，同样可以简便地评估其未来的潜力。简而言之，每个点的潜力就是可以额外增加的客户价值的最大幅度。通过提升满意程度可以提升客户价值，从而实现产品价值最大化。其量化公式如下：

价值提升潜力幅度 = 重要程度 ×（1 – 满意程度）

对于一款产品或其功能特性，这种形象化的评估方式能让其实现额外客户价值的潜力清晰可见，其幅度就是位于该点右侧的矩形区域，它代表着为了更好地满足客户的需要，对客户价值所能做出的最大的提升幅度。

图 4–6 展示了两项不同的产品机会。机会 A（参考图 4–5 中的产品）具有 70% 的重要程度和 70% 的满意程度，因此其潜力分为：

机会 A 的潜力 = 0.7×（ 1 – 0.7 ）= 0.7 × 0.3 = 0.21

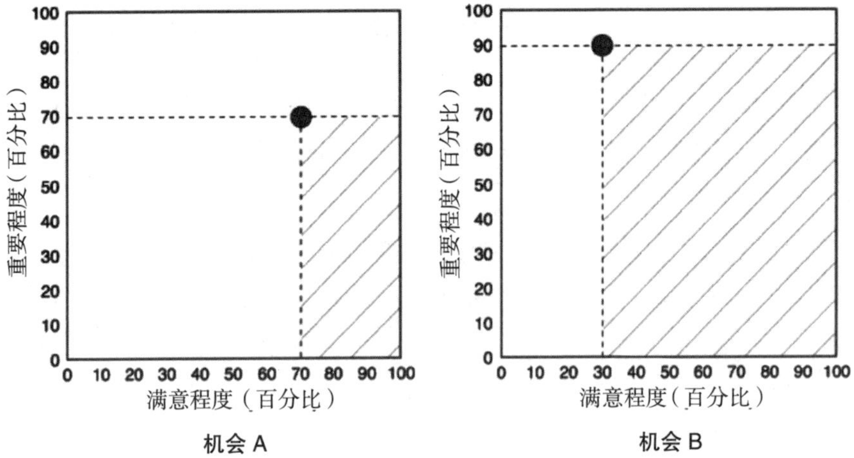

图 4–6　测量机会的潜力

而机会 B 的重要程度为 90% 而满意程度只有 30%，因此 B 的潜力分为：

机会 B 的潜力 = 0.9 ×（ 1 – 0.3 ）= 0.9 × 0.7 = 0.63

在带给客户价值的潜力方面，机会B三倍于机会A。在评估你所把握的机会时，你势必会选择具有最大潜力分值的那一项。其实可以想见，这些机会通常会出现在左上角的部分，正如同 Uber 所瞄准的那部分机会。

当你回到图 4–4，其中显示了某款产品的真实数据，你或许会回想起，我将那一项重要程度为 82% 而满意程度只有 55% 的功能特性列为第一优先级，姑且将其称为“功能 X”。让我们回顾下图表上所有的点，当你用上述方式来评估各项机会时，你不难发现功能 X 具有最大潜力，其潜力分值为：

功能 X 的潜力 = 0.82 ×（1 – 0.55）=0.82 × 0.45 = 0.37

而 X 右边的所有 11 项功能，它们的潜力分值都小于 0.25。而另一项重要程度为 53% 而满意程度为 41% 的功能，其机会分值只有 0.32。这里我要提醒的是，位于左下方的功能并非丝毫不重要，因为坐标轴并没有从零开始显示，对于标准坐标而言，该项功能应该位于图表的中心位置。

某款产品的客户价值会随着满意度（矩形的宽度）的变化而变化，但是其所能提供的最大满意度（即矩阵可能的最大面积）从根本上取决于需求的重要性（即矩形的长度）。这再一次强调了重要程度的主导作用，以此为基础才能创造出最大价值。因此另一种对潜力的解释可以概括为：

价值提升潜力 = 重要程度 – 当前提供的价值

产品改善所带来的客户价值

你也可以形象地把因为你对产品进行改进而创造的实际客户价值表示出来。当某项产品改进将满意度从当前水平（起始点）提高到更高的水准（终止点）时，其创造出的客户价值便是增量矩阵的面积，定义为：

客户价值创造 = 重要程度 ×（起始点 – 终止点）

图 4–7 解释了通过改进产品（参考图 4–5 中的产品案例），提升满意度，从而创造的客户价值。该需求的重要性为 70%，而在产品改进之前的满意度也是 70%。产品改进使得顾客满意度提升至 90%。运用上述公式，这次改进带来的客户价值是 0.14。

客户价值创造 = 0.7 ×（0.9 – 0.7）= 0.7 × 0.2 = 0.14

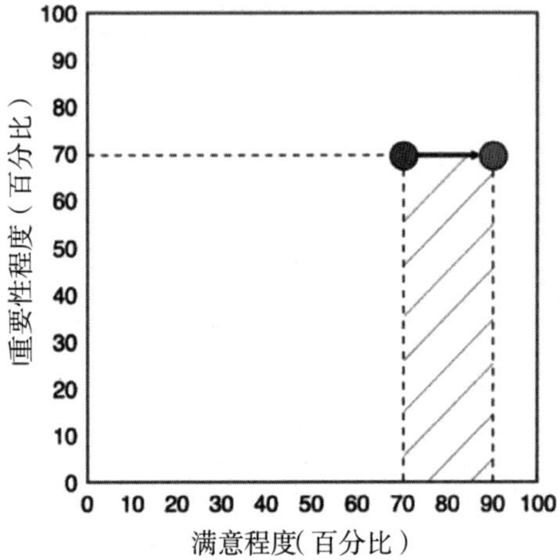

图 4–7　创造客户价值

正如在前文中所讨论过的，一款产品通常会满足许多相关的客户需求而并不只局限于某中某一个。因此除了提升满意度之外，改进产品以使其能够解决 另外的、相关的客户需求不失为另外一种创造更多客户价值的方法。当然，如果这些需求也具有更高的重要程度，那当然就更理想了。

狩野模型

另一种被经常用来分析顾客需求与满意度的优秀框架被称为狩野（Kano）模型，由日本质量管理大师狩野纪昭确立。我第一次研究该模型是在自己工业工程学专业的毕业论文中。如图 4–8 所示，狩野模型同样从横向和纵向两个维度来设置象限：客户需求在多大程度上得以实现（横轴），以及客户满意程度水平（纵轴）。横轴的范围从左边——需求零满足，伸展至右边——需求完全实现，而纵轴的范围，从底端的客户彻底失望到顶端的赞不绝口。

我不再赘述你应该如何通过询问客户问题，通过对某项给定需求的六项备选答案来评估某项需求，并取得相应数据。这个模型的作用在于可将顾客的需求分解为三个关键领域：性能水准、必备功能，以及特色亮点。性能水准一定是越高越好。当这类需求被不断满足时，顾客的满意度一定会水涨船高。比如你正在购置一辆汽车，有两个备选型号。它们在各方面的表现都非常类似，不过汽车 A 能够带来两倍于汽车 B 的能源效率（比如每升汽油的行驶距离），你肯定会偏向于汽车 A。燃油效率便是汽车性能优势的表现。

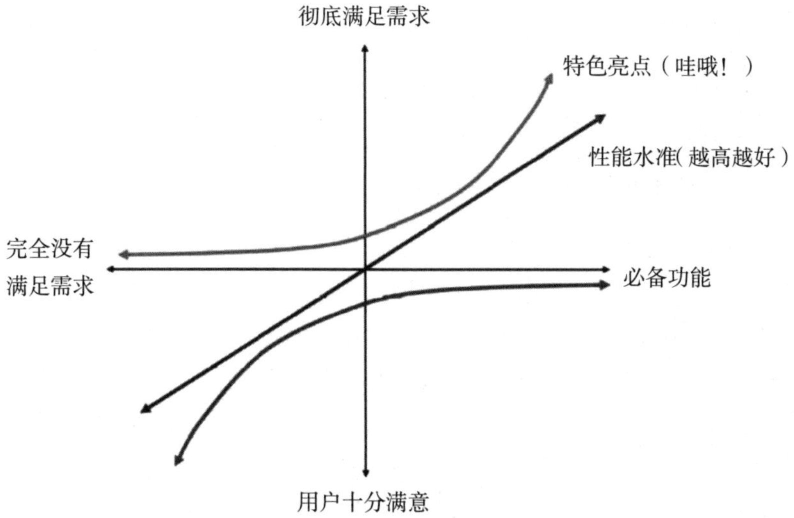

图 4–8　狩野模型

满足基准需求并不会产生顾客满意度。相反，当这类需求不能被满足时，则会引发顾客的不满。满足基准需求的产品功能是你最基本的“筹码”，或者称为“进入条件”，即顾客在对你的产品满意之前必须首先要考量的内容。还是用汽车的例子，安全带便是这样一种基准需求。当你中意一辆汽车，但是却发现它没有配置安全带时，你或许就不会去购买了，你会担心在事故中受到伤害。因为对合理安全水平的必备需求没有得到满足。换一种情况，当汽车 A 配置了 5 条安全带而汽车 B 配置了 100 条时，你绝对不认为汽车 B 比汽车 A 的性能高了 20 倍。每位乘客只需要一条安全带就足够了，你的基准需求已经被满足了。

特色亮点则带来了超出顾客预期的收益，从而实现了非常高的顾客满意度。但是假如缺失特色亮点亦不会导致不满，因为客户并没有这样的期望。回到汽车的例子中，当 20 世纪 90 年代第一辆采用全球定位导航系统（GPS）的车辆出现时，客户无需再 从电脑上打印出行车路线，不必担心走错路。这项特性从根本上改变了人们从 A 点驾驶到 B 点的方式，让客户轻松自如地享受驾驶的乐趣。

回到更远的过去，汽车内原本就没有给水杯设计位置。克莱斯勒在上世纪八十年代在小型货车中引入了这种设计，在仪表盘的位置配置了两个下陷式水杯位。这项特色亮点使得驾驶员在行车过程中不再担心会溅出他们的饮料了。

当然，车辆内的杯托现今成为了一种标准配置。同样，也有越来越多的汽车开始配置 GPS。这诠释了狩野模型中的一个重要方面：需求会随着时间而变化。昨天的特色亮点可能是今天的性能水准，而在明天就可能是不可或缺的必备功能了。客户期待的提升与市场竞争的加剧会将标准逐渐推高。这同样也从另一个角度解释了在重要程度与满意程度框架内，为什么右上角产品的满意程度会随着时间的流逝不断被重新定义，而将昨天的方案逐渐推到左边。

狩野模型同样显示了需求的层级关系，正如在前文中所提及到的那样。例如，当你的产品无法满足必备功能时，它所具备的特色亮点便不再有什么意义。一辆配置 GPS 的汽车如果没有安全带，当然不会有顾客考虑购买。在以性能的扩展与延伸赢得信任之前，你首先要满足必备功能的需要。而在性能水准上具有竞争力之后，才能显示出特色亮点在竞争中的重要性。你可以将此看作一个三层的金字塔。必备功能位于底层，性能水准在此之上，而特色亮点在金字塔顶端。

你可以用狩野模型来明确问题空间，可以综合考量与产品类别相关的客户收益，并将其分为必备功能、性能水准、特色亮点三个类别。通过评估竞争对手的产品，以及阅读顾客对产品的相关评论能为你制定这个框架提供信息。我会在第 5 章介绍设定产品的价值定位时，更多谈及狩野模型，以及竞争格局。

框架的实际运用

本章涉及许多背景知识，希望这些内容能让你深化对问题空间的认识，同时能够对客户利益作出更深入、丰富的诠释。一旦明确了你具备解决潜力的客户利益，你可以使用重要程度与满意程度框架来判断满足其中哪一项利益能够让你实现客户价值的最大化。要设法把握住框架中左上角的产品机会，即机会分较高的那部分。如果决定了要把握那些机会，你接下来就需要分解相关的客户收益，确定你要用自己的产品来满足哪一部分客户收益。你需要确保产品能够带来足够的客户价值，并比其他可替代品更加优秀，这便是产品策略的本质。在接下来的章节中，我会讨论如何使用狩野模型来解释价值定位，从而明确你的候选最简可行产品。

第5章 明确产品的价值定位（第三步）

精益产品开发过程中的第三步是明确产品的价值定位，即产品－市场适配金字塔的下一个层级。到目前为止，你已经发现了不少重要的客户需求，并打算通过产品予以满足。现在，你需要判断产品究竟应该满足哪些需求，你必须深思熟虑，不能奢求在此时即能完全满足广泛的客户需求。

一款好产品的设计要专注于一系列关键的客户需求，并努力使其得到全面解决。瑞士军刀以实用性著称，它将一系列工具很方便地组合在一起，可以多种多环境下使用。但是假如要再增加多种工具，那么瑞士军刀的体积就会变得过于臃肿、笨重，也就不再那么实用且有那么高的价值了。在定义新产品时，务必要专注于关键点。

可以肯定的是，你不会希望将宝贵资源浪费在不必要的冒险上，比如将最初产品的功能范围定义得过于复杂。一般来说，你很难对所有客户的需求都有全面、完美的把握和了解。你对产品的假设以及对市场的了解中存在着诸多自以为是的误区或不确定性，所以正确的途径是你应该从确定最简可行产品着手。记住，所有对客户需求的预想都基于你对目标客户的基本假设。当测试最简可行产品并发现与原先的假设有误差时，你就要重新审视对目标客户需求的各种预想。

即便在经过使用者测试之后，发现自己正走在正确的道路上，你仍然需要利用这些信息来修正和补充对问题空间的原有假设。这种情况会在每一次迭代过程中发生，因为你永远不会有“最完美的信息”。当遵循着正确的方式迭代验证时，你会陆续收到各种“有瑕疵”的信息，但同时也会让你对自己的假设更有自信。

战略就意味着说“不”

精益产品开发过程中的这一步骤决定了**产品的价值定位**，即判断产品针对的是哪些具体的客户需求，并且清晰表述该产品与其他替代品相比有何卓尔不同之处。在这个过程中，你同时也决定了哪些客户需求是需要忽略或舍弃的。对不少人而言，要说出“不，我的产品无法解决这个问题”并不容易，但这恰是产品策略的本质。我所听到过的对产品策略的最佳定义便是：“决定你不该做什么。”

以下是史蒂夫·乔布斯谈到如何说“不”时所讲的：

人们以为聚焦是就是对你想要聚焦的事情说“是”。但事实不完全是这样。聚焦意味着对另外上百个很好的想法说“不”。你必须智慧地作出选择。事实上，我不仅为所做的事情感到自豪，同样也为我舍弃的事情感到自豪。创新意味着对 1 000 件事情说不。

因此，你所要做的第一步便是选择你计划去满足的客户需求。我将向你展示如何使用狩野模型作为一种组织框架，将各种需求区分为必备功能、性能水准以及特色亮点。你一定希望产品会优于或有别于其他可替代品，因此必须在与竞争对手的产品进行对标的背景下，对产品的各种需求进行分类并寻找差距。既然你和对手通常处于同一产品领域，因此各自产品之间的必备功能很有可能是一样的，而在性能水准方面也会有大幅度的重叠部分。因此区分产品优劣的关键便可能落在各自产品特色亮点的竞争上。

列出必备功能非常重要，这是必不可少的。但是，由于这类产品中的所有产品都能满足这种要求，它们不会是你价值定位中的核心部分。核心元素在于你所选择的性能水准，以及画龙点睛式的特色亮点。

搜索引擎的价值定位

要更好地解释产品价值定位的概念，让我们回溯到互联网搜索引擎最初出现之时。那时市场上有许多搜索引擎，尽管产品各不相同，但多数均非常重视其性能水准。有一些侧重于让自己的索引拥有数量最多的页面，也就是当客户执行搜索之后他们能够提供最多的结果；另一些更偏重他们索引的刷新率，添加新的页面以及更新老页面的频率；还有一些除了能给出搜索结果，更附加了相关的内容。因此这三项性能水准是早期搜索引擎竞争的焦点：数量、频率以及结果相关性。当然这些搜索引擎同样还各具其他特色，不过简化起见在这里我们只介绍这三项。在搜索引擎早期的市场上，各项性能水准之间相应的重要程度差别并不明显，于是不同公司专注于不同的性能水准，选择了不同的价值定位。

随着时间的推移，绝大多数搜索引擎都能够提供大量索引页面，因此显示结果的数量不再那么重要了。虽然使用者希望看到尽可能多的结果，但是他们往往不会去翻看靠后的内容页面。同样，大部分搜索引擎能够在有新的搜索结果出现时及时刷新页面。于是，结果相关性成为了最重要的性能水准，也变成了与其他竞争对手实现差异化的关键所在。利用特有的网页排名算法，谷歌比其他搜索引擎在结果关联性方面做到了遥遥领先。由于其在最重要领域崭露头角，并且在其他两个维度同样也表现不俗，所以谷歌最终从搜索引擎大战中胜出。

表 5–1 展现出这三种不同的价值定位。从图表中可以看出，谷歌最关注相关性，而搜索引擎 A 则最关注搜索结果数量，搜索引擎 B 最关注结果的刷新率。

表 5–1　早期搜索引擎的价值定位

性能水准	谷歌	搜索引擎 A	搜索引擎 B
搜索结果数量	可接受	最佳	可接受
搜索结果的刷新率	可接受	可接受	最佳
搜索结果的相关度	最佳	可接受	可接受

那么什么是特色亮点呢？谷歌建议（Google Suggest）能自动化地匹配出对所搜索问题的建议，这便属于特色亮点的范畴。使用者无须输入完整的问题，比如多少英尺等于一码。当输入开始几个文字或数字，比如“多少……”，便会出现一系列与此相关的问题。然后使用者只要点选列表中的备选项即可，节省了不少时间。而且提问的语句越长，节省的时间也就越多。显现出与输入初始文字相关的问题，还能在人们不确定他们该如何提问时有所帮助，进而提升了搜索结果的相关性。

谷歌的即时搜索是另一个特色亮点。该功能在使用者在输入过程中便会获得结果，而无需点击“输入”按键（或者选择推荐问句）。这项功能同样节省了使用时间。谷歌发现人们阅读结果会比他们的输入更加快速，每次键盘点击一般需要 300 毫秒，而扫描一次结果只用 30 毫秒。谷歌量化得出即时搜索可以为每次搜索节省

2~5 秒钟。表 5–2 展现的是谷歌更为复杂的价值定位，较之前那一版在维持原先性能水准的基础上又增加了这两项特色亮点。搜索建议与即时搜索是两项具体的功能特性，而非基础的性能水准。我将功能特性的具体名称列在谷歌这一列中，而将每一个特色亮点相应的客户收益列举在最左侧的收益栏：输入搜索语句时节省的时间以及节省浏览搜索结果的时间。

表 5–2　　谷歌的价值定位及其特色亮点

	谷歌	搜索引擎 A	搜索引擎 B
性能水准			
搜索结果数量	可接受	最佳	可接受
搜索结果的刷新率	可接受	可接受	最佳
搜索结果的相关度	最佳	可接受	可接受
特色亮点			
节省输入问题的时间	是（谷歌的搜索建议）	否	否
节省浏览结果的时间	是（谷歌的即时搜索）	否	否

谷歌并非唯一一家有特色亮点的搜索引擎。当必应（Bing）尝试区别于其他竞争对手时，他们想到的一项创新就是采用各种桌面图片。每天当你登陆必应的搜索页面时，背景图片都各不相同而且画面精美，并配以一些絮语或者暗示，使用者可以尝试着猜测照片上的物体或景色在哪里。当然这些好看的图片并不会让搜索更快或增加结果的相关性，但是这给使用者每天带来了焕然一新的感受。

并不那么“酷”

在此我还要向您介绍一款名叫 Cuil 的搜索引擎，它的发音与 Cool（酷）相同，已在 2008 年上市。彼时的搜索引擎市场已经位于重要程度与满意程度框架坐标的右上象限，即搜索引擎已经成为使用者不可或缺的工具了，而用户对此也深感满意。谷歌在当时拥有最大的市场份额（那时已经超过了 60%）。考虑到这种情况，对一款新进市场的产品而言，用清晰的价值定位来表现出其如何更好地服务用户，以区别于现有的解决方案，便显得尤为重要。

从市场宣传上看，很显然 Cuil 专注在拥有最大的索引页数量这一方面。在发布之际，Guil 宣称其拥有 1 200 亿网页量的索引信息，他们预估这是谷歌拥有量的三倍。他们用一种独特的杂志形式展现搜索结果，配以更多图片。另外，他们尝试在隐私性方面进行区分定位，承诺不会保留使用者的检索历史记录。

那么 Cuil 做得怎么样呢？并不是太好。批评者指出该搜索引擎反应迟缓，结果相关度低。搜索专家，《搜索引擎观察》（*Search Engine Watchinbg*）杂志的丹尼·沙利文（Danny Sullivan）批评 Cuil 太过重视索引页面数量而忽略了内容关联度。在上市两年之后，Cuil 倒闭了。

Cuil 团队之所以会遭遇滑铁卢，只是因为他们对能够让 Cuil 从众多搜索引擎中脱颖而出的特色亮点作出了错误假设。为了勇敢地挑战现有的市场王者，新产品的价值定位在相关性与响应时间这两项性能水准至少不能落在人后。我相信 Cuil 团队的初衷并不会故意降低结果相关性，或是忽视了响应时间；但这却正是客户在实际使用过程中最直接的感受。即便 Cuil 能够与谷歌在这两项功能上做到旗鼓相当，他们仍然需要有一个对客户非常有价值的特色亮点来抢占市场。实践证明，他们臆想中的差异化特色，即在索引页数量与改善隐私方面的优势，究竟是不是顾客的心头所好，他们自己并没有搞清楚。

表 5–3 描述了 Cuil 所设想的价值定位，以及与谷歌相比之下的实际价值定位。改变顾客的行为永远不会像囊中取物般简单，尤其是当市场机会进入右上象限时，你需要为顾客带来足够多的附加价值，才能让他们从现在更熟悉的产品改弦更张。人们所说的必须要有“数量级”式的性能提升才能奏效的观点，再次让我们领略了其威力。

表 5–3　　Cuil 与谷歌的价值定位

性能水准	谷歌	Cuil（臆想）	Cuil（实际）
搜索结果数量	良好	最佳	无所谓
用户隐私	不错	最佳	无所谓
结果呈现方式	良好	最佳	无所谓
响应时间	良好	可接受的	糟糕的
搜索结果相关性	良好	可接受的	糟糕的

为你的产品进行价值定位

我们用搜索引擎的案例，诠释了价值定位这一概念。现在让我们继续讨论如何为你的产品创建价值定位，表 5–4 是一份空白的价值定位模板，你在第一列填写各种有价值的功能特性，每项一行，并以类别分组，其中涵盖了你的以及竞争对手的产品的必备功能、性能水准以及特色亮点。你可以为每一位相关的竞争对手及其产品安排一列，并留出一列放置自己的产品。空白模板中列出了两位竞争对手。值得注意的是，竞争对手并不一定是直接的：在某些情况下，你并非是直接和竞争对手交锋，而是要面对那些现在顾客正在使用的、以满足其需求的替代性解决方案（还记得 TurboTax 案例中纸和笔的例子吗）。

表 5–4　　产品价值定位模板

	竞争对手 A	竞争对手 B	我的产品
必备功能			
必备功能 1			
必备功能 2			
必备功能 3			
性能水准			
性能水准 1			
性能水准 2			
性能水准 3			
特色亮点			
特色亮点 1			
特色亮点 2			

一旦确立了这些顾客收益与竞争对手，你就要对你与竞争对手产品的每一个子项逐个评分。对现有产品的评估可直接用评分机制，但假如新产品尚处在开发阶段，你可以列出想要达到的目标分值。对于所有的必备功能都必须输入“是”，而对性能水准，你可以选用最适合的评分范围，通常高、中、低的方式就足够了。有些可用数字测量的性能水准可以用精度更高的绝对值。例如，你有一款如 OpenTable 这样的餐厅订座应用程序，系统所能涵盖的餐厅数量，以及各餐厅的订餐花费时间或许是两项用绝对值标识的性能水准。特色亮点通常是唯一的，因此只需要为每项特色亮点单独准备一行，然后备注“是”便可以了。

表 5–5 是一个完整的价值定位的例子。我有意让例子中的顾客收益和竞争者都更通用一些，以便你借此例为你自己的产品构思相似的收益指标。在这个例子中，你计划开发的新产品面临着两家现有的竞争对手。每家企业都能在必备功能方面满

足顾客的需求。竞争对手 A 在性能水准 1 上表现卓越，竞争对手 B 则更侧重性能水准 2，而你计划在性能水准 3 上成为佼佼者。这或许是因为你已经找到了一块新的细分市场领域，对性能水准 3 有了更高的期许，也可能是你有了一种全新的技术，能让客户在性能水准 3 的领域收获更高的满意度。竞争对手 A 拥有特色亮点 1，而你也计划拥有独一无二的特色亮点 2，对每款产品关键的区分要素要用粗体字表现出来。

表 5–5　　完整的产品价值定位模板示例

	竞争对手 A	竞争对手 B	我的产品
必备功能			
必备功能 1	满足	满足	满足
必备功能 2	满足	满足	满足
必备功能 3	满足	满足	满足
性能水准			
性能水准 1	高	低	中
性能水准 2	中	高	低
性能水准 3	低	中	高
特色亮点			
特色亮点 1	是		
特色亮点 2			是

这张图表清晰地表现出你希望自己的产品为客户带来什么样的价值收益，以及你想怎样比竞争对手做得更出色。你产品列中对应的每一行功能特性的评分便是产品的价值定位。你决定了在哪些区域要积极进取而在哪些不重要的方面要战略性放弃。你关键的区分要素便是你期望胜出竞争对手的性能水准与独有的特色亮点项目。回到上一章，理想中这些区分要素应当对应着位于高重要程度和低满意程度的客户需求，从而最有机会为客户带来价值。

鲜有产品团队真正经历过这样的过程，来澄清其计划推出的产品的价值定位。因此仅仅是实际引入这个方法就会让你在一定程度上领先于对手。一份明确的价值定位能够显著降低你的产品只是在竞争对手后面“照猫画虎”的可能性，并将资源集中在最重要的领域，提高产品的成功率。

瞄准趋势

前面谈到的价值定位制定过程只代表了某个时间点的静态情况。从策略角度上讲，你还需要做到与时俱进，预测市场中可能出现的重大趋势，以及竞争对手可能采取的行动。这在许多高科技行业的市场中显得尤为重要，因为在这些领域变化层出不穷。正如韦恩·格雷茨基（Wayne Gretzky）所说："我要滑向冰球的下一个落点，而不是它现在所处的位置。"

Flip 摄影机

这方面很好的一个例子是 Flip 摄影机。Pure Digital 在 2006 年发布了这款"点拍式视频摄录机"，许多客户发现这款设备远胜传统的摄像机，因为其更便于使用、更加紧凑，也更为经济。Flip 摄影机的这项成功最终促使了思科在 2009 年以 5.9 亿美元的价格收购了 Pure Digital。

然而在短短两年之后，思科便宣布为了精简业务运营，将退出消费类产品的市场，其中便涉及了 Flip 的业务线。这是为什么呢？ Flip 摄影机在数年之间都做到了产品 – 市场适配，但是市场变化风起云涌。2009 年，苹果发布了 iPhone 3GS，这是第一款配置视频录制功能的 iPhone 手机。相比之下，智能手机比 Flip 的产品更易于携带，并且无需再额外配置一台设备。此外，其无线连接功能可以让使用者直接发布视频，不用先同步到计算机终端上。思科公司选择了退出市场，因为很显然随着技术的发展，智能手机在未来会成为更易使用、更便捷的视频录制工具。

预测未来的价值定位

回到你的价值定位模板，为了预测未来，你可以用单独分开的列框来描述你的以及竞争对手的产品"现在"和"将来"的情况。"将来"可以是与产品策略目标最相关的时间跨度。表 5–6 列出了一份可供参照的样表。

表 5–6 中竞争对手与你的产品都有"现在"与"一年之后"两列时间。竞争对手 A 的产品在性能水准 1 上表现最佳，而你的产品优势则体现在性能水准 3 上。你预测竞争对手 A 将会投入在改善性能水准 3 上，但你仍然能够保持领先。你同样预测竞争对手会进而扩展其在性能水准 2 上的优势地位。但是你认为这对于你的目标

市场而言并不重要，你计划确保在性能水准 3 上的领先地位并在性能水准 1 方面迎头赶上。在特色亮点方面，你们每一家现在都有独一无二的特点。未来，你预测竞争对手会开发出新的特色亮点 3，而你同样计划发布特色亮点 4。

表 5–6　　预测未来状态的产品价值定位模板

	竞争对手 A		我的产品	
	现在	一年之后	现在	一年之后
必备功能				
必备功能 1	满足	满足	满足	满足
必备功能 2	满足	满足	满足	满足
性能水准				
性能水准 1	高	高	中	高
性能水准 2	中	高	低	低
性能水准 3	低	中	高	高
特色亮点				
特色亮点 1	是	是		
特色亮点 2			是	是
特色亮点 3		是		
特色亮点 4				是

通过这种方式来解析产品策略可以确保你不只满足于为眼下的市场状况保驾护航，也要为避免在未来被其他竞争对手超越而未雨绸缪。

使用本章所提到的这些工具，将帮助你对价值定位有更清晰的认知。基于此你需要决定在产品中提供哪些产品特性，以实现你的价值定位。精益产品开发过程的下一步，便是确定最简可行产品的功能特性。

第 6 章 细化最简可行产品的功能设置与组合（第四步）

现在你对价值定位已经有了非常清晰的认识，精益产品开发过程的下一步便是决定备选的 MVP 功能设置与组合。你不可能在当下即刻开始着手设计一款实现所有价值定位的新产品，这样周期太过漫长且颇有风险。对于 MVP 而言，你的目的只是识别、确认最低限度的功能来验证你的产品思路是否正确。我将其称为备选的 MVP，而不是直接称为 MVP，是因为这仅仅是依据你的假想形成的。你还没有与客户沟通，聆听他们的意见，来判断这款产品是否可行。

对于产品价值定位中的每一项收益，你会想到要和团队一起开展一场头脑风暴，这样可以迸发出许许多多针对功能特性的新颖想法，从中你可以选择一些合适的赋予你的新产品，以实现相应的客户收益。之前你所有的精彩思考都在问题空间里，那么现在需要转到方案空间了。此时此刻有必要回顾一下头脑风暴的基本规则。你需要尽可能地进行天马行空式的思考，从而尝试挖掘、开发出尽可能多的点子，而暂不去作评估判断。但在随后需要花费大量时间作收敛性的分析思考，评估每个想法并确定哪些最有希望实现。在团队开展的头脑风暴过程中，要尽可能收集每个人的建议，并鼓励和激发他们的灵感，从而生成更多更有创造性、跳脱不羁的想法。

在完成头脑风暴之后，你需要将团队产生的所有想法、创意，根据其能够产生的价值收益分类整理。然后评判每一项价值收益，进行优先级排序。你应当预估每个想法所能产生的客户价值来决定首次入选名单，这样做的目的在于为每项收益找出价值最高的 3~5 项功能特性。现在去探讨余下的特性并没有多少价值，因为当你向客户展示出你的产品原型后，许多情况都会发生变化。

用户故事：功能特性与客户收益

用户故事（User Story，多用于敏捷开发之中）是记录产品功能特性设想的一个绝佳方式，可以确保对应的客户收益清晰明确。用户故事通常是一段简短的话，表述特定的功能所能带来的客户收益，包含收益对象（目标客户）是谁，以及为什么客户需要这项收益。好的用户故事通常遵循以下模式：

- 作为（某一类使用者）；
- 我想要（做某件事）；
- 从而让我能（获得某种期望的收益）。

以下用户故事案例便遵循了这种模式：

作为一位职业摄影师，我需要便捷地把照片从照相机上传到我的网页，从而让我快速向客户展示这些照片。

这个模板只是一个开端，写好用户故事同样也是一项必备技能。敏捷思考大师比尔·维克（Bill Wake）为写好用户故事创建了一套指南，为了便于记忆，他将该指南的各个首字母缩写归纳为 INVEST：

- 独立性（Independent）：好的用户故事应当和别的用户故事保持独立，在概念上没有重叠，在实现过程中也无需遵照某种顺序。
- 可协商（Negotiable）：好的用户故事并非功能特性的明文约定，如何提供客户收益是需要进行开放性探讨的问题。
- ·有价值（Valuable）：好的用户故事必须能够为客户带来价值。
- 可估量（Estimable）：好的用户故事其范围必需能够估量出来。
- 篇幅短小（Small）：好的用户故事短小精悍，便于快速部署。篇幅大的故事存在着较大的不确定性，你需要将其分解、细化。
- 可测试（Testable）：好的用户故事中应包含足够多的信息，要说清楚，如何才能测试出故事“完成”了（称为接受标准）。

分解功能特性

一旦当你为最重要的产品功能特性写好了提纲挈领的用户故事，接下来的一步便是找出方法，将其分解成更小的功能模块，我称之为“切块“。这样做的目的在于缩小范围，只构造出某种功能特性最有价值的功能小块。当有人又产生了一个新的关于产品功能特性的设想时，我们通常会想出多种有创意的办法把那些不重要的功能小块先删减掉。我有意用“功能块”这个词来取代“功能”，这样可以更好地提醒读者不要为某个功能项定义过大的范围，而是将其尽可能地分解成最小的原子化的功能单位。

我们来看一个例子，如何将一个宏观的用户故事进行分解。假设你正在制作一款用来做照片分享的应用程序，并撰写了这样一个用户故事“作为一名用户，我需要能够方便地与亲朋好友分享照片，从而让他们实时欣赏到”。分解该用户故事的一种方式是根据用户分享照片的不同渠道，例如 Facebook、Twitter、Pinterest、电子邮件、手机短信等。每一项都可以是一种直接的功能子模块或规模范围更小的用户故事。你不一定在 MVP 上实现所有这些分享渠道，即便你确定就是要这样做，这也能帮助你把用户故事分解成对产品更明确的定义，从而使开发范围更准确，并可以让你根据重要性对每个功能子模块进行更明确的优先级排序，以便可以据此顺序进行功能模块的开发创建。你还可以限制 MVP 的功能范围，仅仅只能分享照片而排除其他文件。顺理成章的想法是，可能你也想为每张照片增加可选的描述信息，或者允许使用者给每张照片打上标签。每一种设想都可以直接演变成一种功能子模块。

每个批次的范围以小为美

功能特性分解技巧与精益生产中小批量生产的实践十分相似。当一款产品在工厂的生产线上加工生产时，批量规模代表着（工序流程中每一步）同一时间点在线生产产品的数量总和。与此相类，软件的开发量指的就是处于开发中的功能特性和用户故事的数量规模。更小的批量规模提高了灵活性，因为这能取得更快速的反馈，有助于减少风险与浪费。假如让开发者在电脑前耗费一个月来开发出某项功能，然后由产品经理或设计师验收的话，很可能由于缺乏及时的沟通交流而导致需要对其产品作出大幅度调整。但如果换一种方式，开发者每一两天就向产品经理和设计师显示当前成果的话，就可以在很大程度上减少由于缺乏沟通而导致的返工浪费。反馈与中途纠错越细微、越可控，无谓浪费的工作量就越少，生产效率就会越高。

同样，对产品经理与设计师而言，他们也应当遵循这项原则，将产品状况（例如用户故事与框架图）呈现给团队内的各个成员。小批量工作原则同样适用于与顾客的反馈互动。如果长时间闭门造车、我行我素地开发某款产品，那你所面临的与市场脱节的风险就会加大，很可能会产生大量的返工重做。

用故事点来限定合理范围

有过精益开发经验的读者或许对将功能特性分解成更小的模块并不陌生。在多种形式的精益过程中，当你写下用户故事后，团队成员会一同讨论每一项内容，并由开发者估算出工作量。他们通常会使用故事点（Story Points），这是一种用于估算不同用户故事大致工作量的单位类型。例如，一项非常小规模的用户故事可能只需一个点，中等体量的则是三个点，而大规模的用户故事可能需要八个点。关于故事点我会在第 12 章中详细地探讨。

其中需要把握的一项操作原则是，预估故事点超过最高阈值的用户故事应当被分解成一组更小的故事，从而把点数控制在阈值限制以内。你可以将其中一个工作量处于可接受范围的功能块视为其用户故事足够小的标准，即将预估控制点数量控制在最大阈值以内。

用投资回报率来评估优先级

现在是时候引入投资回报率（ROI）概念了。到目前为止，你都只是根据每项功能所能产生的预计客户价值来作优先排序，但在这个过程中，你并没有考虑构建每项功能所需要的总的资源成本。在完成每个功能块的设想之后，你要基于价值与工作量重新进行第二轮排序。

诠释 ROI 最简单的一种方式是假设我在股票市场投资了 100 美元。几个月后，股票市值变成了 200 美元，于是我便抛售了该股票。那么我的回报率，或者说净收益便是 100 美元，200 – 100 = 100，由于投资额是 100 美元，因此我的 ROI 是 100 / 100 = 1，或者说 100%。ROI 的计算公式是：

ROI =（最终价值 – 投资额）/ 投资额 = 回报 / 投资额

在投资场景下，你在公式里输入的数字单位都应该是货币（比如美元）。不过在产品开发环境中的 ROI 通常不是这样计算的。当你开发一款产品或功能时，投资往往是你的开发团队在此项目上所耗费的时间，一般你会使用开发者单位周数作为计量单位（每位开发者工作一周的工作量）①。事实上你或许也可以计算出与其等值的美元数量，不过因为简单明了，开发者周数更加常用。

类似的，在开发新产品的过程中，“回报”通常也不是以美元计量。相反，其一般会是你预计某项特定功能会产生的客户价值总计。一旦确定了某种适合的数字范围来预估客户价值，你便可以计算得出相应的投资回报率。你可能会用“比例标尺的测量方式”，代表你使用的分值与某种价值是成比例的。例如，你用 0 到 10 之间的评分来测量客户价值，并对所有的功能块打分。运用“比例标尺”代表着假如一项功能块的评分是 10 而另一项是 5，那么其第一项功能的客户价值是第二项的两倍。

投资回报率的直观体现

图 6–1 的纵轴显示出某项回报，或者说创造出的客户价值，而横轴则代表投资，或者说开发工作量。让我们先从设想的功能 A 和 B 着手，两者都预计会创造出 6 个单位量的客户价值。不过功能 B 的实现需要 4 个开发者单位周数，而功能 A 只需要 2 个。那么你设想的功能 A 的 ROI 便是 6 / 2 = 3，而功能 B 的 ROI 则等于 6 / 4 = 1.5。你自然会将功能 A 的优先级排在功能 B 之前。

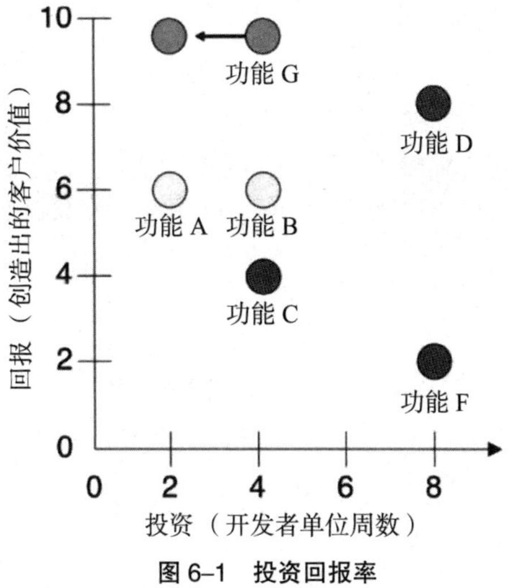

图 6–1　投资回报率

① 在国内多使用每人每天为标准。——译者注

有时两项功能的ROI相同，如图中的功能C和D。功能C带来4个单位的客户价值，需要4个开发者单位周数，因此ROI是4 / 4 = 1。功能D则具有8个单位的客户价值，同样，它需要8个单位的客户价值，ROI同样是1（即8 / 8）。当你设想的两项功能ROI相同时，最好对开发量较小的给予高优先级，因为其所需部署的时间较短，从而能让你更快速地为客户带来价值，即在更短时间内将该功能上线，你也会更早从客户那里获得宝贵的反馈建议。

图中也能看出有些不怎么样的功能想法，例如功能F，带来2个单位的客户价值却需要8个开发者单位周数，投资回报率仅为2 / 8 = 0.25。这种需要耗费许多工作量而回报很低的设想，通常应当在团队开发实践之初便尽早发现并剔除；但遗憾的是，他们往往是在发布之后才意识到这些功能价值过低的事实。谷歌的Google Buzz①和Google Wave②便是低投资回报率项目的例子，两者都耗费了开发者大量人力物力来构建，却在发布之后的客户反馈中发现其价值平平，最终不得不被关闭。

谷歌的产品团队不断想要找出类似于图6–1中功能G这样的功能设想，即较少的工作量带来显著的客户价值。卓越的产品团队往往能够慧眼独具，将其分解成更小的功能块，去粗取精地剔除其中缺少价值的部分，创造性地用低于预期的工作量提供客户价值，如图中将设想G向左边推动。

有人坚持认为应当用绝对值来估算客户价值，这样似乎更加精确。不过我认为这种想法过度了，更不用说精确到小数点的预测。另外对实现这些功能的工作量的预估也不会精确无误。尚未开始完整的功能设计，不可能要求开发者仅凭粗线条的功能描述就对工作时间作出精确的预估。预估的准确性和产品定义的精确程度成正比。这种计算的主要目的不在于计算出实际的投资回报率数值，而更多是在彼此间作出相互比较。这能让你首先专注于那些高ROI的功能特性，而远离低回报的那部分。

根据预估的ROI你可以对这些功能块做出科学排列，制定相应的优先顺序。这是一个很好的开始，有助于决定哪些功能块应当包含在候选MVP的功能列表中。当然，有时候你无法完全遵照优先顺序创造出完整的MVP，那时你只能退而求其

① Google Buzz是由Google开发的社交及通信工具，集成于该公司的邮件服务Gmail中。朋友分享的链接与信息会显示在Gmail界面中。——译者注

② Google Wave，按照Google 2009年5月27日在Google I/O上的说法是“一种个人通信和协作工具”。它是一个基于Web的服务，计算平台和通信协议，旨在合并电子邮件，即时通信，Wiki和社交网络。——译者注

次，只要包含关键特性就可以了。

ROI 计算中的回报可以是对企业的实际回报而非客户价值。在这种情况下，你通常会预估回报带来的财务收益，可以是预期的营业额收益，或是可预期的成本降低。我们来看一个例子，假如你拥有一款在线产品，期望将更多免费用户转化为付费用户，对转化率有一定程度的改善，你会预估其在营业额方面能带来多大程度的获益。于是你就可以将每一项提升转化率的构想与相应的营业收益回报关联起来。在第 13、14 章中，我们将讨论如何在改善业务与产品指标过程中实现 ROI 的最大化。

粗略估计投资回报率

我已经解释过对严谨的 ROI 计算的看法，你可以用不太严格的办法来完成优先性排序。假如对客户价值或开发量难以进行数字量化评估，你还可以简单对各项功能设想的客户价值与所耗工作量用高、中、低来评分。这样可以做出一份三纵三横的图表，如图 6–2 所示。你所有的功能设想都可落在九宫格中。即便无法用数字计算各项功能的 ROI，你仍然可以用同样的理念在九宫格内作出排序，如图所示，所有位于序号 1 中的功能特性都可以带来较高的价值，却只用较少的工作量，因此其优先顺序原则上应当高于序号 2。同理，序号 2 中的特性排序应当高于序号 3，以此类推……

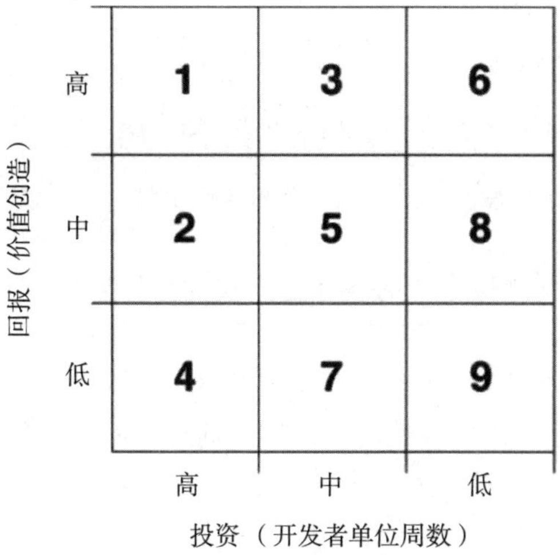

图 6–2　粗略的投资回报率

当难以预计客户价值与工作量时，只需依靠估计将每一项功能特性简单放入九宫格内，来作为你的最初假设，你很有可能会在不断迭代、不断学习和了解的过程中逐步对此作出改进。

决定你的候选 MVP 方案

在完成功能块分解、工作量评估以及优先级排序之后，你就可以用一张简单的网格图，根据价值定位把各项收益自大而小先列出来；对各项收益，再把按照最优功能设想所分解成的功能块按优先级从高到低的次序自左至右列出来，如图 6–3 所示。

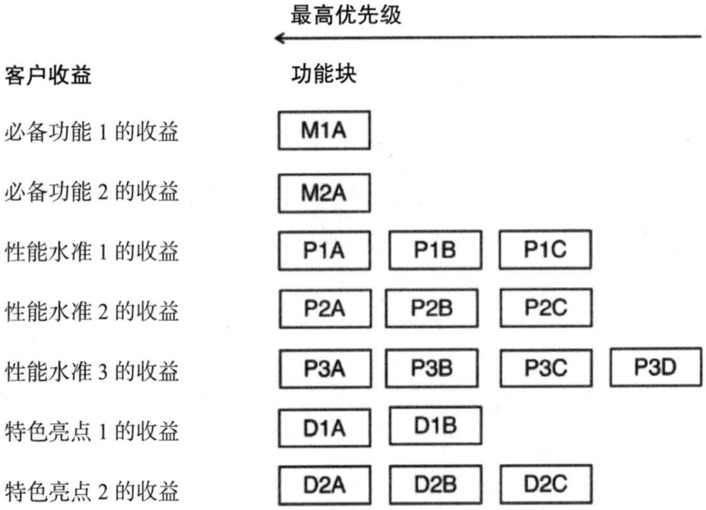

图 6–3 根据各项客户收益列出相应功能块的优先级排序

在图 6–3 中，我列出排序后的各项客户收益，及其所对应的最重要的功能块，优先程度由左往右递减。我并没有用具体的收益或功能块名称，而是使用了通用的名称，你可以用和你的产品相关的内容替换填补。M1A 表示必备功能 1 中的功能块 A，P2B 代表性能水准 2 中的功能块 B，D2C 则是特色亮点 2 中的功能块 C。在将你的产品填入上述网格中时，你可以用具体的标签来替代这些客户收益与功能块的名称。

当你根据客户收益归纳整理了所有的功能块列表并将其排序后，便需要作出一些艰难的决策了。你必须决定最小的功能集合来与目标客户开始互动。很可能你会从最左侧的功能块着手，决定哪些应该出现在你的候选 MVP 中。在这个过程中，你需要提醒自己产品的价值定位。第一，候选 MVP 中必须包含所有你确认的必备功能。第二，你需要专注在最主要的性能水准上，并以此击败竞争对手。你要选取某类自己认为能让顾客刮目相看的客户收益及其所对应的功能块组合，以使自己的产品实现差异化，在竞争中脱颖而出。

同样，特色亮点也是你与竞争对手区分开来的重要因素。你应当将最有价值的特色亮点包含在候选 MVP 中，除非你在性能水准上已经遥遥领先。这样做的目的就是确保你的候选 MVP 具有让客户认为优于竞争对手的突出特点，如果能做到独一无二就更理想了。

我们将认为应当保留在候选 MVP 中的功能模块仍然保留在最左侧，并且标记为“V1”，如图 6–4 所示，而将其余部分放置到右侧，这样你便有了一张最基本的产品框架图。还要在后续列中持续增加特性，从而为规划未来的产品版本进行准备，你计划添加的功能块也要包含其中。

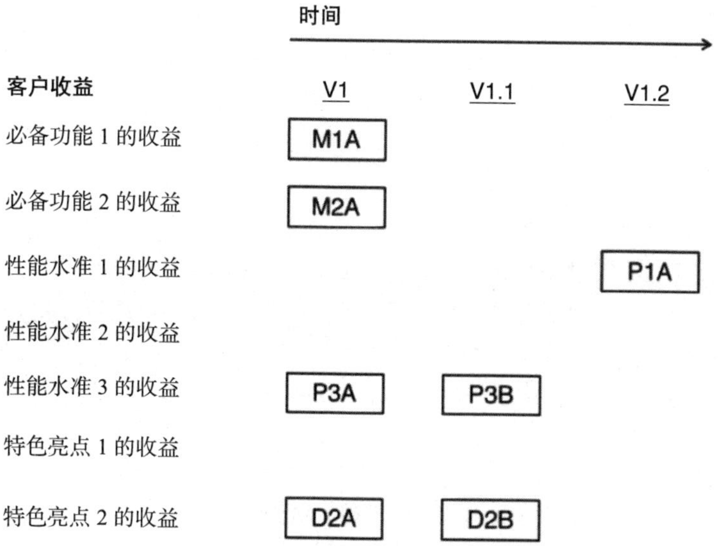

图 6–4 在 MVP 候选中决定其所包含的功能块

由于希望在性能水准 3 上取得上佳表现，你会想要在候选 MVP 中包含 P3A 这项具有最高优先级的功能块。同样你会计划将 D2A 功能块也放在候选 MVP 中，从而使产品变得与众不同。候选 MVP 中也必须包含两项必备功能。

看到你的下一代版本 V1.1，你规划通过 P3B 和 D2B 分别进一步投资在性能水准 3 和特色亮点 2 上。在之后的 V1.2 上，你希望通过实现最高优先级的 P1A，让产品在性能水准 1 迎头赶上。

我并不推荐你在起步阶段就提前规划 2 个以上的次要版本。当你将候选 MVP 第一次展示给客户时，会发现许多方面需要作出调整。你会了解到你的有些设想并不太正确，还会产生新的想法。对于哪项客户收益最重要，你的想法最终可能会改变，也可能会想到用另一种新的功能特性来实现同样的客户收益。因此在准备、规划 MVP 的过程中，如果你在候选 MVP 之外也做出了这样的临时性计划，那你就要做好这一切全是无用功的心理准备，因为你完全可能需要根据从客户那里得到的新信息作出全新的计划。

我在制作图 6–4 时，对候选 MVP 中的某项客户收益，在绝大多数情况下只列出 1 个功能块与之对应。但是也有可能你需要为某项收益规划 2 个甚至 3 个功能块，这取决于具体场景以及你的功能块分解有多细。初衷始终是优先选择最靠近左侧的功能块，将其纳入你的候选 MVP 之中。

现在让我们回顾一下，到目前为止，在精益产品开发过程中，你已经有了哪些收获：

- 形成对目标客户的假设；
- 形成对他们潜在需求的假设；
- 清晰表述出你意图开发的产品的价值定位，使其表现卓越、不同凡响；
- 设想出最重要的功能来满足这些需求，并将其分解成更小的功能块；
- 根据投资回报率（ROI）将这些功能块进行优先排序；
- 为候选 MVP 选择一系列功能块，从而为客户带来价值。

通过深思熟虑你才走到这一步，但你的 MVP 仍然只是候选方案，只是一系列不相关设想的组合。你需要通过客户对候选 MVP 的反馈来测试、验证这些假设。但是在测试之前，你必须创建出候选 MVP 作为方案空间的代表，这样才能拿来向客户展示，继而迈向精益产品开发过程的下一阶段。

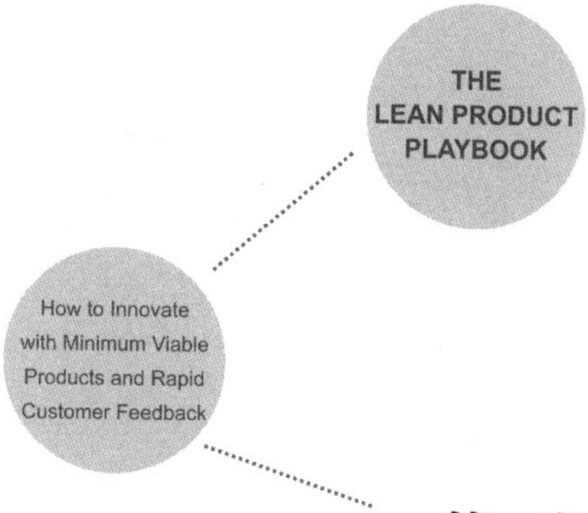

第 7 章
创建最简可行产品的原型（第五步）

在明确、细化了候选 MVP 的功能特性设置与组合以后，你就可以通过与客户的交互沟通来验证其有效性。在此之前，你首先要能够创建一种用户体验展示给客户。

构建原型的目的在于测试你的设想。正如在第 1 章中所讨论过的，我倾向于使用 MVP“原型”这个概念宽泛的词，这表示你可以用多种不同的形态来与客户讨论 MVP，从中发现重要的信息。因为用来测试的第一款“原型”通常就已经算是实际的 MVP 了，这样你可以在真正 推出自己的 MVP 之前，用较少的资源来验证之前的设想，加速对市场的了解。我在第 1 章中也谈到过，即使我不是在开发一个完整的产品（例如增加产品的某项新特性或改善现有功能），我依然能够使用 MVP 这个术语，依然能够将其运用于精益产品的开发过程。你创建的原型采用什么样的模式，只取决于你希望在客户中进行什么类型的测试。

什么是（什么不是）最简可行产品

一直以来，对什么才是 MVP 一直有着激烈的争论。有些人坚持认为一张登录页面也能算是有效的 MVP；另一些人则认为并非如此，他们坚持认为 MVP 应该是实际可以投入使用的产品或至少是一款可以拿来互动的原型。对这两种水火不容的观点，我的解决之道是，把它们都看作是验证你对 MVP 的假设的一种方法。因此这里我使用“MVP 测试”而非 MVP 来避免这种分歧。或许从更精确的角度看，MVP 更适合对应一款实际产品。

许多人容易曲解 MVP，过分强调其中“最简”的含义，并以此作为理由来构建一款局部性的 MVP。这样所谓的 MVP 因为功能太少，因而很难被顾客认为是“可行”的。还有人以最简化为名，将恶劣的用户体验或者产品合理化。虽然 MVP 相对你整个产品的全部价值定位而言，会存在局限性，但你创建的 MVP 必须在一定水准之上，以便为客户创建出相应的价值。

图 7–1 区分了对 MVP 正确和错误的诠释，它来自 Volkside 公司的尤西·帕萨宁（Jusssi Pasanen），一个天才的用户体验设计师。尤西是艾伦·沃尔特（Aarron Walter）、本·托拉迪（Ben Tollay）以及本·罗其（Ben Rowe）思想的传承者，在此我稍微做了修改。

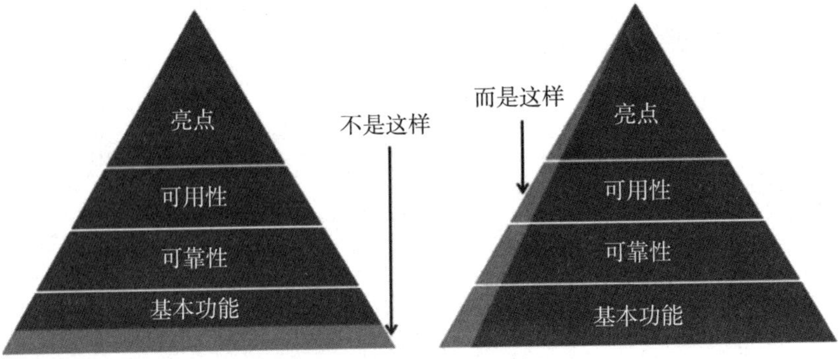

图 7–1　构建一款 MVP

与我之前提到过的网络用户需求层级（图 4–2）类似，这张图将产品分割成各个不同的部分。在该案例中，这个四层金字塔描述了产品各方面的属性：基本功能、可靠性、可用性以及亮点。左边的金字塔代表了某种误区，即 MVP 只是一款功能局限的产品，不考虑任何可靠性、可用性或者亮点；而右边的金字塔表现出虽然这个 MVP 可能功能有限，但在其上三层的属性也应该是“完整的”。

最简可行产品测试

回到 MVP 测试，有许多种不同的类型供你使用，你或许也听说过其中的一些名称，如“绿野仙踪式”（Wizard of Oz）“冒烟测试”“仿真门”等。在本章中我们会讨论各种不同的 MVP 测试方法，并且帮助你决定哪一款最适合你的应用场景。另外，相比一次次使用“测试”（test）这个词，我也会使用“验证”（validate）一词。

有些人赞同这种观点，认为其中隐含的意思是，原本存在着一种需要测试验证的潜在假设；反对者则对这个词另有解释，他们认为“验证”是你已经对测试取得成功先有了预期。我同意“测试假设”这样的观点，并且坚持对结果不应有任何主观性的推测。

虽然用“MVP 测试”这个词可以把各种测试方法轻松归为一类，但实际上各种方法之间是有着关键的区别的。可以用两种主要方法来对其进行归类。

产品与市场的 MVP 测试

第一种 MVP 测试的分类方式是根据其旨在测试产品还是市场来区分。举个例子，某项登录页面测试，可以测量潜在客户点击登录页面，以及留下电子邮箱地址的比例，这便是市场测试，因为这其中并不含有任何客户可以实际使用的产品功能。你只是简单地向潜在客户描绘出功能类型，从而判断他们对此是否有兴趣。

相反，验证产品的 MVP 测试涉及向潜在客户展现各种功能来征求他们的意见反馈。你可能会向他们现场展示测试版产品或低仿真度的框架图来评估产品 – 市场适配度。不论是产品的还是市场的 MVP 测试，你都会关心在展现过程中是否能吸引客户，但两者的信息获取目标不一样。

市场测试通常可以带来宝贵的信息，但它们本身不是能够产生客户价值的实际产品。在某一时刻，你必须测试候选 MVP 原型。当经过多次迭代、验证后，你对产品 – 市场适配性有了足够的信心，这时就可以着手构建一款真正的 MVP 了。

MVP 的定量测试与定性测试

另一种 MVP 测试类型分类的方式是定量与定性测试。定性测试表示你直接对话客户，通常在较小的人员规模内开展，因此不具备统计学意义。在这种测试中，你会在意从每次单独的测试中所了解到的详细信息，并从结果中找到某种模式，但其统计学意义一般不是考虑重点。例如，假设你对 12 位潜在客户进行了一对一的反馈调研，来收集他们对你提供的登录页面的反馈意见，这便是一种定性分析。

定量分析则涉及针对大量客户开展规模化的测试验证。你或许并不在意每一个个体的结果，而是对整体结果感兴趣。比如你发布两个版本的登录页面，并引导数千名客户到每个页面来，由此判断哪一个版本可以带来更高的转化率，这就是定量分析了。

定量分析适合用来挖掘“什么”与“多少”：客户采取了哪些行动，以及多少客户采取了行动（例如点击“注册”按钮）。但是定量测试并不会告诉你他们为什么选择或者为什么不选择。相反，定性测试适用于了解“为什么”，得知不同客户是否采取行动的理由和动机。

这两种测试都很重要，可以互相补充。我发现许多团队都会过度依赖某种单一类型的测试，通常是定量测试。你应当注意从具体情势出发，哪些是你需要挖掘了解的最主要因素，从而选择相应的测试类型。一般来讲，当你刚开始制作产品或市场材料时，从定性测试着手会更加有利于认清市场和需求的初始状态。假如你越过定性测试而直接进入定量测试，结果往往会不尽如人意，即便拿到统计结果，你也不理解个中原因。通常产品团队在学习、迭代的过程中会交替进行数轮的定性测试与定量测试。第 9 章我会针对如何通过 MVP 对客户进行定性测试提出一些补充性建议。

MVP 测试矩阵图

在图 7–2 中我创建了一个 2 × 2 的矩阵图，根据产品与市场，以及定量与定性来分类不同的 MVP 测试。在四个象限中，我列出了相应的 MVP 测试类型及其属性。我会逐一历数图中四个象限，并详细介绍其中的 MVP 测试。

	定性测试	定量测试
市场测试	市场材料	登录页面 / 冒烟测试 宣讲视频 广告活动 市场营销 A/B 测试 众筹
产品测试	框架图 模型 交互式原型 绿野仙踪式或看门式 实物产品	仿真门 / 404 页面 产品分析与 A/B 测试

图 7–2　不同类型的 MVP 测试分类

定性的 MVP 市场测试

让我们从左上象限的定性市场测试着手。很显然有多种途径可用来对产品进行市场营销。我并不打算用一张长长的列表把每一种类型的测试都写出来，而是将其统一归纳为“市场材料”。在这类测试中，你向客户展示市场材料并征求他们的反馈意见。市场材料包括要呈现在客户面前的每一样东西：登录页面、视频、广告、电子邮件等。测试旨在发现客户对市场材料的喜好程度及其原因所在。你得到的反馈并非针对产品本身，而是你如何介绍和谈论产品。

这种测试可以让你了解哪一项收益能在客户中引起共鸣，客户对收益有哪些不同的讨论方法，他们对产品的不同描述方式反馈有何不同。通过这类对话，你可以判断出他们是如何看待你对产品的价值定位的，他们受到吸引的程度如何。你甚至可以向客户展示竞争对手的市场材料，看看他们在哪方面所做的解释更吸引客户，以及你们之间有什么差别。

在测试信息传播有效性的各种方式中，有一种被称为五秒钟测试的好方法。它的想法是在短短五秒钟内向客户展示你的主页或登录页面，然后让他们告诉你他们感兴趣的和留有印象的内容。由于客户在这时能对产品作出最直观的判断，因此，这种方式非常适用于检验你的信息是否全面、是否完整地传播了产品的性质，以及了解客户选用该产品的理由。

定量的 MVP 市场测试

通过定量市场测试你可以求证对产品的需求量。同样，你还可以通过测试来优化对潜在客户的挖掘方式，提高由潜在客户向最终客户的转化率。由于这种测试可以反映用户的行为，因此大量的样本规模可以带来至关重要的信息。

登录页面与冒烟测试

在各种测试中，最流行的是登录页面或冒烟测试。在进行这样的测试时，你首先创建一张可以直达访问的动态网络页面。在这张登录页面中描述了你计划创建的产品，并且向客户询问，希望他们能表达对产品的兴趣程度，通常用一个“登录”按钮或链接跳转至“计划与定价”的页面。这也被称为冒烟测试，因为还没有实际产品可供用户试用。在登录或详细计划与定价页面中，并没有任何客户可以直接使用的实际产品。取而代之的往往是一张“即将发布”的页面以感谢客户的关注，并且征询他们的电子邮箱或联系方式。

这种测试的关键指标在于转化率：通过登录页面的访问数与点击按钮者的比例可以窥见潜在客户与实际客户的关系。例如，假设你引导了 1 000 名潜在客户到带有“注册”按钮的登录页面，而只有 250 位点击了它，那么你的转化率便是 25%。这种转化率会受到你所选择的客户收益，以及你对这种收益和产品的描述方式的影响。即便你选择了最能吸引客户的收益，好的视觉设计与文案写作对登录页面的成功是非常重要。

你的开发团队可以利用在现有网络技术中的积累与分析工具来创建评估登录页面。当然市场上也有一些易于使用的工具，例如 Optimizely 与 Unbounce，这能让登录页面的测试与优化工作更为简捷，省去了许多开发工作。

MVP 的登录页面测试案例：Buffer

Buffer 的案例很好地诠释了 MVP 登录页面测试。Buffer 是一款帮助你在 Twitter 上按照时间节点稳定发布推文的工具产品，你可以通过它将特定的推文布置好并按照预定的时间点逐个发布。Buffer 的首席执行官与联合创始人乔尔·加斯科因（Joel Gascoigne）曾经就他为何使用 MVP 登录页面测试发表过一篇博文。加斯科因在文中讲述了他是如何以不同以往产品的方法来启动这款产品开发的，“在开始测试这个项目的有效性之前，我便开始了写代码的工作。当我意识到这一点时，我停下了手边的工作，深呼一口气并问我自己：这是你在这阶段应该做的事情吗？现在你似乎更应该去测试人们是否需要这款产品。”

Buffer 的第一张主页面用一个大标题和三个重点句描述了产品的价值定位，页面底部有一个“计划与定价”按钮，这是访客可以点击的唯一一个按钮。如果这样做，他们就会被带到一张新页面，上面写着“您到得太早了，我们还没准备好。”然后他们可以留下电子邮箱地址，以便在产品发布后收到通知。

加斯科因解释道：“这两张 MVP 页面的目的是检验人们究竟会不会考虑使用这款应用程序。我简单地将链接发布在推特上，询问人们对此的看法。当我从邮件和推特上收到一些人给我留下的电子邮件和推文，并从中得到一些宝贵的反馈意见之后，我认为这个产品是可行的。”

加斯科因认为他已经确认了人们的确喜欢这款产品。下一步便是测试人们是否愿意为此支付费用。于是他在其中插入了另外一页（在电子邮件表单之前）来描述三款不同的产品版本：免费版、每月 5 美元的版本和每月 20 美元版本。除了能够判断有多少人提交了邮箱地址外，这还能让他看到这些不同的版本分别能够得到多少次点击，从而了解人们对不同版本的兴趣。结果反馈不错。尽管需要额外点击一次，人们还是会进入电子邮件表单，提交邮箱地址，并且有人点击了付费计划。

到目前为止，这些数字并没有带来任何实际回报，没有人真的因为使用 Buffer 而支付任何费用（因为产品本身并不存在）。不过经过这两个简单的验证测试，加斯科因认为他已经充分做到了产品－市场适配，因此颇有信心地把产品开发继续推进下去。

宣讲视频

宣讲视频使用视频来介绍产品，实际上只是登录页面测试的一个变种。你通过某个视频所驱动的转化率来判断其有效性，例如在某个注册页面上所发挥的影响。这类测试通常在产品难以仅通过文字来解释的时候颇有用处。云存储服务商 Dropbox 曾经做过一次非常出名的 MVP 宣讲视频测试。创始人德鲁·休斯顿（Drew Houston）发现，当他尝试解释他的产品与当时市场上其他各种基于云计算的文件存储产品的不同之处，以及公司独有的同步文件的方式时，人们并不理解。于是他制作了一份视频，宣讲解释 Dropbox 的工作原理。该视频由于向客户清楚地解释了他们如何为其解决痛点而引起了他们的共鸣，因为如果没有这个软件的帮助，他们就只能在不同的设备上各自为战地管理和分享他们的文件了。这个视频为 Dropbox 获得了庞大的注册量，许多人因此而注册等待使用其测试版产品。

广告活动

为了进行登录页面测试，你需要将访问流量引导到这里，可采取的方法之一便是广告宣传。例如，谷歌的 AdWords 会在使用者执行搜索操作时显示短短的文字广告。你可以根据收到的定量反馈，来判断出哪些词汇和语句最能打动客户，这样你就可以尝试用不同的搜索字段和广告语来提升你的点击率。当然你也可以通过展示式的广告活动来验证不同的宣传消息与宣传图像的效果。Facebook 的广告还可以让你定位特定的人群，这是一种很不错的方式，能让你测试对目标市场的假定。广告所占的面积通常不会很大，因此不足以让你显示完整的价值定位，取而代之的只能是一句品牌口号。因此，这类测试非常适用于优化挖掘客户的方式，而非验证产品 – 市场适配。

例如，假设你在考虑建设一个供人们寻找工作的网站，你或许会投放三段广告，每一段采用不同的品牌口号，比如“我们帮您找到最理想的工作”“我们这里有最多的工作”和“我们提供最快的方式来浏览工作机会列表”。然后你会通过比较这三段广告投放之后的点击率，来判断哪一项是最有效的。

市场营销 A/B 测试

A/B 测试也被称为对比测试，是一种定量测试方式，你可以同时使用两种设计来对比哪一种能带来更好的关键绩效，比如转化率。你可以用 A/B 测试来考验不同版本的市场材料，来判断哪一种效果更好。比如说，你可以测试两个不同的登录页面，观察它们各自传递不同的信息、定价、配图、配色或其他设计元素，从而判断哪一种能带来更好的转化率。同样，还可以在包括广告、视频和电子邮件等在内的其他在线市场营销材料上进行 A/B 测试。

测试的对象也可以有两种以上的选择，比如 A/B/C 测试。在真正的 A/B 测试中，测试的各种版本在同一时间内并行进行，比如将 50% 的访问流量导向版本 A；将另外 50% 的访问流量导向版本 B。这里并不推荐你按次序测试各个版本（即 100% 的访问流量导向版本 A，而后再将 100% 的访问流量导向版本 B）。通过对不同选择进行同步并行运行，你可以避免不同时间段里所存在的不同外部因素所引起的干扰，例如季节性因素来影响最终结果。

通常在进行数轮 A/B 测试，优化了产品的某些方面之后，你会找到效果最佳的方案，即被称为最优方案。有时候你会测试新的可选方案，看其是否能够击败原本的最优方案。这其中非常关键的一个方面是测试的统计学意义，这要取决于各种可选方案表现之间的差异程度和样本规模。有许多公式和在线工具可以帮助你计算某次测试中的统计学置信水平。不过，重点在于记住各种选择方案的表现之间的差异化程度，样本规模越大，统计学意义也会越高。当样本规模过小的时候，你将无法得到具有统计学意义的结果。而当各种选择方案的表现情况非常相似时，你便需要非常庞大的样本规模来产生统计学意义上的差异性。

流行的 A/B 测试工具包括 Optimizely、Unbounce、KISSmetrics、Visual Website Optimizer 以及谷歌的 Content Experiments（谷歌分析套件的一部分）。这些 A/B 测试

工具让你设定一些变量，并根据这些变量随机分配访问流量。工具会追踪、记录你所关心的转化率，并向你展示每组变量的绩效表现，以及相应的统计学置信水平。

另一种多变量测试（Multivariate Testing）与 A/B 测试相似，但不是用来测试同一页面的各种表现形式，而是测试页面上的各项元素。页面上每个可改变的元素就是一个变量。假如你正在制作一张登录页面，对标题和页面上的主图设计各有三种不同的想法，那么多变量测试便可以对各种标题和主图的九种可行性组合进行测试，并判断出哪一种表现最佳。

众筹

诸如 Kickstarter 和 Indiegogo 等众筹平台可以很好地用来测试、验证人们是否愿意为你的产品支付费用，并量化需求。这些平台可以让计划开发、销售某款产品的人预先从愿意购买的客户那里收到定金，并在产品上市后完成交付。你可以为产品设定一个资金募集的阈值，在达到目标后再开始产品开发。这种在开始创造产品之前便让客户预先支付的方式与精益理论相符，能够让你消除对产品上市后无人问津的顾虑。

鹅卵石手表[①]便是 Kickstarter 的一个成功案例。当公司创始人艾瑞克·米奇柯维斯基（Eric Migicovsky）通过 Y Combinator 的创意孵化建立起公司后，并没有从风险资本那里筹集到足够的资金。他在 Kickstarter 发起了一项活动，初始目标是筹集到 100 000 美元的启动资金。在产品上市之后，客户可以以 115 美元的价格购买到一款鹅卵石手表，该预付价比商品全价 150 美元低了不少。该项目在两个小时之内便达到了计划募集的资金额度，并且持续增长。当鹅卵石公司在一个月后结束其在 Kickstarter 上的资金募集时，共有 68 000 人总共预付了超过 1 000 万美元。

Kickstarter 已经成为许多创新型企业募集资金的一个令人心动的渠道。发明虚拟现实眼镜的初创型企业 Oculus Rift 在 2012 年 8 月启动了规模为 250 000 美元的募集计划。在一个月内他们收集到的款项就接近 2 500 000 美元，几乎是目标的十倍。在之后不到两年的时间里，Facebook 以 20 亿美元的价格收购了 Oculus Rift。

① 鹅卵石手表是鹅卵石（Pebble）科技公司发布的一款针对苹果手机设备的产品，可以显示短信、来电信息，还可以用来上网浏览，实时提醒你邮件、短信、微博和社交网络信息。——译者注

本身是全职雇员，而又有创业想法的企业家可以选择众筹的方式，而非孤身押注来降低风险。众筹方式非常适合于消费类产品，因为它提供了一个直接连接起客户的电子商务销售渠道。不过，由于缺乏实际产品供人使用，你必须对产品和其所能带来的收益详加描述。许多企业都会运用高质量的视频以及详尽的常见问题表格来为潜在顾客提供信息。同时你还可以通过其他渠道挖掘客户，例如通过社交媒体，让他们知晓你的产品计划。

众筹网站提供了一种很好的渠道，可以与有意向的购买者建立连接。你可以直接与他们自由地进行交流讨论，体察了解他们的需求及偏好，从而为改善产品。成功的众筹页面是初创企业与潜在客户之间的一种非常高效的互动平台。

定性的 MVP 产品测试

我曾经提到过 MVP 的市场测试，它能让需要传递的信息一箭中的打动客户，并能够量化预期的市场反应程度指标，例如转化率。而产品测试则可用于确保客户认可实际产品的价值。在开发一款新产品、重新设计产品或增加新的功能时，产品的定性测试是一种非常重要的途径，可以用来评估、优化产品 – 市场适配。你需要在两个关键的时期进行产品的定性测试：构建产品之前和构建产品之后。两者都很有价值。

在构建产品之前，需要在客户中测试验证该产品的设计方案。通常用到的可交付产品设计包括产品框架、模型以及交互原型，这些都可以视为你最终产品的预演，而非产品本身。在开始实际制造之前就需要验证这些设计以避免浪费。通常在这时对设计作出调整，会比产品生成以后再修改调整更快捷，成本也更低。当然，模型也有不同程度的仿真水平，即能在多大程度上代表真实的产品，对此我将在后文中详细展开讨论。

在创建产品之后，你就可以和使用者一起进行测试验证，此时你的优势是测试模型的仿真度能够达到百分之百。这样的话你或许会了解到一些在测试设计工件过程中所无法掌握的信息。例如通过网页大致的模型你可能会了解到信息的排列形式、显示的清晰程度以及视觉设计效果，但是你可能无法查出网页加载过于缓慢，或者在特定的浏览器环境下无法正常工作之类的问题。全盘内容都用最终成品来测试也并非不可以，只不过当产品正式上线后再与客户沟通，可能会让你无谓地面临更大的风险。尽可能在流程的早期阶段向客户展示设计工件，可以确保消费者将来会认可开发者们此刻正花费宝贵时间埋头开发的产品。

你可以通过向客户展示一系列不同仿真水平的样品模型来征求反馈意见。图 7–3 根据模型仿真程度的横轴，以及与客户产生的可交互性的纵轴将各种工件模型进行分类。我在此重申，仿真程度是指工件模型与最终成品的相似程度，而可交互性则反映了与最终成品相比，客户与工件模型所能达到的互动水平。

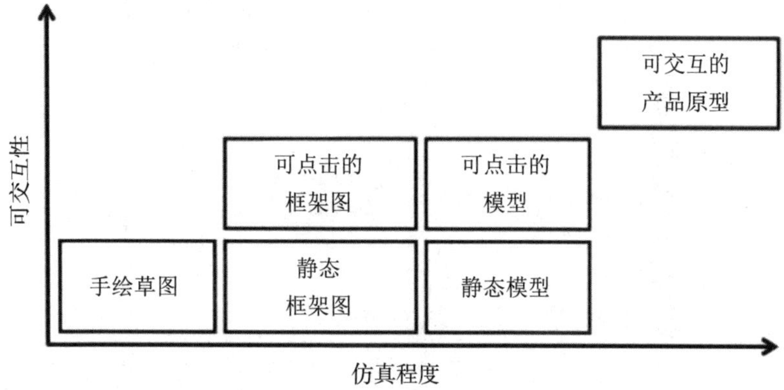

图 7–3　根据仿真程度与可交互性分类的设计模型

从图 7–4 中可以看出较低与较高仿真程度的差别，图片中显示的两款设计图形代表了同一款产品，即一款 iOS 系统中的应用程序 Pointedly，它由天才的用户体验设计师本·诺里斯（Ben Norris）创建，这款应用程序可以让你很方便地在比赛时记录成绩，而无需使用纸笔。图的左侧是一款仿真度较低的框架图，上面没有任何着色（事实上看上去是灰色的），并且只能显示出屏幕中包含的这些元素和具体位置，没有任何视觉设计效果。而右侧则是高仿真度的模型，看上去和最终产品非常接近（当然可能由于本书印刷的关系，你所看到的也会是灰色的）。这款应用程序用户界面中的各项元素通过特定的着色、字体和图像形成了个性鲜明的视觉效果。

手绘草图

图 7–3 的左下方提到的手绘草图，仿真程度与可交互性最低。手绘草图是你将想法和创意可视化的第一步，是当你需要和团队成员或其他内部利益相关者分享讨论的时候的必要步骤。同时，在白板或纸张上画草图更方便你在迭代过程中快速调

整。我个人便是白板（Whiteboarding）的忠实信徒，特别是在设计的早期阶段更是如此。事实上你可以将白板视为最基础的精益工具，因为它可以让团队以最快速度对自己的想法实现迭代提高。虽然在内部使用的手绘稿交流非常有用，但这种方式在和顾客互动过程中的仿真程度却非常低（这也是为什么它们没有出现在 MVP 测试矩阵上的原因）。

图 7–4　低仿真度的框架图与高仿真度的模型

框架图

仿真程度稍好一些的设计工件是框架图，可以算是以中低水平的仿真度反映出了一款产品，让人对产品组件与安排布局有了大致的认识。框架图在清晰度表现上难以达到完美，但能展现出相对的大小比例和架构。通常这里面不会有任何视觉设计元素，例如颜色、图像和字体等。相反，它们往往是灰色的，用占位符来代替图片，避免用任何视觉效果对观察者产生影响。有些框架图还会用一些“排版性的文字”来作为文字的占位符，为最终版的文字预留出位置，当然现在这种方法已经很少用了。我个人还是推荐从一开始便使用实际内容，即便可能只是草稿，也可以找出潜在的排版布局问题。

框架图可以直接用手工方式绘制，不过更多时候还是会用软件应用程序来制作数字化的版本，不论是通用类型的设计软件还是专门用于框架图绘制的应用程序都行。Illustrator 和 Sketch 是设计者用得最多的图案设计程序，而 OmniGraffle 和 Visio 是最常见的通用型软件。也有些非设计人员会用 PowerPoint 或 Keynote 来绘制框架图。相比之下，我更推荐用一些具有更多功能的专用软件来设计框架图，例如 Balsamiq、Axure 以及适合网页产品的 UXPin。

由于移动产品（不论是本机应用程序或是移动站点）相比传统的网络应用，其用户体验元素不尽相同，于是市场上出现了特别针对移动产品的框架图设计工具。我比较推荐设计师使用移动框架图设计工具 Flinto 和 Marvel，而 POP 和 Dapp 更便于非设计人员在绘制移动框架图时使用。

市场上不断会有全新的、更强大的框架图工具出现。我个人鼓励你去使用最新的工具，只要这不会占用过多时间。我看到过有许多设计师和产品经理过于留恋老方法，认为其又方便又高效，以致错过了后面更好的设计利器 。当下的生产力固然非常重要，切换工具确实需要投入时间成本，但是转而使用全新的、更高效的工具还是值得的，所谓磨刀不误砍柴工，当掌握了新的工具，你就可以发挥更高的生产力。

当遇到以下这些情况时，你可能需要考虑选择一款新的框架图工具了：

- 你需要从头开始，用形状、线条来绘制最基本的网页元素，而非使用预先定义的元素图形库；
- 创建的线框不支持点击和链接；
- 与其他人分享框架图非常困难；
- 在创建针对移动屏幕产品的框架图过程中，没有使用针对移动应用优化过的工具；
- 无法在期望的时间以内完成框架图；
- 根本无法绘制框架图。

今天可以获取到的工具使得框架图的绘制简单且成本低廉，你完全没有理由在开发设计产品过程中忽视它。当你的团队中有一名或多名负责交互的设计师时，他们很可能会是使用框架图最多的人。这仍旧是你的一项宝贵技能，你应该发挥好这项技能与他人快速、直观地分享创意。而假如你的团队中根本没有单独负责绘制框架图的人，你或许就更应该自己精进这项技能了。

现在流行的框架图工具所具有的一项共性就是都有元素图形库，其中包含了最常用的用户界面元素供你调用。比如说你想要画一款 iOS 应用的框架图，完全没必要手动画出 iOS 的标注控制键，可用通用控制键来替代。在你所用工具的图形库中应当包含一系列常用的 iOS 用户界面的元素。

既然框架图基本能够替代用户界面，产品团队发现为其添加注释非常实用。这类注释中往往能传递重要细节，例如应当在下拉菜单中包含选项列表，允许使用者在某个特定文本框中输入的文字长度限制，或者是显示某段错误信息的特定文字。这类含有备注信息的框架图是非常强大的设计工具，包含了大量需要进行开发的产品细节。很明显，向使用者展示的框架图中应当避免出现这些备注信息。

直到最近几年，框架图通常还都是静态的，也就是说它不支持点击和链接。不过现在流行的框架图工具可以非常方便地制作出可点击的框架图，你可以将不同页面上的框架流程从用户使用逻辑的角度出发建立起链接。一般只需将某些特定的用户界面变得可通过点击进行链接，最好选择那些你正在设计或想要进行测试验证的部分。这样的用户场景通常被称为“快乐路径”（Happy Path），即你设计出相应的用户体验，并期望能引导使用者“快乐地”遵从这一路径。

可点击、支持超链接的框架图取代传统的静态版已成为一种常态。在静态的框架图测试中，你需要使用者告诉你“我会点击这个按钮”，然后你再展示下一张静态的框架图。而可点击的框架图则让使用者在整个过程中更具浸入感，他们可以在产品中独立探索、浏览。此外，由于可点击的框架图通常可以在产品实际使用的设备上进行测试（例如计算机、平板电脑或智能手机），这种用户体验会更具真实性。

模型

在图 7–3 中，模型是仿真程度更高的设计工件，相比框架图，其在外观上与最终产品更加相似。模型中包含了颜色、字体、图像等视觉设计元素，其中有些甚至能做到“完美的外观效果”；而另一些则只显示了大致的尺寸与设计元素的位置。模型有时也会被称为“设计对象”（Comps），通常用图形设计应用程序来设计，例如使用 Illustrator、Photoshop 或 Sketch 来加以创作。

与框架图类似，模型也可以是静态或动态（可点击）的。图像设计应用程序的输出信息往往是静态的图片，例如 JPG、GIF 或 PNG 格式，无法进行点击互动。要创作出一组动态的模型，你可以使用其他的应用程序来整合这些图片，并指定“热点区域”，在热点区域被点击后会跳转链接至其他模型组件。

这里推荐一款基于网络的原型设计应用程序 InVision。这款工具让你可以通过点击热点区域将图片与链接加载到一起。Balsamiq 也支持类似的功能。与可点击的框架图一样，可点击的模型创造出一种包含多个页面或屏幕的流程供用户体验。但是相比仿真程度偏低的框架图，客户通过模型能够了解到更多有关产品的真实面貌。模型当中通常只包含贯穿用户体验过程的“快乐路径”，其他导航流程则是不可用的。由于可点击的模型在外观、感觉上都接近最终成品，因此可以从使用者那里获取到更为重要、宝贵的反馈信息。于是有些产品团队会在创造出可点击的模型后再开始用户测试。这些团队也会在制作模型之前先制作框架图，但是并不会以此征求使用者的反馈。

可交互的产品原型

在仿真程度与可交互性方面，比可点击模型更上一层次的便是可交互的产品原型。原型这个词本身便可用于表示任何可点击的设计工件，相对于最终成品而言，它只是功能上有点缺失或只是真品的摹本。但比起模型，可交互的产品原型更能与客户产生互动。例如，使用者通过控制界面可以在可交互原型中实现许多功能，比如下拉菜单、悬浮效果、文本输入以及音视频播放等。

可交互产品原型的制作可以使用许多不同的开发工具。网络产品原型通常使用 HTML、CSS 或 JavaScript；而诸如 jQuery 和 Bootstrap 等流行的前端框架的开发则往往使用更快速的开发工具。此外，假如你想要使用更轻量级的服务器端功能[①]，原型还可以用 Ruby on Rail 或其他快速开发框架工具来构建。有些强大的工具，比如 Axure 可以让你将原型导出到 HTML、CSS 或 JavaScript，从而在创建交互式原型过程中免去编码工作。移动端产品的原型可以用 HTML 或基本的编程语言（比如 iOS 或 Android）来制作。

绿野仙踪式或看门式 MVP

到目前为止我们讨论的所有定性测试都不是完全真实的、可实际应用的产品或服务，而绿野仙踪式 MVP 与看门式 MVP 则可让你测试真正的实物产品或服务。相比最终版本，你需要在手动工作环境下进行。我将这种 MVP 称为“手动式的”MVP，因为它们效率有限，不适合长期运行。看门式 MVP 的理念是在早期先

---

① 将软件的部署放在服务器端，以降低客户端的应用负载。——译者注

接触小部分客户，从中理解目标市场和客户的需求偏好，以及如何剪裁产品以满足他们的要求。这个过程让你在产品上市之前进一步验证产品或服务，看门式 MVP 尤其适合用在服务领域，其流程中涉及与大量客户的互动与信息输入。

看门式 MVP 的案例：Airbnb

让我们来看住宿租赁网站 Airbnb 通过看门式 MVP 来提升服务的例子。在西南偏南音乐节（SXSW）① 的论坛上，其产品总监乔·扎德（Joe Zadeh）描述了 Airbnb 团队怎样验证配有专业图片的房产能获得更多业务的假设。于是他们以提供专业摄像服务的诱人条件逐个邀请这些房东加入，并且雇用了不少专业的摄像师来提供专门服务。在安排拍摄后，摄像师会将照片上传至 Dropbox，并有 Airbnb 的员工将其与所列出的房产信息匹配。Airbnb 会支付摄像师相应的报酬。此后，Airbnb 团队发现他们的假设完全正确：配有专业配图的房屋预定率会比市场平均值高出 2~3 倍。

在验证其假设之后，Airbnb 用自动化的步骤取代了以往手动的方式。于是 Airbnb 系统不需要个人干预，会自动邀请房东利用专业的摄影服务，为其指派摄像师，并上传相应的照片。Airbnb 在投入资源构建一款自动化的解决方案之前先验证了其构想，从而降低了风险并避免了不必要的浪费。

绿野仙踪式 MVP 与看门式 MVP 类似，需要你在短期内手动操作并遵循一定的步骤。但是其区别在于客户并不知晓这些操作是由你来手动完成的，就像电影《绿野仙踪》一样，开发测试者会隐藏在幕后。这样做的目的在于先用手动方式来验证这些步骤，然后再投资创建自动化的解决方案。

真实产品

同样，你可以用真实产品来进行测试。理想状况下，在构建 MVP 之前你需要通过上述这些仿真程度由低到高的设计工件来和客户验证设计。当该迭代过程到达一定程度，使得你对产品 – 市场适配的有效性颇有把握时，你就可以着手创建一款真实的 MVP 了。在第 12 章中我们会谈到如何用敏捷开发的原则来创建产品。

不过，即便你已经用不同仿真程度的设计工件验证过设计方案，你仍应在实际的 MVP 创建出以后再次进行测试。因为在设计与开发阶段往往会出现很多变数，

① South by Southwest（SXSW）是在美国得克萨斯州州府奥斯汀每年春天会举办的音乐节。首届举办于 1987 年，举办时也有电影展和其他文化活动，是美国最大的音乐节。——译者注

仿真品与最终的实际产品还是会带来不一样的感受，你很可能从客户那里了解到新的反馈，而这是你在低仿真度的测试中所无法得到的，例如同一款网络产品在不同尺寸的屏幕和浏览器中的外观和使用感受是不一样的。

你可以用受控或完全自由的形式来测试实际产品。在受控测试中，你需要在客户使用产品的过程中给予现场讲解演示；而在自由形式测试中，客户会独立使用（但测试过程会被记录下来供日后查看）。受控方式测试除由真人现场演示讲解之外，还可通过远程软件进行指导，比如 Skype、WebEx 或 join.me 远程执行。关于这一点我会在第 9 章进一步解释。

定量的 MVP 产品测试

当你有了一款实际产品，并达到有意义的使用量之后，你就可以进行定量产品测试了。与定性测试中只向小规模的客户征询意见不同的是，定量产品测试可以评估使用产品的实际客户，通常有着较大的样本规模。

仿真门与 404 页面

仿真门或 404 页面测试是一种很不错的方式，用来测试验证你计划构建的某项新特性。其想法是制作一个新功能的链接或按钮来判断有多少客户会点击它。这让你在投入资源之前就可以测试有多少客户真正想要使用这项功能。由于此时你尚未开发出这项功能，使用者在点击链接按钮后往往会看到一张感谢页面，解释功能尚处在开发阶段。当然你也可以附上一张表单，询问客户为何会认可该功能。

这类测试的另一种极端做法是压根不制作目标页面，因为你可以通过技术手段来获取点击信息。这样的话，当使用者点击链接或按钮之后便会被引导至常见的 404 页面（404 是 HTTP 编程语言中“页面无法找到”的错误代码）。

社交游戏公司 Zynga 以其强有力的定量产品测试在业内闻名，他们经常使用虚假按钮。当一次参加斯坦福科技创业计划（Stanford Technology Ventures Program）的对话时，Zynga 公司的联合创始人马克·平卡斯（Mark Pincus）介绍了他的团队是如何通过五个字的简短介绍测试新的游戏创意的。他们会将介绍作成推广链接，短暂地放在上线的产品中，从而观察有多少客户对此有兴趣。

当然，你需要在设定仿真门测试的持续时间和频率时非常小心，以免惹恼客户。切勿将仿真门长时间放置在上线的产品中间，你应当在运行一段时间，收集到足够的样本之后便迅速将其下线。

产品分析与 A/B 测试

产品分析本身并非是一种测试，但是它让你能够洞察客户是如何实际应用产品的。例如，你可以判断他们使用最多的功能是什么，在哪些功能上花费的时间最多。在变更产品时，你能够找出应该改变哪些关键的产品参数来测试验证你的假设。产品分析通常构成了 A/B 测试的基础，因为在计算测试结果时需要用到这种方式。业内领先的产品分析方案有 Google Analytics、KISSmetrics、Mixpanel 以及 Flurry。

产品的 A/B 测试，或称分离测试（Split Tests）通常用于对比你产品中两种备选用户体验的不同表现。举个例子，比方说你为网络应用程序开发了一项全新的注册流程，认为比现有流程能带来更高的注册完成率。你最好不要直接将原有流程替换掉，而是应该选择对新流程进行 A/B 测试：随机引导 50% 的流量到原有的流程（A）和全新的流程（B），以比较二者的完成率。市场上可以找到一些流行的 A/B 产品测试工具，例如 Optimizely、KISSmetrics、Visual Website Optimizer 以及 Google Content Experiments（Google Analytics 套件中的一部分）。

绝大多数企业会借助第三方工具进行市场营销方面的 A/B 测试。不过，当涉及产品的 A/B 测试时，许多企业最终会选择建立自己的测试基础架构来实现更高的灵活性，这样能够与其编码结合得更为紧密。这种现象的主要原因之一，在于大部分 A/B 测试工具基于 JavaScript，在测试前端（客户端）的产品变化时非常高效；不过这些工具在测试复杂的后端（服务器端）环境变化时便乏善可陈。尽管如此，诸如 KISSmetrics 之类的领先 A/B 测试工具仍然能够与企业内部服务器端的 A/B 测试平台紧密结合。

你并不需要用绝对平均的方式将客户流分别引导至 A、B 两项变量上。只要少数使用者在不同变量上产生有显著统计学意义的差异点，这种方式即可生效。许多企业持续不断地尝试，用小规模的用户来测试成百上千种候选的产品特性或设计方案。你可能会经常看到谷歌、亚马逊或其他大型网站上出现了新的按钮、特性或设计。当你看到自己的页面与其他人看到的网站页面不同时，就说明你可能被他们选作 A/B 测试的对象了。

分析技术与 A/B 测试是强有力的实证工具，有助于你理解客户的行为并可用以优化产品。熟练掌握这些工具能够帮你更快速地实现迭代，让优秀产品团队脱颖而出。考虑到分析技术与 A/B 测试的重要性，在第 13、14 章我们将展开更详细的讨论。

本章涉及针对 MVP 的不同测试和验证方式，并区分为定量测试与定性测试、产品测试与市场营销测试。当你在选择采取什么 MVP 测试类型时，你需要设计页面、屏幕或其他用户可体验的工件来进行测试。好的用户体验设计至关重要，有助于多种 MVP 测试取得成功。因此在开始介绍如何测试 MVP 之前，我想先讨论一下理想的用户体验设计原则，以便你在设计 MVP 测试工件时加以参考。

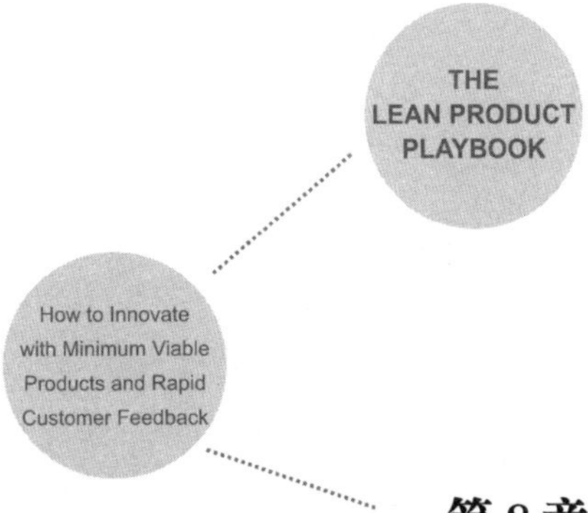

第 8 章
运用理想的用户体验设计原则

到目前为止，在整个精益产品开发过程中，你对于应当包含在 MVP 中的功能特性集合已经了然于胸，而位于产品 – 市场适配金字塔的顶端的用户体验能将你的产品特性与价值活色生香地全盘呈现在客户面前。如果缺少了好的用户体验，那么即便你已在另外四层作出了非常明智的抉择，可能仍然无法实现最终的产品 – 市场适配。

与第二部分的其他章节不同，本章并不代表精益产品开发过程中的某项独立的步骤。本章内容适用于第 7 章中谈到的第五步“创建 MVP 原型”。我拿出整整一章的篇幅致力于介绍用户体验设计，是因为它在实现产品 – 市场适配的过程中扮演着非常重要的角色。在设计 MVP 原型的过程中你应当充分运用本章提到的各项原则作为指南。

仅仅通过掌握本章的内容你很难成为卓尔不凡的世界级设计师，但至少能让你对用户体验设计有一个总体性的认识，并理解其中的关键概念。这些信息对产品经理、开发者和其他与设计师紧密合作的人尤其有价值。这些知识点能让你同设计师更顺畅地交流，对设计过程提出有价值的建议，并最终一起创造出更好的产品。

如何造就理想的用户体验

我们或许都经历过精彩绝伦或乏善可陈的用户体验，后者往往界面感受较差且操作不便，从中你找不到所需的内容，也难以确定下一步应该怎么做。可能你在不断链接导航之后会陷入一个死胡同，或者接收到一条模棱两可的报错信息，其文字晦涩难懂，设计界面更是不敢恭维。所有这些问题都显示了用户体验设计的粗劣和失败。

相反，那些用户体验设计一流的产品不仅便于使用，而且可以毫不费力地找到想要实现的功能，或者明确下一步应该怎么做。你甚至不会留意到用户界面是如何设计的，可以完全专注于完成手头的具体工作。产品的使用过程非常有趣，能够让人感受到愉悦，让你精神放松，或者对自己的能力感到有信心。顶级设计甚至可以引发使用者体验到被心理学家称为“心流”[①]的状态，让你完全沉浸于产品使用的乐趣之中。在这种状态下，所有杂事、烦恼统统消失，你能全身心投入到当下的工作中，深深感受到工作所带来的乐趣。超凡脱俗的用户体验是区分产品优劣的重要因素之一。

那怎样才能开发出理想的用户体验呢？不论你的产品多么便于使用，或者外观多华丽，当客户无法从产品中感受到价值时，好的用户体验便无从谈起。在产品-市场适配金字塔中，产品带来的客户收益位于价值定位层，也就是用户体验之下的第二层。客户收益位于方案空间，依托于产品团队为产品确定的功能设置与组合得以实现。因此，评价用户体验的一种方式，便是看其在传递客户所需收益时，所发挥的是积极作用还是消极作用。糟糕的用户体验导致使用者感受不到本应获得的收益，而出色的用户体验则能让使用者更方便地感受到产品各项功能特性所带来的好处。除了传递客户认可的价值之外，理想的用户体验还能带来较高程度的可用性与愉悦度。

可用性

成功用户体验的第一项重要指标便是可用性，反映了客户使用产品的方便程度。可用性以使用者的目的为出发点，专注于客户如何完成任务以达到自己的目标。有多少用户可以顺利完成每项任务？又有多少人虽然可以达成目标，但是在使用过程中会遭遇到多种问题？你需要通过可用性测试来获得有关这些问题的答案，在测试中你会要求使用者运用产品完成关键任务，并观察他们操作的全过程。

除了顺利完成工作以外，可用性也讲究效率。即便客户能够找到使用某种功

① “心流”是指人在做某件事情时那种忘我的愉快状态，而它的产生依赖于个人能力与这个事件挑战难度的匹配。心流理论的观点是：如果一个人的能力低于他做一件事情所需要的能力，他就会觉得太难了，会感到焦虑；而如果能力高于这件事情所需要的能力，他又会觉得太简单了，感到无聊。只有当能力刚刚与挑战难度相等时，人既不会感到焦虑，也不会感到无聊，才会产生心流。——译者注

能的方式，但假如需要很长的时间或者迂回曲折、步骤繁琐，那么这种可用性仍然不能令人满意。通过工作量分析可以很简单地评估效率。你可以简单累加点击、拖拽、键盘输入或其他用户在完成某项具体工作时所需进行的操作。同样，你也可以估测使用者完成每项工作所需的时间。在评估不同种类的设计，或是尝试改善现有版本时，就需要比较这些效率指标。

除了点击、键盘输入之类的实际手工操作，那些在感觉上受到的压力也很值得关注。你应当留意你的设计可能会给使用者造成的额外的认知负担。如果向他们展示过多信息或给出太多的选项，可能会给使用者造成很大的心理压力，增加他们在认知记忆上的困难。差的用户体验往往会让使用者付出过多的脑力或体力，而好的用户设计则会尽量避免。

使用者成功完成某项工作的概率与其所花费的精力直接相关。在对许多产品进行可用性观察测试并分析其关键指标后，我累计了一些经验，暂且称其为“奥尔森可用性法则”：

使用者在执行某项操作时，需要采取的步骤越多，那么他成功完成这项操作的几率越低；需要采取的步骤越少，那么使用者完成操作的几率越高。

在评估用户体验的过程中，我一再验证了这项原理。记住这条原理不仅能够帮助你实现更好的产品可用性，同时还有助于提高用户行为的转化率，这对你取得业务成功非常重要。例如，提交注册表单或完成付款流程等操作就是如此。

除了客观评估上述用户行为之外，使用者对产品使用的难易程度感知同样重要。例如，你可以直接询问他们“你认为产品是否使用便捷”，并让他们用 7 分制的方式打分：

1. 非常难以使用；
2. 难以使用；
3. 有些困难；
4. 中性评价，既不困难也不容易；
5. 还算简单；
6. 易于使用；
7. 太方便了。

在可用性测试最后，你还可以向客户提出其他一些问题，例如“产品是否完全满足你的需要”，或是“你对产品是否满意”。他们的回答可能与你设想的价值定位或功能设置风马牛不相及，因为他们对此并不知晓也毫不关心。相反，他们的回答是基于使用产品的真实感受，而当用户根本找不到某项功能，或者不会使用时，你根本无法评估其是否具有价值。

此外，你还需要根据特定的用户人群分析产品的可用性。你的目标客户或许具备一定的知识与技能水平，而不同的目标客户在技术理解力与相关领域的知识方面也会存在天壤之别。受过训练的专业用户和普通消费大众对产品可用性的预期同样会有差别。在第 3 章以及本章后部分所谈及的人物角色模型，会向你介绍这方面的知识。

学习的难易程度是评估产品可用性的另一项重要指标。一位用户从对产品毫无认知到学会使用，再到精通，需要花费多少时间和精力？这项指标对新用户而言尤其重要。他们会在很短时间内判断你的产品是否合适他们，而在做出这种判断时，产品是否便于使用是重要的考量因素。许多产品通过新手教程或指南来提供“快速入门”计划，带来了良好的用户体验。这些教程指南在使用者熟悉之后会自动消失或可以由使用者手动取消。

愉悦度

理想用户体验的第二项关键指标是愉悦度。强大的可用性能够避免出现失败的用户体验，但这并不足以使其能脱颖而出。可用性回答了客户会不会使用你的产品，而愉悦度则解释了客户喜不喜欢使用你的产品。愉悦度不仅仅指让使用者减少沮丧，而是要激发出他们的正面情绪，能够让用户在产品的使用过程中感到乐趣。

美感是愉悦度的一个方面，意思是确保产品有一个吸引人的外观。在开始使用之前，客户会先观察你的产品，而视觉吸引力能够在一开始就带来积极效果。令人赏心悦目的设计能让人感觉产品品质精良、值得信赖，对其顿生好感。这种积极的审美情绪让客户在使用产品的过程中得到享受。

简单同样有助于提升用户体验的愉悦度。在用户体验的设计过程中应当遵循大道至简的原则——消除扰乱视觉的因素以降低使用者的认知负担，让他们专注于要点。回想一下谷歌首页简约的设计风格，除了搜索框之外再无其他累赘，显得非常干净利索。

能迎合使用者心态的用户体验可以让其感到心情愉悦。为使用者智能化地选取默认值，或者胸有成竹地解答他们可能出现的主要问题，通过此类方式，一款产品可以让用户感觉自己得到了充分理解，感觉这款产品很通人性。在第 5 章节中谈到的谷歌建议便是一个好例子。

产品还可以通过个性化设计来激发使用者的热情，这往往通过不同的语言风格来实现。幽默就是一种创造愉悦感的好方式，不论是用幽默的文字还是用有趣的图片都是如此。

愉悦感通常还涉及产品是否能够对使用者的操作作出动态响应。一个很好的例子便是在苹果手机的 iOS 操作系统中，当使用者尝试翻过文档或网页的最后一页时，会出现“橡皮筋回弹一样的效果”。这种有趣的显示效果让许多人不论自觉与否，都不由自主地想尝试一下。动画与声音效果同样如此。我知道许多 Quicken 的用户很喜欢在输入一笔交易，收到现金时听到的“咔嚓”一声；苹果笔记本电脑启动的声音也受到许多用户的喜爱。

惊喜是愉悦感的重要元素。当你的产品性能超出用户预期时，他们会笑逐颜开。在 Twitter 创世的早期，社交媒体平台经常会遭遇服务中断的情况。当这种情况发生时，用户不会看到常见的那种平淡乏味的出错页面，而是会被引导至 Twitter 那张让人抓狂的“失败鲸”（Fail Whale）① 图片页面之上。

我能回想起一次自己经历过的充满惊喜的用户体验，那时我正使用电子邮件营销服务提供商 MailChimp 的服务。当编写完成一份营销推广电邮并计划发送时，MailChimp 能让使用者预览所编写的邮件在不同宽度的屏幕上的显示效果。当改变预览宽度时，在用户界面上会出现 MailChimp 的吉祥物——一只大猩猩用长臂在标尺上指出像素数值。当你的邮件宽度超过了某个像素阈值，系统就会发出提示告警，大猩猩的笑脸会变成沮丧的样子，并用提示框显示出“太大了！”以及“停止”字样。假如宽度超过了推荐的最大值，大猩猩的手臂会“嘭！”的一声断裂。这真是很棒的用户体验，机灵、有趣又出人意料，让我在数年之后还感觉历历在目。

① 失败的鲸鱼是华人设计师陆怡颖（Yiying Lu）为推特专门设计的一款别具趣味的卡通版宕机画面，每当推特的服务器因出现问题而页面无法正常打开时，这只可爱的小鲸鱼就会跟它的伙伴们一起出现。一开始，这头失败鲸还挺招人喜欢的。很显然，它的可爱是不可否认的。但是，当你正想给朋友发信息，或者正要发布一篇新推文时看见了它，它那不合时宜的笑容也会让你抓狂。——译者注

用户体验设计中的冰山原理

那么，你如何才能让客户对你的设计的用户体验中既感觉易用，又觉得有趣呢？创造理想的用户体验需要多种成功细节的积累，这被笼统地称为用户体验设计。我用图 8–1 来概括用户体验设计所遵循的冰山原理。如同真的冰山一样，用户体验设计中只有很小一部分是明显可见的，更多的部分则潜藏在海面之下。从下往上，冰山的四个构成分别是概念设计、信息架构、互动设计以及视觉设计。我会对每一层详加解释，在此仅作一次快速概览：概念设计位居冰山底层，指的是构成用户体验的基本理念和想法；其上是信息架构层，决定了你如何组织产品信息与功能；再上层是互动设计，定义使用者与产品是如何交互的；顶层浮于水面之上，也就是用户能够看到的冰山部分，便是视觉设计，即你的产品外观如何。人是视觉动物，对进入视野的内容进行处理是我们大脑摄取信息的最主要方式。但只是表面的华丽并不能带来完美的用户体验，理想的用户体验设计需要从底层到顶层，即冰山的四个层次均具有精心的设计流程。

概念设计

冰山的底层是概念设计，涉及你设计产品过程中的核心概念。理想状况下，你的概念模型应当与目标客户的预期产生共鸣，只有应用了正确概念设计才会让客户感到产品浑然天成、用起来得心应手。

用户体验冰山中的概念设计层在产品的创新过程中往往举足轻重。你可以将这座用户体验的冰山和产品 – 市场适配金字塔对应起来，如果把冰山水面之上的这部分对应于产品 – 市场适配金字塔的用户体验层，那就不难看出概念设计正对应于功能设置与组，概念设计使得产品的各项功能及其组合具备了实际意义，使之真正成型。这里暂不论及各项功能外观以及感受上的细节，而是指其本质功能为客户带来了哪些价值。

我们可以通过对一些案例进行分析，来理解概念设计的原理。还记得在第 1 章中 Quicken 团队在产品可用性方面，超越其余 46 家竞争对手这件事吗？该产品的成功很大程度上要归功于使用了支票簿样式的、带有隐喻色彩的概念设计，迎合了客户的传统使用习惯，让他们感觉很自然。

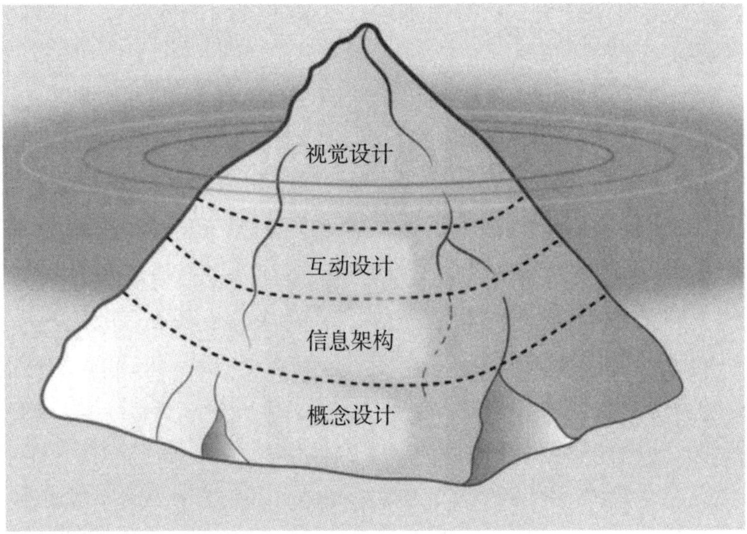

图 8–1　用户体验设计中的冰山原理

Uber 的概念设计

让我们探讨一下 Uber 让你轻松享受租车服务的案例。它的应用程序有什么样的概念设计呢？ Uber 应用程序使用地图式设计。这种做法并不新鲜，Uber 概念设计的创新性在于它向用户实时显示了周边的车辆，包括在你发出预定信息前后所有可用的车辆，以及你最终约上的车辆。值得一提的是，要实现这种设计需要在技术上进行创新，从而实时跟踪 Uber 司机的位置。Uber 知道出租车乘客往往因为司机迟到或毁约而感到沮丧，因此在其价值定位中，让使用者对他们预定的车辆会在何时到达心中有数是至关重要的。Uber 独创的设计向用户展示出大致所需的等候时间，在司机到达之前你可以掌握车辆的位置信息。Uber 对用户体验选择的这种概念设计，让使用者在运用产品时能清晰了解到该应用程序的价值定位，并且持续感受到该服务与传统出租车相比在本质上的不同。

用户调研

如果你对目标客户以及他们的需求有深入的理解，那么找到好的概念设计并非难事。用户体验中非常重要，但经常被忽略的便是其中的“用户”，即产品的实际使用者。回想产品 – 市场适配金字塔，其最基础的构成便是目标客户，也就是你为之设计使用体验的最终对象。

你可以通过用户调研来了解目标客户，这其实是用户体验设计过程中不可或缺的。用户调研通过各种手段来了解客户，例如发现访谈、可用性测试或者调查研究等。第 4 章提到过客户发现访谈中的要素。第 9 章会谈到如何采访客户以收集他们在设计方面的宝贵意见。第 13 章对用户体验调研方式提供了一个框架，并介绍了（除采访之外的）各种手段。用户调研能够帮助用户体验这座冰山的各个层级。当客户对你设计的用户体验作出反馈之后，你应当对他们的反馈信息进行条分缕析的分解，并运用于用户体验设计冰山的各个层级。

在进行用户调研的过程中，很重要的一点是，你需要认识到这并不仅仅是调研员的工作。产品团队的各个成员都应当尽可能多地参与到用户调研中，参与的过程比单纯阅读调研报告收获要大得多。在调研之后应立即在团队内进行相互讨论，让每个人充分分享他们的观察结果，有助于信息收集效率实现最大化。文档化整理以及对信息要点进行总结归纳，能够巩固对信息的理解，便于团队成员进一步分享。通过用户调研而形成的一项常见而实用的总结成果便是人物角色模型。

人物角色模型

你只有彻底了解客户才能设计出理想的用户体验，在这一过程中会使用到的设计工具便是人物角色模型，我之前在第 3 章介绍目标客户定义（可以回顾图 3–1）时曾经谈到过。这里我扼要重述一下，真实的用户是人物角色模型的原型，而好的角色模型通过各种心理学、行为学和人口统计学属性传递出目标客户的所想所需。人物角色模型能够提供很强的信息支持，有助于你设计好产品的价值定位，如愿实现客户价值。

除此之外，人物角色模型的其他方面也与设计用户体验息息相关。其中排在首位的是使用者使用科技产品的娴熟度。不熟悉各种技术类工具的用户倾向于选择简单易用的界面，希望有非常清晰的指示和良好的辅助系统让他们能顺利完成自己的工作任务；反之，拥有良好技术基础的使用者并不关心有没有指引，他们期待更强大的工具带来更大的灵活性和生产力的提升。当你在一款产品中需要同时满足这两类用户时，会给用户体验的设计带来更多的挑战。

客户会在怎样的环境下使用产品，这是人物角色模型中对用户体验设计很有帮助的另一个要素。如果使用者时间匆忙，那么你就需要将关键信息和常用的功能以最简化的方式呈现出来；相反，假如产品是在比较悠闲的场景下使用，那么用户界面中的控制模块理应不太显眼或隐藏在后端，让更多内容能够在前端中心位置显示；如果产品是在非常嘈杂的环境中使用，有许多外界噪音干扰，那么你或许就不应该使用语音控制技术。

在用户体验设计过程中运用人物角色模型，能够随时提醒团队谁才是产品的实际使用者，这就是你应该给该人物角色起一个名字的原因。当团队成员就选择不同设计方案争论不休时，他们可以这样思考："哪一项方案最能满足南希的需要呢？"有些团队甚至会将人物角色模型的照片制作成纸板剪影，放置在工作室内，以便他们在进行创意时能时刻想着这个最终使用者。

当你已经完成概念设计，估计你的人物角色一定会认为产品足够直观并且好用之后，下一步工作便是开始对产品的高级组件及对其如何组织进行定义。

信息架构

用户体验设计冰山中的倒数第二层是信息架构，我们可以简单将其称为 IA（Information Architecture）。IA 是指一种设计原则，它决定了某一款软件产品是如何组织消息和功能的。产品通常由多个页面或屏面组成，因此会有许多种组合方式。客户通过使用导航系统访问产品的不同组件。在搜索某个特定页面时，客户需要通过导航标签来推断产品是如何构成的，揣测目标页面的具体位置。卡片分类法是一种常用的技巧，用来了解客户是如何看待产品的不同组成部分及其关联性的，从而找出他们喜欢的组织形式。先进的 IA 以直观的形式组成一款产品，并配上便于理解的标签以实现良好的可用性和可检索性。

这其中，可检索性是指使用者找到所需产品功能的难易程度。在评估这项指标时，你可以请一群受访用户在产品中找出某个特定的页面或屏面，统计有多少人能够成功找到它。另外你还可以通过分析工具选取人们习惯的导航模式，从而评估产品的可检索性。使用者能用最快捷的渠道找到所需的每个页面或者屏面，还是他们完全茫然无措，还是绕了个大圈，需要频频点击后退按钮才最终找到，这些反馈对信息架构的设计非常有价值。

别忘了 IA 是在一个更宏观的层面上与产品功能发生关联：产品有哪些特性、如何组织连接，以及如何进行标签。此时，你并不是要去具体考虑用户的使用流程、页面布局，或者使用感受。信息架构是一个基础层，通过这一层才能建立起理想的用户体验，使产品架构清晰直观、一目了然地出现在客户面前。IA 设计中的主要交付物通常是站点地图（Sitemap）。

站点地图

网站地图常被用于定义产品的架构。即便“站点地图“中的“站点”一词源于网站的意思，这个名字在此代表的是任何软件产品的架构设计，包含移动端的各种应用。站点地图包含所有的屏面和页面，它们如何组织栏目和分类，以及上层采用的是何种导航模式。站点地图同时还细化了页面的标题，以及产品各分部的标签名称。你需要和使用者一起测试站点地图，确保你设定的标签用语精准无误；同时，当被问及与某项功能相关的某个页面或屏面时，使用者应该能在合适的架构中非常方便地找到相应的内容。图 8–2 便是一款用于视频广告促销的网络应用程序站点地图的示例。

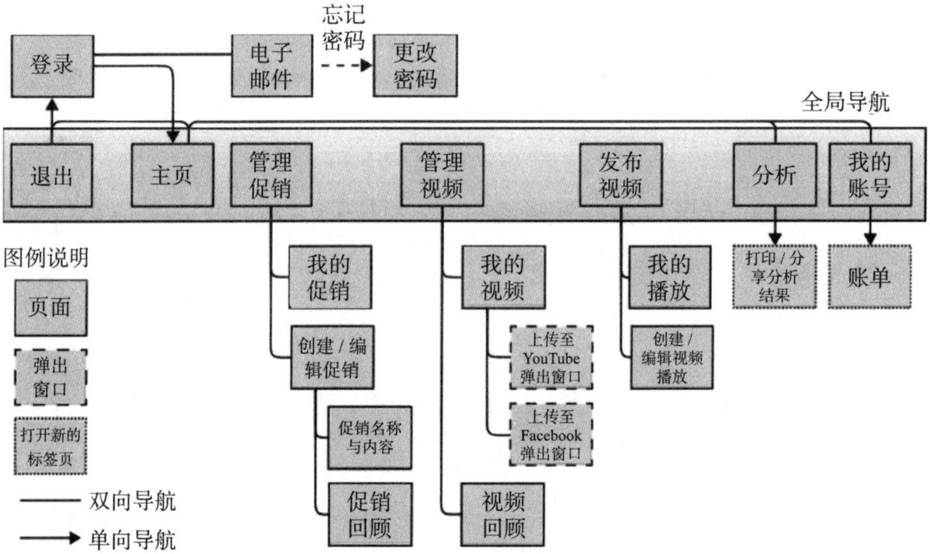

图 8–2　站点地图样例

站点地图中的每个文本框代表着一个页面，而连接文本框的线条则是页面之间的导航路径。在有些情况下导航是单向的，用箭头指出（详见图 8–2）。全局导航项目，即用户可以从任何页面经导航而至的页面汇总是清晰可见的，展示出产品的主要构成，与你经常在网站顶部看到的主要链接相对应。在用户鼠标移动至顶部的链接时，站点地图还会给出提示，告知用户将被引导到的位置。对网站的各个组件而言，其下属各个栏目中的页面会使用清晰的分层结构。站点地图还会显示出哪些页面会使用特别的打开方式，例如在弹出窗口内，或是在新的浏览器中打开。

当创建完成一个站点地图，定义了产品的页面和其组织方式后，下一步便是确定用户在这些页面间的体验流程。换句话说，用户是如何与产品互动的。

互动设计

冰山中更往上一层是交互设计，这决定了产品与使用者的交互方式。在互动设计中细化了具体的使用流程：也就是使用者在每个阶段可以采取哪些操作，以及产品应该如何作出响应。同时它对使用者如何输入信息作出规定，就像填写一张表格一样。在任何用户界面中，使用者都可以引发互动的操作和链接（点击、滚动、拖拽、输入、敲击、滑动等），这都属于互动设计的范畴。

举例来说，我们假设你的产品中有一个注册表单，那么你需要决定让使用者提供哪些信息，你如何设计表格中的字段，以及怎样判定输入内容的合法性，这些都是互动设计的组成部分。此外还要明确在使用者点击“注册”按钮之后会发生什么。任何由多个页面或步骤组成的用户任务都需要进行互动设计。当使用者从某个页面或屏幕跳转到另外一个时，导航就是最普通的互动设计，也会受到 IA 的影响。

假如在你的产品中，使用者在常规操作外还可以进行某些“特定操作模式”，例如编辑或预览模式，这些也都是互动设计的组成部分。同样，假如在你的设计中会有各种状态，会限定使用者能或不能进行某些操作，这也是互动设计。比如说一款在线销售的产品可能会有多种状态：有库存或没有库存的状态，在购物车内的状态，或者下单状态，那么在你的互动设计中就要明确这些状态之间合理的流程关系：只在有库存时才可以被添加到购物车内，只有购物车内的商品才能被订购。在整个流程中，优秀的设计能让用户清晰感受到这些不同的状态。对互动设计而言这些相对重要的状态，与概念设计紧密相关。在上述案例中，概念设计的基础是一个虚拟的购物车，这和现实世界的购物车非常相似。在 Uber 的应用程序中，概念设计与使用过程中的各个状态有着根本上的关联。在预订车辆前，Uber 应用会将你周边的所有车辆都显示出来，但是一旦预订了某辆出租车之后，你便只能看到这辆车的状态了。

互动设计中的另一个重要部分就是产品对客户的反馈，比如当使用者采取某项特定操作时系统如何作出反馈。错误信息便属于此类范畴。如当你在网站上填写了某个注册表格时，如果错误输入了一个非法的电子邮箱地址，网站就会有错误信息提示，要求你重复检查邮箱地址的合法性。错误信息应当措辞精准，清晰告知使用者错误的原因，以及如何更正。

反应时间是产品反馈的另一个要点。当使用者点击某个按钮后得不到任何结果提示，不知道系统有没有反应，他们可能就会觉得自己没有有效点击注册按钮，或者认为系统并没处在正常工作状态。产品性能缓慢会带来糟糕的互动效果。用户需要确认系统已经接收到了他们的操作。即使系统对操作的响应无法快速完成，也应当给予使用者一些反馈，通知他们点击动作已经完成了，只不过还需要等待一段时间。旋转的指针是一种常见的应对方案，你也可以用一段消息来解释系统正在做什么。

假如产品需要经过较长一段时间才能完成服务请求，那么你需要给出一种对进展状态和剩余时间的显示。这种情况下进度条非常适用，就像你在下载或上传容量较大的文件时看到的那种。对整体过程较长的用户流程，比如多页面向导，要让使用者对流程总体所需步骤有一个大致的感觉，并在他们逐步完成操作时告诉他们“你目前在流程中的位置”。

TurboTax 的互动设计

现在让我们来探讨一款流程非常繁杂，需要许多步骤才能完成工作的产品，是如何通过巧妙的互动设计，让使用者获得了得心应手的使用体验的。对很多人来说，准备所得税的纳税申报都是一件世间少有的麻烦事。纳税人们需要面对诸多表单，需要回答无数问题，才能完成他们的年度纳税申报。TurboTax 的产品团队努力打造出了令人叹服的用户体验，使用这款产品，即使新手也能按部就班地完成他们的纳税申报。

这款产品提供两种操作模式，第一种是“轻松起步”（EasyStep）模式。轻松起步的概念设计是用一种结构化访谈的形式，引导使用者通过每次回答一两个问题，把整个流程走下来。产品能根据之前使用者的回答情况，对提问的问题进行动态调整。这样设计让使用者在某一时间内只专注于一件事情，而将其他问题与复杂的逻辑隐藏在系统背后。

与用户互动的主要形式是不断提问和回答，采用导向式界面呈现，然后点击“下一步”按钮。系统会智能地引导使用者一步步完成整个漫长过程，直到纳税申报完成。通过良好的互动设计，TurboTax 简化了原本艰巨的任务。产品中的“轻松步骤”这一互动设计还可以让有一定财务知识的用户能跳过一些步骤，在整个对话过程中按需跳转，以他们更习惯的方式填写信息。

轻松步骤是系统的主模式，也是默认的操作模式。第二种模式是“表单模式”（Forms），你会看到真实的纳税申请表格，其中的数值既可由“轻松步骤”模式中的互动结果自动填充，也可以直接进行编辑。TurboTax 的用户不需要进入表单模式即可完成报税，也可以方便地在两种模式之间快速切换。许多用户从未看到过屏幕上的报税表单，这种模式通常是留给财务专业人士使用的。通过这两种截然不同的模式，TurboTax 的互动设计成功地在同一款产品中满足了初学者与专业用户的不同需求。

流程图

那么你怎样才能将一项复杂的流程或工作变得简单而易于操作呢？流程图是最需倚重的设计工具，它能帮助你在用户体验的关键任务中细化所有可能的流程，能把使用者和你的产品可能采取的操作和作出的决策都显示出来。操作用矩形框表示，而决策则用菱形框表示（也被称为判定框）。带箭头的连线用以连接各个矩形框，显示出所有可能的流程。

图 8–3 显示出移动应用程序车美仕（CarMax）的流程图样例，这是由天才用户体验设计师克莉丝汀·刘（Christine Liu）设计的。这款应用的目的在于帮助用户找到他们喜欢的车型，并与车美仕经销商建立联系。该应用根据使用者在 Facebook 上的数据来推荐他们可能喜欢的车辆。用户可以查看推荐车辆的概览，了解每辆车的详细信息。当找到合适的车型之后，使用者可以用电子邮件、聊天工具或电话方式联系到车美仕的经销商，和他们预约观看车辆实物。流程图从使用者下载并打开应用开始，显示出使用者可能采取的步骤，然后经过不同页面完成用户体验的全过程。这里要注意，流程图以很宏观的形式定义了用户体验，却不会涉及页面的设计细节（比如布局或视觉效果）。

除了担当用户体验设计中的角色外，流程图也能帮助产品团队中的每一位成员对产品应该交付的端对端的用户体验加深理解。对于团队中负责产品实现与测试的成员而言，这尤为重要。

为了简化流程，许多产品团队会跳过创作流程图的正式步骤，直接制作可点击的框架图，因为它比流程图具有更好的视觉效果与互动性。在交流互动设计时，可点击的框架图往往效率更高，因为它能有效地图解“快乐路径”的流程运行和其中发生的互动。在框架图中，你可以用备注来提示报错或其他重要信息，作为对框架图的补充说明。不过，假如用户的使用流程中有许多不同的分支，而且有很多可能的状态需要被详细说明，那么流程图可能比框架图更能清楚地描述、解释这一复杂的情况。

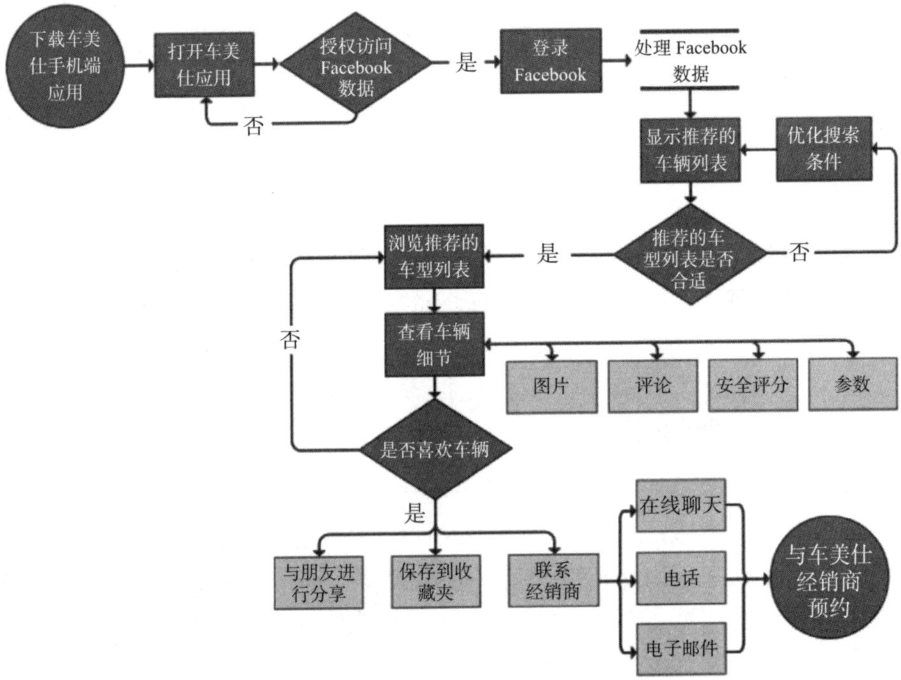

图 8–3　车美仕流程图样例

框架图

正如我在第 7 章中所谈到的，在想清楚你希望用户使用你产品的流程之后，你通常会开始制作框架图。框架图在精益产品开发过程中扮演着承上启下的角色。到目前为止，你已经用大量时间思考了与客户相关的事宜，包括他们的需求，你产品的价值定位、功能特性、信息架构以及使用流程等。从现在起，你开始细化客户在使用产品的过程中会看到的东西，即每个页面或屏面上所显示的具体内容。

不过在用户体验设计过程的这一阶段，你并不需要在具体的显示解析度，或是色彩等视觉效果方面考虑太多。你只要决定每个页面或屏面的具体布局：哪些部件应该在哪个位置，如何安排展现。你通常会有的问题是“这个页面应该有一列还是两列”以及“在这个页面中，我是应该将图片放在左侧，表格放在右侧，还是相反”。在过去，框架图都是静态的，主要考虑页面布局。可点击的框架图能够让用户流程变得更加生动、灵活，因此已经逐渐普及，使用当下流行的设计应用就可以更加快速地制作出这种框架图。

你是不可能仅靠坐在家中闭门造车就设计出理想的产品框架图的。这个过程需要不断迭代，并且其中并没有“绝对正确的答案”。你很清楚你的问题空间的目的是什么，并且正努力尝试找到不同的方案空间选项，以实现自己的目标。与其执着于所想到的第一种设计思路，发散性思维或许效果更好。这能让你尽可能多地找到可行的设计方向。这与头脑风暴有些相似：你要尽可能多地“生成”想法，而无需马上就作出评估，后面会有很多时间来否决掉那些不靠谱的创意。在设计过程的后续环节中，你开拓创造的能量会自然而然地聚焦在最佳设计方案上。但是，假如过早缩小范围，你很可能只了解到一部分的方案空间，而错过了事实上存在的最佳方案。

优秀的设计师不会从头开始为每个页面或屏面设计单独的框架图，而是总览整个产品，找出所有相似的页面或屏面组合。每一组共享一种模板，并定义了相应的布局。举例来说，你或许会为所有两列的页面设计一个共通的模板。在产品中使用标准的页面或屏面模板设置，能够保障设计的一致性，同样，你应当在不同的页面上使用标准的显示组件。

一旦完成了产品的首批框架图，现在你就（第一次）可以用一款方案空间的工件来和客户进行交互验证。第 9 章和第 10 章将描述如何通过框架图记录客户的反馈，并以迭代方式不断改善你的设计。如果你喜欢的话，可以先从静态的框架图着手，但是你仍然应当制作、测试可点击的框架图。这可以让你在布局之外进一步验证使用流程，并且给客户一种可交互的体验，感觉也更加真实。当目标客户证实了你拿出的框架图易于使用，实现了产品的价值定位，那么这时便需要进入到用户体验冰山的另一层次：视觉设计。

视觉设计

视觉设计位于冰山之巅，那是任何人看到产品时都能直观感受到的部分。这也被称为平面设计、观感或者“镀铬层”。正如车辆上的镀铬层一样，这并不会决定产品的功能或是你的使用方式，但却会影响其外观。除了让产品在外观上取悦客户之外，优秀的视觉设计有助于增强视觉层次并改善可用性。此外，这其中还涉及产品的个性化、使用者的愉悦感，以及实现产品的差异化。视觉设计中有三项关键要素，分别是色彩、排版与制图。

色彩

色彩是产品视觉设计中非常重要的一个方面。在其余层次的设计工件中，你都可以用黑白色调，这样完全能满足需要。但是当你开始创作高仿真度的模型，细化视觉设计时，你必须决定使用哪一种颜色。

产品的色彩对其整体颜值起到重要作用，并可以将页面中的特定元素突出显示。同时你还可以运用不同的颜色来传递特定的情感特质。红色、橘色、黄色等暖色调通常充满着活力和激情；而绿色、蓝色、紫色等冷色调则显得静谧内敛。许多应用程序和网站都选择蓝色的基础配色方案，因为其传递出值得信赖、稳重安定的感觉；绿色与自然、成长以及金钱相关；紫色则代表着奢华与创造力；红色通常与进取、激情、权力和危险相关；橘色象征着精力充沛，活力满满；黄色传递出阳光和欢乐；棕色意味着温暖，并有大地的含义；黑色显示出成熟、优雅与神秘；白色显示出纯洁、干净和简单。这些联系已得到大众的普遍认同，而色彩的含义在全球不同地域可能不尽相同，假如你的目标客户处于某个特定的文化区域，你在设计颜色时应当格外用心。

优秀的视觉设计决非胡乱地运用各种色彩，而是要使用一个精心选择的调色板，也就是在产品中使用一组特定的色彩。其基本理念在于选择的一组颜色结合起来要美观，而你在设计中只能使用这组颜色。保持色彩的一致性可以创造出内聚的视觉效果。一个调色板通常包含一到两种主色，以及一到两种背景颜色，同时其中还可能包含一到两种着重色，以作为主色调的补充。完整的调色板中还会包含由主色调衍生出的其他颜色——一般会比该色调更亮一些，或者饱和度稍低一些。

颜色会增强或削弱产品的适用性和可用性。为了增强字体的可读性，文本的色彩应当和背景色形成强烈的反差。白底黑字便是这样，而浅蓝色的文本在淡灰的背景色上的色差便会很小，难以阅读。为了便于使用，关键控制器的色彩，例如按钮和主要的导航栏就必须清晰显示，黑色背景上的黄色按钮便能达到效果，而深蓝底色上的蓝色按钮其效果简直可怕。

排版

排版定义了文本的呈现方式和位置安排，是视觉设计中的另一重要因素。早期的网页、浏览器只支持非常少量的字体，例如 Arial、Georgia 以及 Verdana。但随着 CSS3 [①] 的大量部署，网页字体有了更多的选择。

不一样的字体会传递出不同的含义：正式的和非正式的，传统的和现代的，简约的和华丽的。你应当选择与产品功能基调相符的字体。不同字体的一个重要区分点在于是衬线字体（Serif）还是无衬线字体（Sans Serif）。衬线字体在字的边缘会有额外的装饰，且笔画的粗细会有所不同；相反，无衬线字体就没有这些。[②] 在传统的设计中经常会使用到衬线字体，它具有较高的清晰度（分辨率），适合印刷材料；而无衬线字体则使用在网页显示的低分辨率环境中。不过，你会看到越来越多衬线字体开始运用于在线环境中。在屏幕字体很小的情况下，衬线字体会变得难以阅读；但这类字体通常可作为标题或其他较大的文本字体。相对于色彩而言，你更加需要限定产品中字体的使用数量。通常的做法是选择两种字体：一种用作正文字体；一种用作大号的字体例如标题。你经常会在网站或移动终端应用上看到用作正文的无衬线字体和用作标题的衬线字体。

字体大小是排版中另外一个必须考虑的因素。你的正文文本通常使用最小号的字体，但自然也要便于阅读。标题和题目字体会稍大。同样，和字体、色彩一样，你要避免使用过多不同大小的字体，以便保证产品的一致性。另外字体还有不同的宽度和样式，例如粗体、斜体或下划线等。

排版通常对视觉层次的设计（后文中讨论）非常重要。你应当慎重地选择颜色、相对尺寸、宽度以及页面上字体的位置来达到预期的视觉效果。

图片

视觉设计中会频繁使用图片，不论是照片还是插图。对某些特别的产品，例如在线商务，图片的使用至关重要。以住宿租赁网站 Airbnb 为例：为了让客户在租赁住所前更为放心，他们需要看到具体的图片。第 7 章中谈到过 Airbnb 是如何通过使

① CSS，即层叠样式表（Cascading StyleSheet），在网页制作时采用层叠样式表技术，可以有效地对页面的布局、字体、颜色、背景和其他效果实现更加精确的控制。——译者注
② 无衬线字体类似于汉字中的黑体。——译者注

用高品质的照片让销售转化率倍增的。图片经常被应用在登录和其他市场营销页面上，主题形象（Hero Image）会被经常使用到，即用大幅、突出的照片展示你的产品、典型的客户案例或其他艺术性的对象或场景。再比如奈飞公司（Netflix）经常会使用客户观赏、享受表演的照片。

插图更多会被用于解释你的产品是如何工作的。你还可以在视觉设计中用其他的图像效果，比如线框、形状、纹理、渐变、阴影等，这些润色能够增强产品的结构和层次感，使之在外观和感受上更具活力。

图标是指各种小型的符号，用来代表某种物体或理念。它们最多是被用作按钮或其他用户界面中的控制元素，尤其是在空间位置紧张的情况下。在许多应用程序中，图标是使用产品的主要途径。浏览器上的图标可以用来后退、前进或刷新页面。Adobe Photoshop 工具栏上的图标是客户实现各项操作的主要手段。类似的，Microsoft Office产品中运用了一系列以“缎带”为主题的按钮①。除了在用户界面实现控制功能以外，图标还可以用在营销页面中作为正文的辅助。视觉设计中还有一种特别的像素图标（Iconography），这是一种可手动调节像素的图标，用来创建精彩的个性化图标。随着移动设备的普及，图标设计变得日益重要。小尺寸的屏幕显示空间非常有限，许多移动端的应用都是通过图标来进行操控的。

使用者在看到某个图标时，需要能理解出其功能含义。但是要做到这一点并非易事，因为图标很小，往往只是一个符号，没有任何文字辅助。如果在设计中涉及行业内的标准图标，我强烈推荐你直接使用，而无需去创建一款新图标。比如说你正在制作一款可以播放音频文件的应用程序，那么当你在设计播放和暂停图标时就应该使用大家所熟知的三角形来代表“播放”，两条竖线表示“暂停”，而不用徒劳地去设计自己所谓的个性化图标。

绝大部分应用程序都会用到不止一个图标，因此保持各种图标间设计风格的一致性尤为重要。当然每一款图标都应当使用唯一的标记，而且其形状、颜色、样式都应该和整体风格保持一致。产品视觉设计的一致性是提供理想用户体验的重要一环。有两款实用工具可以用来达到视觉设计中的一致性，就是风格设定（Style Guides）软件和网格布局（Layout Grids）软件。

① “缎带”（Ribbon）的界面控件是从 Office 2007 开始的，亦是微软的主力业务之一。新版本的 Office 采用了全新的界面操作概念，菜单已经弱化，更强调图形界面的提示功能。——译者注

风格设定

风格设定是视觉设计的一部分，用于确保产品外观和感受上的一致性。这对于拥有诸多页面或屏面的产品尤为重要。风格设定会规定视觉设计中的细节，例如色彩、尺寸度量、字体以及图像等常用元素。风格设定有助于保持一致性，尤其是在有多位设计师共同参与开发一款产品时更加必要，并且还能降低用户界面（UI）设计的工作量。

网格布局

网格布局是一种能让每个页面或屏幕上的设计元素保持齐整的设计手段。长期以来网格都被用于印刷设计，在网页与移动应用设计中，网格同样可以创造出更好的用户体验。网格由一定数量的列组成，它们规格尺寸一致并用间距（或称边缘留白）分割开来。

你要根据实际情况选择网格的规格尺寸。图 8–4 中的网格实例包含 12 列，每列宽度为 94 位像素，并以 18 位像素的间距隔开。整体宽度为 1 326 像素，适用于 1 366 像素宽度的屏幕尺寸，这样用户不用移动水平滚动条，就能浏览整个屏幕。在这样的屏幕宽度下，垂直滚动条以及浏览器和操作系统的其他视觉元素的数值就是 40 像素。

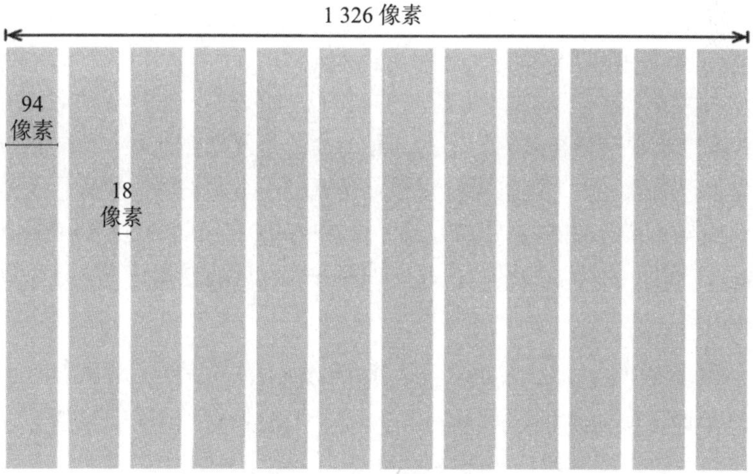

图 8–4　网格布局样例

所有的页面或屏面元素在布局时都应当与网格保持对齐，页面和屏面元素可以是一段文本、一幅图像或者一个按钮。每个元素都可以跨多个列，关键在于元素的左右边线应当保持在网格的起始和结束处。我在这里所展示的这个网格共有 12 列，另外也可以平分成 2、3、4 和 6 列，以支持各种宽度的屏幕元素。图 8–5 便是这样一个用网格来安排页面元素布局的框架图实例。

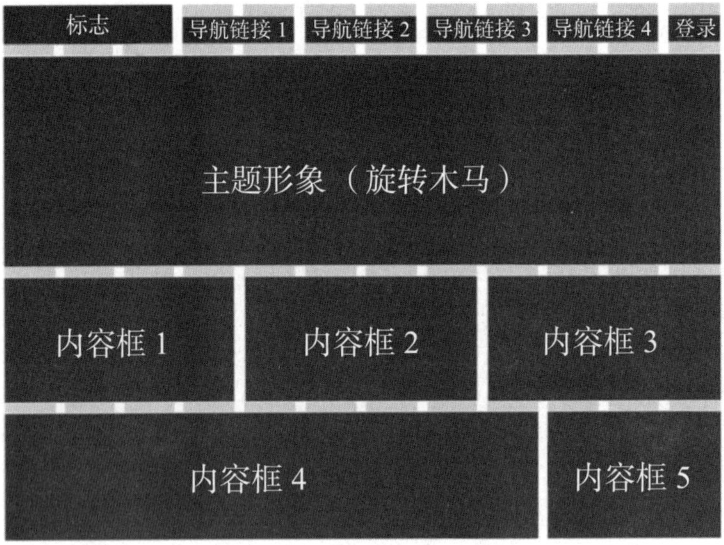

图 8–5　使用网格布局的框架图

上述两张图片中的网格只是从水平方向对空间进行了划分（以列为单位）。在印刷设计中，网格通常还会从垂直方向划分（以行为单位）。不过在网络环境中垂直方向的划分并不是非常有用，因为屏幕的实际高度千差万别。此外，要严格控制各元素的垂直位置非常困难，因为浏览器会根据屏幕宽度动态调整内容位置。于是，在数字化环境中，网格主要采用水平分割方式。现在随着响应式设计（Responsive Design）的兴起，设计师也可自如地在网页设计中控制各项元素的垂直位置，这一点我们将在后文中再作讨论。

回想一下我在之前章节中提到过的，在框架图设计阶段，布局中通常只是描述了大致的位置和各项元素相对的大小尺寸。而网格带来的精确度和基于像素的布局结构，可让你将低仿真度的框架图转变成为高仿真度的模型。

模型

正如第 7 章所提及的，模型是一种仿真程度更高、更能够有效展现视觉设计效果的可交付工件。模型基于框架图，并通过色彩、排版和制图三个要素营造出产品的外观和感受。模型通常由视觉设计师用 Adobe Illustrator、Sketch 等工具创建，并导出至图像文件（例如 PNG、GIF 或 JPG 等格式）。你可以用这些静态的模型从客户那里征求反馈意见，但是如果能有可点击或拖拽的模型则更有价值，因为使用者可以对产品有更强的感受，知晓其工作方式。使用 InVision 等工具可以让你将一系列静态的模型组合在一起，构成使用流程。通过这类工具你可以明确模型上一个可点击的区域（比如按钮或链接），并且规定点击后会导航链接至哪些页面。我在第 9、10 章会介绍如何通过模型来征求使用者的反馈，并通过迭代的方式持续改善设计。当你完成一组可点击交互的模型，能让目标客户方便地使用，并验证了其价值定位，那么你便完成了用户体验设计。接下来要做的是在构建产品的过程中实现这种体验。在第 12 章我们将详细讨论如何用敏捷方式来开发产品。

我已经解释了用户体验的冰山，以及如何将对功能的设想通过在四层结构中的实践将其转变成现实。同时，我还描述了关键的设计交付物，包含那些需要经过用户测试，才能评价的用户体验及其产品 – 市场适配性的产品。在接下来的章节中，我会分享一些在设计理想的用户体验过程中所需遵循的准则。

设计原则

设计是精益产品开发过程中最神奇的部分，由此能将客户收益、产品特性等各种无形的构思转变为真实的用户体验。在多种情况下，设计其实是一门艺术而非科学，但是其中确实存在一些设计原则可以帮助你创造出更好的用户体验。

格式塔理论

格式塔理论（Gestalt Principles）中包含了一系列实用原则，描绘了人们是如何从视觉上感知目标对象的。格式塔字面上的含义是“整体不等于部分之和，意识不等于感觉元素的集合”，我们的视觉处理系统就是这样来处理我们所看到的事物的。格式塔理论内容丰富，但是我们将着重讨论临近性与相似性原则。

根据格式塔理论中的临近性原则，大脑会认为近距离的物体比那些距离较远的物体更具相关性。因此，你在设计中应当将相关的物品尽可能放置在相近位置。在框架图中决定布局时便需要注意这项原则，而且该原则不仅适用于内容的安排，对用户交互界面的控制同样适用。例如，你能在图 8–5 中看到，所有主要的导航链接都被放置在一起。假如你在用户交互界面中提供三种处理选项，那么这三个按钮或链接都应当放在一起展现。不相关的项目要避免放在临近位置，以免被使用者误认为他们彼此之间是相互关联的。例如，将某个功能的取消按钮放置在另一个功能边上，可能会让使用者误以为另一个功能也会受到取消操作的影响。

格式塔相似性原则认为，大脑相信有相似特征的物品比不存在相似特征的物品更有相关性。在你的设计中，类似或相关的功能在外观上也较接近，不论是外形、尺寸还是颜色，都是如此，因此要避免为不相关的元素设计相似的外观。在视觉设计的过程中你应当遵守相似性原则。例如你可以让所有的超链接都使用蓝色字体，并且配上下划线，或是所有的操作按钮都设计成相同的圆角矩形框。在格式塔理论中已经论及了视觉感知，接着我们应该关注下一个设计原理：视觉层次。

视觉层次

视觉层次是另一项重要的设计原则，决定了在你的设计中，哪些元素会被使用者认为是最为重要的。这种重要性会吸引使用者的注意力，影响他们观察各项元素的先后顺序。

元素的尺寸与色彩是两大主要属性，能创造出视觉层次。大脑认为比较大的物体相对较小的物体会更加重要。同时，大脑还会将有较高反差的元素，例如反差强烈的色彩或是“突然弹出”等视为更加重要。引人注目的图片也会有类似的效果，我们的双眼会自然而然注意包含人物，尤其是人脸的图片。

元素所处的具体位置也会影响到视觉层次，使用者往往会从页面的顶部开始浏览。在英语或其他从左至右书写的语言中，用户会先从页面的左侧开始。因此在不考虑其他因素的前提下，人们往往会先从屏幕左上角的部分开始。

一种快速判定某个页面或屏面的视觉层次的方式是眯着眼看。你或许看不清具体的文字内容和细节，但是你会注意到位置、尺寸以及主要设计元素的颜色。你还可以来一张截屏并对其进行羽化处理（即运用图像设计软件使其变得模糊）达到同样效果。用这种方式测试一款具有强烈视觉层次的产品时，你可以很容易地找出设计元素中最重要的部分。

设计师需要根据人们视觉处理的原则来突出想要传递的信息层次。在创建视觉层次的过程中，你首先要判断那些需要在同一页面中呈现的不同组件各自的相对重要程度，然后根据优先顺序设计它们的位置、尺寸和颜色，以强化这种优先顺序。

视觉层次设计优良的页面能够吸引使用者的注意，使之聚焦到最重要的元素上，并根据重要性的优先排序引导使用者的目光依次遍历其他内容。通常根据从上到下、从左到右顺序进行。这样能够帮助使用者快速找到目标并顺利完成工作。同时，这还能促成更高的转化率，即更多的使用者会根据设计预期，完成关键的操作步骤。好的视觉层次是成功的用户体验中不可或缺的部分。

合成理论

除了格式塔理论和视觉层次，你还要遵循设计时各元素合成过程中的原则：

- 整体性：页面或屏面在感觉上是和谐的融合体还是不相干元素的拼凑？
- 差异性：色彩、尺寸、排列等方面是否有足够的差异性使视觉效果更为生动有趣？
- 平衡性：你在设计中是否均衡了各项元素在布局上的视觉重量（位置、尺寸、色彩等）？
- 空间利用：设计中的疏密紧致如何？确保在你的设计中有足够的留白（即页面或屏幕上未加使用的空间）。这很重要，能够避免让使用者感到页面空间非常拥挤。

响应式设计

在考虑页面或屏面上各项元素的设计安排时，你必须先设定（无论显式还是隐式）“画布”的尺寸。在印刷设计中，你对将把设计图案印在其上的纸张的长度和宽度要非常清楚。但是，数字世界没有这么简单。你的客户会在不同尺寸的屏幕上显示和使用你的产品，因此你的数字画布尺寸不用那么整齐划一。

很显然，智能手机屏幕比笔记本和台式机的显示器小了不少，比如最初 iPhone 的屏幕是 360 x 480 分辨率的。现在的智能手机屏幕比以前有了较大的变化，尺寸规格更加丰富；大小介于智能手机与电脑显示器之间的平板电脑变得日益流行；平板手机的屏幕尺寸成为了智能手机与平板电脑之间的过渡尺寸。在高分辨率屏幕家族中，更大屏幕的台式机显示器更加普及。随着可穿戴设备的出现，例如苹果手表与其他小屏幕设备，各种不同分辨率的屏幕层出不穷。

那么你的产品团队应该如何处理各种分辨率的屏幕种类庞大而且差异化明显的局面呢？在网络产品中你可以使用响应式设计。这种设计不是用同一款屏幕设计满足所有使用者的需求，而是根据用户不同的屏幕尺寸提供不同版本的用户界面。通常是在宽度方面，设计会动态响应屏幕尺寸。你需要首先决定你想使用的屏幕的宽度的“中断点”（Break Points）进而针对不同的宽度，应用能体现你所期望的不同点的屏幕样式。通常有一种宽屏的版本适用于台式机屏幕，以及一款小屏幕适用于手机屏幕，另外许多产品还使用中间宽度的中断点，来适应平板电脑的显示。

在响应式设计中，随着屏幕尺寸由宽到窄的变化，部分屏幕元素会作“换行”处理，即自动排列至下一行中。有一些元素尺寸会变小或在小宽度屏幕中消失。响应式设计可以免去大量重新编码的复杂工作，就能对用户体验作出动态调整。

多屏幕尺寸设计

需要适应多屏幕尺寸是今天软件设计现实中所面对的挑战。对网页类型的产品，响应式设计是一款不错的工具，可以轻松加以解决。而移动端的应用程序也有着类似的问题，通过移动软件开发工具包（SDKs）所包含的工具可以让一款移动应用根据不同的屏幕尺寸采取不同的布局。

那么在用户体验设计过程中，你应该从大的屏幕尺寸还是小的屏幕尺寸入手呢？如果你从大的屏幕尺寸开始设计产品，那么将其剪裁至小屏幕尺寸时可能会比较困难，因为同样多的内容可能无法匹配，但你究竟删除掉哪些内容又难以取舍，甚至导航设计也需要改变。你必须重新考虑，甚至更换尺寸过宽的内容来适应小屏幕。如果是这样的话，产品团队到最后往往要重新编码，最后设计出了另一款完全不同的产品——这并不是一种理想的局面。一方面，要把一个产品变为两种不同编码，既降低了效率，也增加了出错的可能。另外，假如移动端与非移动端的产品采取不同的设计方案，产品在外观使用上彼此会有较大差异，这会导致用户体验的不一致性，引起用户的困惑。

由于空间限制，在小屏幕上设计会更加困难，需要作出更多的权衡折中。于是许多产品团队信奉“移动端先行”的方式，会优先设计出适用于最小屏幕的产品，这样能够迫使他们根据优先级找出最重要的部分。在移动端设计完善之后，他们再针对更大的屏幕尺寸进行设计，这样比较容易加入额外的内容或功能。注意，这样做的意图并非是先后或分别设计两个版本，它们应该并行设计，并由移动端的设计引导整个过程。产品的移动版本通常作为网页版本的补充，而非全尺寸产品的迷你版本。其中可能会包含网页版所不具备的功能（例如利用定位或其他传感器实现的功能），或者只是提供网页版产品中某些关键部分的功能。另外，并行设计两款产品能够确保彼此工作协调，交付的用户体验完全达到产品—市场的适配。

文本同样是用户体验的组成部分

在总结本章节内容之前，我们谈一下在用户体验话题中经常被忽视的一个组成：文本，也就是客户所接触到的，在市场营销页面或产品上的具体文字。当文本出现在市场营销页面上，其质量会大大影响转化率的水平。而在产品上所使用到的文字，包括标签、指导、说明，以及错误信息等，都能影响实际使用效率。使用者通常仅凭很少的文字来指引操作，因此按钮和链接上的标签必需清晰易懂。假如使用者想要采取某项重要的操作，却不知道该点击哪个按钮，那就会造成很大的使用问题。功能的描述和指导语不能艰涩难懂，必须用简短明了的文字让使用者快速理解——切勿使用企业内部语言或行业术语。报错信息应当是说明性的、有帮助的，而不能像是一段密码。所幸的是要找出文本上的问题并加以修复，并不是件困难的事情，只要进行产品可用性测试便不难找出答案。在你的测试中，假如使用者对某个词语或短句产生困惑，你应该询问他们的命名意见，通常你会得到非常有用的建议。

梦之队

正如从本章中所能看到的，用户体验设计是一门涉及多个方面的学科。许多企业存在着设计鸿沟，即面临一种尴尬的处境：他们需要开发者有全方位的技能来设计一种出色的用户体验，但事实上却并不具备。许多团队内甚至没有设计师，即便有这样的专业人员，他也难以胜任用户体验设计各个方面的要求。可能有资深的设计师会精于多个领域，但更多情况下是他可能会擅长视觉设计（即产品的外观），但不精于互动设计（即产品的工作方式）。要创造出理想的用户体验，你的团队必须在上述诸多方面都炉火纯青。你还需要有一位身处第一线的开发者，以及一位强有力的产品经理，才能够科学地实现这种设计目标。除了每个个体都要具备所需技能之外，整个团队内还需彼此有效协作。我认为这样的团队应当具备以下四项必备的技能：产品管理、互动设计、视觉设计，以及前端市场开发，从而组建起“梦之队”。当然其他角色或技能对开发出理想的产品显然也很重要，如后端开发者、品质保证（QA）、软件部署人员等。但凡有一款出色的产品推向市场，其背后少不了这样的“梦之队”。

旁观者清

归根结底，你的客户才是判断使用体验好坏的权威评委，而用户体验直接影响着你是否做到了产品 – 市场适配。回想在第 3 章节中提及的技术采纳生命周期，创新者或许更趋向于接受水平稍低的用户体验，来获取开创性产品所提供的前沿性利益。但是当你尝试按照技术采纳周期规律，渗透到更多的市场时，这些市场中的客户或许就没有足够的容忍度和理解力了，由此用户体验在产品 – 市场适配中将变得异常重要。即便你有了最棒的设计，并为之投入了大量精力和高超的技巧，你仍不可以在用户体验设计这一环掉以轻心。正如我所谈到过的，你应该周而复始地向客户展示，从而找出并解决任何可能存在的问题。事实上，这正是我们下一章的主题：如何与顾客一同测试最简可行产品。

THE LEAN PRODUCT PLAYBOOK

How to Innovate with Minimum Viable Products and Rapid Customer Feedback

第 9 章 与客户一同测试最简可行产品（第六步）

当遵循着样板式的用户体验设计原则，创造出候选 MVP 的原型之后，沿着精益产品开发过程的步骤，接下来你就需要和使用者一起进行测试验证。正所谓丑媳妇终须见公婆。回想一下在第 7 章中讨论过的两种不同测试类型：定量测试与定性测试，即是从小部分客户的反馈中窥见细节（定性测试），还是通过大范围采访客户并得出总体结论（定量测试）。

诸如 A/B 测试或登录页面等定量测试相对比较易于执行和分析，其中不涉及和用户进行交流互动，而只和数据有关。你在 MVP 测试中通过跟踪转化率（或其他指标）来判断其是否能成功达到预期效果（或者与其他可选项比较，其价值如何）。你需要留意样本规模，这会直接影响到结果的可信度。

本章的重点在于探讨如何与用户共同实施 MVP 定性测试。使用者大概会给出非常宝贵的建议，从中能发现产品本身的瑕疵。你太熟悉产品，很难像用户那样客观地审视它，可能导致“不识庐山真面目”，产生所谓的“产品盲目性”（Product Blindness，即无法像新用户那样，在对产品稍作使用后便发现其潜在问题）。

用户测试是消除产品盲目性的良方，无论是明确的还是隐含的假设，你都能通过用户测试对其加以验证，确认其有效抑或无效。由于产品盲目性，你在第一次与用户进行测试验证时往往会有惊人的发现。我还记得第一次征集用户对云计算协同工具箱反馈意见时的情景，着实让整个团队大跌眼镜。他们从中得到许多新发现，立刻感受到这种用户测试的价值，并想要进行更多同类测试。

在对用户的定性测试中，你需要向客户展示产品或者可以呈现出的设计：框架图、模型或产品原型，以征求他们的反馈意见。成功的测试需要有设计和执行两方面的技巧。在这里我会分享大量建议，不论是关于提倡还是禁忌，相信都能帮助你通过用户的定性测试来掌握最宝贵的反馈信息。

我应当与多少客户进行验证测试

同一时间内我建议只和一位客户进行测试，这样才能保证最佳效果。你可以选择同时和多位客户沟通交流，但是通常由于羊群效应，这种做法的效果往往会略逊一筹。尤其在焦点小组中，你更可能体会到这种负面影响：当你同时和 6~12 位受访者对话时，不论说到哪里，部分参与者都很可能不会畅所欲言，他们担心被妄加否定或批评；而个别健谈者往往会主导整场讨论，淹没其他人的声音。参与者通常还会产生群体性思维，即所有或大部分人不由自主地被误导形成某种一致性的观点，从而产生不准确的信息。

而只和一位客户对话，你完全可以避免上述这些负面的群体效应，进行一次更加丰富而深入的沟通交流。客户在独自面对一位主持人时，尤其容易打开心扉，吐露出他或她的真实感受。在我看来，当有越多人在场，有些客户越可能担心他们的观点被人歪曲误解。许多主持人愿意在现场带一位记录员，以便他们能够更专心地主持用户测试本身，这并没有什么问题。但我个人更喜欢自己做记录，因为这样才能确保把我认为重要的信息完整记录下来，完成好一个真正的一对一访谈。假如你希望其他人也能实时看到测试过程，那么网络摄像头是一个不错的选择，这样视频就可以被传到其他房间的显示器上。当用户测试在远程进行时，其他人也可以通过屏幕参与到该环节当中。

我曾经同时与 2~3 位客户做过用户测试，整个过程都非常顺利，我用打印出来的产品模型收集到了不少反馈。我们所有人都坐在一张桌子旁边，都能看到 放在桌上的文件纸，并且都能方便地指着它品头论足。假如我用一台笔记本来向他们展示的话，或许效果会大打折扣。我放弃一对一而采取这种多人方式的原因在于，客户们希望更快得到调研结论，而只有这样我才能和尽可能多的人进行交谈。有时受访对象会无法赴约，客户爽约确实是用户调查中会遇到的事情。因此在每次调研中同时邀请 2~3 名对象还有另一项好处，就是在有人爽约时我不用急得束手无策。

产品团队成员经常会这样问我："我应该和多少位客户一起测试？"如果交流的对象过少，你可能就会面临难以发现所有需要解决的潜在问题的风险，也可能会被某些缺乏代表性的意见和观点所误导而不自知。与此相反的是，和过多人交流访谈可能无谓地消耗过多的时间和其他资源。如果客户提出的意见多是老生常谈，了无新意，那么你可能就会陷入效益的递减效应中。我发现在一个测试周期中访谈5~8 位客户是最佳选择。基于这个数量的访谈测试，足以发现主要问题，也能帮助你发现使用者的普遍意见模式。在每一轮测试后，你要根据得到的信息修正产品或设计工件，并进行下一轮用户测试，直到测试证明你最终实现了产品 – 市场适配。

在筹备时你需要假设有些客户并不会如约参与测试。通常这种爽约率会有10%。站在实用性的角度考虑，我会在预期的样本规模之外多规划一次测试。假如我所期望的样本数量是 7 个人，那么我会安排 8 个人，以防有人缺席。

当面的、远程的以及非正式的客户测试

在组织客户测试时，你可以选择以当面或远程的方式进行。当面测试比较直接，主持人与客户在同一房间内；远程测试则通过屏幕共享或视频采集技术进行。在远程测试中，你可以采取有主持人或者无主持人两种形式。有主持人的远程测试表示调研者会在现场，与客户一同进行测试；而无主持人的方式则表示没有调研工作人员在现场，只留给客户产品或设计工件，以及指导说明，供其测试使用。在这种场景下通常会有录像，供产品团队后期观察（例如观察客户如何操作使用产品），并且许多工具还可以记录声音，以便听到使用者的具体想法。另外一些工具还能捕捉到客户的面部表情（比如通过网络摄像头），以便后期进行分析。

在这三类定性测试方式中，我比较推荐当面测试。当你坐在使用者对面交流，而非通过一块屏幕时，可以获取更丰富的信息。身处现场，你可以同时观察到使用者的屏幕与他的面部表情，把握到诸如叹气、愉悦或其他细微的情绪线索。你还能察觉到使用者的眼神投向哪里。此外，这样你也更容易与客户即时建立起融洽的氛围，这通常更有利于信息数据的获取，因为客户在和你对话时能感觉到放松和舒适。

当然，有时要在附近找到目标客户并不容易。这种情况下，有主持人在场的远程测试便是一种与他们建立联系的良好方式。虽然效果不及当面测试，但你仍可以获得非常有用的信息。要看到客户现场的状况，你通常会使用诸如 GoToMeeting、WebEx、Skype、Screenleap 或 Join.me 等屏幕共享工具。与许多远程场景类似，你首先需要克服技术困难。当你想要开始远程会话时，往往会看到客户并没有安装相

应的软件来共享屏幕，或者需要他人协助才能顺利运行。此外，屏幕共享软件也可能妨碍测试，比如让客户感到困惑，或者你正在展示的设计工件会显得尺寸变小。另外，你在异地的屏幕上看到的视频和客户的实际动作之间往往存在一定时间延迟，并且网络防火墙也可能会引发一些问题。但是只要你能克服这些技术困难，有人主持的远程测试就会让你从用户那里得到非常有价值的信息。

第三类测试是无人主持的远程测试，你可能会通过 UserTesting 或 Validately 等在线服务完成。这类服务提供访问你的设计工件的路径，为使用者完成测试过程提供便利，并记录他们的操作内容。许多这类服务还提供一些使用者来测试你的产品。采用这种方式的一大优势在于你可以更快速地得到结果，通常你可以省下不少招募和安排客户的时间，并且在同一时间可以有多名用户来进行测试，避免了主持人一些不必要的问题。但是，你无法在现场全程指导用户，他们只能参照说明按图索骥，因此你需要花更多精力来整理测试流程，细化用户指南，并且在正式邀请大量用户之前，还需要让一两名测试用户进行预演。此外，由于你不在现场，也就无法提出希望深入了解的问题，例如"为什么你点击那个按钮？"，你必须预先列出所有希望用户回答的问题。因此相比当面测试，你必须花费更多思考，更加注意细节，需要字斟句酌地开列出每一道问题。

许多无人主持的远程测试，偏重于记录用户在屏幕上的具体操作，获取到他们鼠标的移动轨迹和点击位置。跟踪使用者的屏幕当然很有裨益，但如果能听到他们的声音，其实能提供更多的信息，有些工具甚至还能关注到用户面部的视频画面，这就更好了。另外一些工具则完全不记录用户或屏幕的情况，只是获取点击信息，并统计点击次数的百分比。这类定量信息会在测试大规模启动以后显示出自己的用武之地，你可以通过分析工具包得到这类信息。但当你尝试用无人主持测试验证产品 – 市场适配时，或许更应该包含屏幕记录与用户的声音，这是许多领先的工具已经能够提供的功能。

无人主持测试相较有人主持测试的一项优势是，可以避免主持人对结果可能产生的干扰。在实际操作中，客户可以单独进行评估、登录，然后使用产品，而不需要任何人在他们身边。这使得无人主持测试更好地还原了用户在现实场景中的使用状态。大多数情况下客户在主持人临场时，会比独自一人时更加专注，也会更认真地操作。

那么你该如何选择最适合的方式呢？在刚开始定义、验证你的 MVP 时，有人主持测试能确保你可以提出问题，并得到丰富的客户反馈信息。正如我所强调过的，当面测试是最为理想的，除非找不到目标客户，远程测试才更具可行性。当你对各种测试方式驾轻就熟，对 MVP 初具信心后，无人主持测试会变成有人主持的测试的有益补充，因为它更加方便易行，能让你用更少的时间和更小的代价来完成测试。因此，我们可以说非正式测试是你在面临资源限制、难以实施当面测试时的最好选择。

如何邀请目标市场内的客户

你当然非常希望所邀请参与测试的客户都来自你的目标市场，因为其他领域客户的反馈很可能会将你之后的迭代改善工作引入歧途。因此，你可以选用一种过滤方式：用一系列问题，就像一份简短的调查，向计划邀请的参与者进行提问，以进行筛选。例如，假如你计划针对年轻男性，提问中便自然会涉及性别与年龄。可以为每道问题预设多种选项，通过他们的回答来判断参与者是否属于目标市场。我们在第 3 章讨论了不同类型的客户属性，你可使用这些属性来定义你的目标客户。

除了人口统计学属性，行为学属性也会非常有效。举例来说，假如你计划寻找电子游戏爱好者，你可能会问“你玩电子游戏吗？”并且过滤掉那些回答“没有”的人。然后你会接着问“通常在一周时间内，你会花费多长时间玩电子游戏呢？”受访者将从列表中选择下列答案：“每周不到 5 小时”“每周 5 到 10 小时”“每周 10 到 20 小时”“每周 20 到 30 小时”以及“每周 30 小时以上”。你可能会决定选择每周游戏 20 小时以上的玩家作为目标客户，因此只接受选择最后两个选项的人。

用户的观点与感受等心理学属性也可能成为有用的筛选条件。继续上述目标客户，某项心理学提问可以是：“你认为自己是铁杆游戏玩家吗？”也可以直接问：“你喜欢玩电子游戏吗？”并提供回答选项。

另外，在拟定筛选条件时，还应该参考为目标市场所创建的人物角色模型。与任何事物一样，筛选问题作为假设同样需要迭代验证。一旦发现在初期的用户测试中，你所设计的问题并没有筛选出匹配的客户，那么就要在下一轮中尝试调整、改变。

在首次测试之后，你经常会发现在筛选问题中还需要添加一些额外条件。假设我们有一款针对投资者的投资组合管理程序，我们首次设计的筛选条件，可能会问到交易频率与投资组合价值方面的问题。当进行过第一轮用户测试后，我们发现有两种截然不同的投资者类型：一类倾向于自己制定投资决策，另一类则希望将决定权交给专业的投资顾问。而我们产品的价值定位瞄准的是第一类使用者而非第二类。于是从第二轮测试开始，我们将增加一个筛选提问，用以甄别确认那些自我决策型的投资人，并过滤掉企望委托经纪人的投资者。同时我们也会相应地更新人物角色模型。

当筛选问题能够帮你找出希望向其收集反馈信息的那部分客户时，下一步便是招募他们。对于那些正对精益用户测试满腔热情的人而言，这或许是最具挑战性的步骤。假如希望改善现有产品，那么你通常可以与现有客户进行沟通，否则的话你必须首先规划如何找到目标客户。除非你足够幸运，手上已经有了一份潜在客户名单，要不你就得在这项“猎头”业务上下大力气了。

一种方法是尝试通过在 Craigslist、TaskRabbit 或类似网站[①]上发布在线信息来招募本地参与者。其中最好的做法是，引导访问者链接至在线调查网站，将你的筛选问题放到 SurveyMonkey、Google Forms 或其他调查网站上。你所收集到的反馈量，可能会因为消息发布位置、内容描述以及你所提供刺激奖励的多少而产生显著差异。

如果招募过程进展迟缓，那么使用远程测试方案可以使你圈划的范围从当地市场延伸至网上的任何人。不少企业选择亚马逊公司的Mechanical Turk（MTurk）[②]作为一种经济的方式来招募远程测试参与者，这一网站在显著位置提供各种服务，使得 MTurk 上的远程测试简单易行。许多远程测试服务，例如 UserTesting，拥有大量现成的潜在对象可以参加你的测试，并且你还可以通过预先控制筛选条件来加以限定，例如性别、年龄、就业状况等，甚至使用其他个性化的属性。在选择远程测试服务时，要确保你能够通过设置筛选条件来限定受访者。因为假如所得到的反馈信息并非源自你的目标市场，那么除了浪费时间和金钱之外，还会让你误入歧途。

当你的目标客户并非普通消费者时，或许更难找到他们。例如，当你尝试找到市场营销总监或医生作为目标客户时。在这种情况下，你可以采用一种创意十足的打游击方式找到他们，那就是利用一些专题峰会、沙龙或其他诸如此类的名仕云集

① 类似赶集网的信息网站。——译者注

② 原本意义上的 Mechanical Turk 是中世纪的一件震动欧洲的发明。一位发明家号称发明了一种具有人类智能的机器人，能够跟人下国际象棋，并且带着这个机器人横扫欧洲的各位国际象棋大师。一位不信邪的国王下令拆掉这台机器，结果发现里头藏着一个土耳其国际象棋大师。于是这台机器（或者说这位土耳其人 Turk）就被称为 Mechanical Turk。现在的 Mechanical Turk 是亚马逊旗下的一家公司，其主要产品就是 Mechanical Turk 网络交易平台（以下简称 AMT），AMT 交易的内容是劳动。简单来说，任何人可以在 AMT 上雇用任何人、做任何工作，并通过 Amazon Payment 系统支付报酬。这些工作往往是简单、易验证的，因此可以面向最广阔的劳动力资源，以较低价格，获得很好的结果。——译者注

的活动对他们进行当面测试。我的一位客户曾经有一项关于降低碳排放交易的产品创意，他原本打算建立一个网络应用程序，但这样就需要花费大量时间和经费。我和他解释了为什么在 Kickstarter 网站上做 MVP 用户测试会更有效果，告诉他这样就可以在正式投资之前验证产品的价值定位。他同意了我的意见。在当地召开的一次有关可替代能源大会上，他带着 iPad 直奔会场。在和参会者进行了一番沟通之后，他找到了一些符合他目标市场的客户，并向他们展示在 Kickstarter 上的页面。通过这种方式，他在很短的时间内就收集到了大量有价值的反馈意见。

诸如此类的活动是集中收集反馈意见的一种良好途径。遗憾的是，恰巧在你住处附近就有相关活动举办，能让你抓住机会快速进行产品测试和迭代，这种概率实在太小了。远程测试服务还有另一种可行方式，能帮助你在短时间内征集到测试者。

对于当面测试，采用客户调研公司的服务是另一种可行方式。许多调研企业在本地可以召集到许多参与者。这类公司通常提供一种端对端的完整服务，同时还能提供测试场地和主持人，你只需支付费用即可。招募每位参与者的价格可能有所不同，通常在 75~150 美元之间。假如你定位的目标客户相对比较冷门，或者他们的时间很宝贵，比如说心脏外科医生或者首席执行官，那么花费就会更多，甚至根本召集不到。以我个人的经验看，调研公司是募集当地用户参与当面测试的理想方式。这样做的最主要缺点是提高了成本，但通常你会得到更高价值的反馈，特别是当你在筛选问题和测试组织做得比较好时，收获会更加明显。

如何避免计划困局

我曾遇到过许多企业，他们希望进行用户测试，但是苦于该环节的具体安排布置等后勤问题难以处理妥帖。产品团队在初期花费了大量时间埋头工作：定义产品的价值定位、编写用户故事以及设计框架图，一直到准备好与用户进行测试的框架图后，他们才如梦初醒，忙不迭地投入到招募测试用户的工作上。其实在这种火烧眉毛的情况下很难找到合适的用户。此时，大多数团队往往还没有设定好他们筛选用户的问题或测试脚本。如果产品团队没有其他资源或渠道来协助招募用户，那么这份工作自然而然就会落在产品经理或设计师的肩上——而他们都已经在满负荷工作了。通常需要一到两周（或更长时间）才能安排好第一轮用户测试。而在那时，团队或许正在巨大的压力下与任务死磕，他们可能正为完成高仿真度的设计模型而努力，抑或已经开始了具体的编码工作。当他们消化了用户测试的反馈信息后才会发现，这对产品改进来说已经成了马后炮。等他们完成了针对开发的一两次迭代改善以后，这种让人失落的状况还会重复发生，许多团队因此减少了用户测试的频次，甚至完全取消测试。

那么一个精益产品开发团究竟应该怎样做呢？

避免这种困局的最好办法就是采用最简单的定期机制，闭着眼就把用户测试提前敲定下来。比如你可以做出计划，固定在每周二下午邀请三名客户，或隔周周三安排另外五位客户进行测试。我用“闭着眼”这个词，是因为当你在为招募客户的问题作规划时，可能并不能明确测试的内容。与其等到产品或测试工件一切就绪时才开始邀请用户，不如对在预期的时点会有客户会参加测试提前筹划。这种做法打破了原本只有在测试准备好之后才开始规划用户测试的被动性，提高了测试频率，又减少了工作负担。我同样还建议产品团队应该有额外的人力资源来协助测试用户的招募工作。资历较浅的员工或实习生是不错的选择，或者是临时员工。他们只需要一份清楚的筛选条件便可开始工作。

星巴克式的用户测试

如果你选择了游击战术，那么还有一种办法就是我这里要说的星巴克式用户测试，即你花时间在一家咖啡店内寻找招募对象，并和他们一起进行即时性的现场测试。这种方式的主要好处在于低成本与即时性，而缺点则是你很难严格控制受访者的类型。如果产品是一款类似于谷歌或 Facebook 这样的主流消费类产品，那么要找到目标市场中的客户是完全可行的。但是假如你有非常特定的目标客户，这种方式便很难奏效。你只能通过他们的外表筛选对象（例如性别、年龄、着装等），并作好被不断拒绝的准备。许多人不愿意与陌生人接触，或是忙于个人的事情。就个人而言，我发现购物中心相对于咖啡馆是一个更好的选择，那里的人们似乎并不太忙，心态也更为开放。你的开场白会直接决定成功率。记住要很快就让对方知道你想问什么，以及你准备提供什么利益来换取他们的时间。例如，你可以这样说“嗨，先生，你有 10 分钟时间分享你对一个新网站的看法吗？我们会提供一张 25 美元的星巴克咖啡券。”

客户补偿

谈到成本，你应该给参与测试的对象多少补偿以感谢他们付出的时间呢？一般的费用区间是每小时 75~125 美元，当然这取决于你的目标客户是谁以及他们的时间价值的高低。与心脏外科医生谈话的成本会比高中生高出不少。许多聪明的初创型企业，能够召集到对他们的产品很感兴趣的人员义务参与测试。我会用提供产品私人专享试用版的噱头吸引他们参加，其他不少公司也采用同样的方法。当然，如果公司有不错的礼品（例如 T 恤衫、连帽装或者运动夹克）也同样奏效。

支付方式也有几种方案。礼品卡便于双方操作，因为购买和使用起来都非常方便。另外通用的礼品卡，例如 VISA 或 MasterCard 会比指定用途的礼品卡更有吸引力。如果你选择星巴克式的用户测试，那么星巴克的咖啡券自然是最佳选择。现金非常好用，但是对于公司账户而言可能会有些“肉疼”。有些公司从财务操作角度喜欢用支票，那现金支票会是不错的选择，接收人不用担心无法兑换。假如你与目前已有的客户进行测试，那么另一种报酬方式是给他们积分，来兑换未来的服务优惠或抵充购买的产品。

财捷公司的用户测试

我在财捷公司第一次听到用户测试这个术语，他们也算是这方面的先行者。在每次发布新的 Quicken 产品版本之后，产品经理都会实施一个名为“跟我回家”的策略。他们站在商店的购物通道内等待 Quicken 产品被客户买走。当看到有客户购买 Quicken 后，产品经理便会上前询问是否可以跟着客户回去，观察他们如何安装和使用产品。目睹客户在实际环境中使用产品，给予了我们许多宝贵的启发。你或许听说过“情境访谈”，与此类似，我们所做的这些用户体验调研方式同样专注于在日常生活中的实际情境中对客户进行观察和调研。

到客户所在的地方去测试并不总是那么可行或经济有效的，有时让客户来找你会更划算。财捷公司还创建了一个行业内顶级的可用性实验室，其中有几个房间是专门用来做测试的。我们在开发软件产品的过程中会邀请客户来实验室测试。主持人是房间内唯一一个与客户共处的人，而透过一个单面镜，其余人可以从外面看到现场测试的实况。实验室的摄像头会拍摄到电脑屏幕，以及客户的面部表情，并将其显示在后面房间里的屏幕上。

拉面用户测试

财捷公司的可用性实验室会给人留下深刻印象，对产品经理而言也非常有趣。但在现实环境中，你并不一定要有这样复杂的设施才能进行用户测试。自从离开财捷公司之后，我曾为许多创业型企业工作，通常需要在资源非常有限的条件下有尽可能多的产出。我帮助他们进行了另一种测试，姑且称之为“拉面用户测试”（Ramen User Testing），这是一种除了最核心内容之外，对其他内容一律删繁就简的测试方法。没有专用的设施环境，你可以使用办公区域的会议室，不用雇佣专门的主持人，团队中的人员（通常是产品经理或设计师）来主持就好。如果你从来没有主持过用户测试，我强烈推荐你尝试一下。我发现许多在一开始对主持用户测试发怵的人，所需要的只是一点点鼓励。这绝非像设计火箭那样需要什么尖端高深的学问，和生活中的其他工作一样，熟能生巧。但由于边主持边记录有一定的挑战性，在开始主持用户测试时，我建议配备一位专门的记录员。

让客户尽可能带上他们的笔记本或相应设备用于测试，这样做的效果，比让他们使用自己不熟悉的设备要好很多。我曾见过用户因为第一次用陌生的操作系统（Windows 或 Mac）、键盘、鼠标，或者浏览器而不知所措，并因此干扰了测试效果。而且观察用户在家里或工作中实际使用设备会有更好的效果，经常能使你从中有新的发现，这是以往进行团队内部讨论或者测试时所忽略的。

进入测试房间之后，我倾向于让客户坐在桌子旁面对笔记本电脑或移动设备，主持人和记录员各自坐在客户的一边。这个角度让你与客户同样面向屏幕。另外，坐在客户边上更容易注意到他们的面部表情和其他微妙的情感线索。

我鼓励团队中的其他人也来观看用户测试。多人同时观察客户的反馈时，测试效果会大幅提高。在寻求产品 – 市场适配的时候，如果你的问题空间与方案空间还不是很明确，这可能会使得团队成员有不同的假设与意见。一同观看用户测试可以让团队成员意见趋向一致。但即便这样，你仍然不会希望客户看到黑压压的人群挤在房间里。在会议室内最多有三个人就够了。另外，保持安静也非常重要，除了主持人，谁都不应出声以免干扰测试。如果有更多人想看，那么你可以设置一个网络摄像头，将画面传输到另一个房间中的屏幕上。我也曾尝试过将投影仪连接到客户的笔记本上，供其他人观看。我将投影仪和观察者的座椅安排在客户的视野之后，但是距离又足以让观察者能够听到客户的讲话。

在团队中有人会希望对用户测试情况进行记录，这样他们就不必亲临现场，而是可以随后对记录下的情况细细研究。我曾经参与过大量测试，从来没发现有任何人事后会去查看这些记录。事实上假如人们在参加测试时不够积极，他也不会有兴趣去回看记录。另外，许多客户并不愿意自己的想法和见解被记录下来。当然，如果你的团队确实很看重记录的价值，需要保存以备后续调阅，那么在客户没有异议的情况下，可以对此情况进行记录。否则的话，还是请略过录像这件事，专注观看测试实况吧。

如何安排用户测试

现在你已经成功招募到了一些目标客户，他们中的第一位已经在房间里与主持人坐在一起。那么现在你应该如何进行测试呢？首先，准备一份测试脚本，列出你打算展示以及询问客户的问题。这样你就可以提前做好计划，确保其涵盖了你想要得到的内容，而且整个测试过程能够做到有条不紊，有效利用好测试时间。测试脚本应该明确你计划向客户展示哪些设计工件或哪些产品，你打算要求用户完成哪些任务、你想提出的问题，以及你希望这些内容按什么顺序进行。

事前先选择一位团队成员进行演练，这样可以预防任何偏差并帮助你熟悉流程，尤其是当你对整个测试感到心里没底的时候，这样做更有效果。你也可以打印出测试脚本（或者更短的概要），在正式测试过程中参照执行。

典型的用户测试通常需要一小时左右的时间，前后可能会有 15 分钟的偏差，假如用户对你的产品特别感兴趣，给予许多反馈，那么或许用时会更长。我推荐你用开始的 10 到 15 分钟进行暖场，了解测试用户的需求以及目前所使用的解决方案；然后我倾向于用 40 到 45 分钟来得到对产品或设计工件的反馈。最后我会用 5 到 10 分钟来结束话题，并解答用户的问题。

在用户测试中，良好的开端颇为重要。你可以用 1 到 2 分钟先和对方寒暄几句，彼此之间增进一下了解。融洽的氛围能让用户感觉舒适，往往会让他们感到放松，从而畅所欲言。同样重要的是你需要提出一些你的期待，因为许多人都是好好先生，他们不愿作尖锐的评价，尤其在当着你的面时。他们知道你的团队正在设计和开发产品，不愿意打击你们，影响你们的热情。而且由于他们会从测试中得到补偿，更觉得如果说话太苛刻，面子上会过不去。为了避免这些自然而然出现的“正面偏见“倾向，应当明确告诉用户，你需要他们作出真实的反馈，即便这种反馈是负面的。让他们知道这不会伤害任何人的感情，并且他们宝贵的反馈将有助于让产品臻于完美，这才是整个用户测试的目的所在。

在测试期间，让用户用言语来表达他们的想法是非常重要的。有些人善于交流，而有些人则不善言谈。要让自己所能收到的反馈信息最大化，一个很好的办法是明确地鼓励用户毫无顾忌地分享他们的看法和观点，想到什么就说什么（即用户测试过程中的意识流），这被称为一种有声思维协议（Think Aloud Protocol）。假如你发现用户听你这么说以后，还是沉默以待，那么就要尝试再次提醒他们。

这些为用户测试“破冰“的技巧，能帮助你提高从测试者那里收到宝贵反馈的可能性，但是也难保能完全奏效。无论如何，有些人就是难以对你的产品直言不讳。你可能会发现大约有 10% 的测试用户其答复无关痛痒。假如难以从显著比例的用户测试中得到良好的反馈，那么你或许应该重新评估筛选条件、测试脚本或主持人，因为这表明其中有一项或多项有待改进。

如何提出好的问题

发现型提问（Discovery Questions）在与客户探索问题空间与价值定位时非常重要。首先可以询问客户他们当前的操作习惯以及对产品所呈现的优越性有何感受。举一个 Uber 的例子，可能需要先了解他们乘坐出租车的频率，主要满足何种用途的出行，以及他们目前是如何在需要时打到出租车的。同时还可以详细了解他们最近一次乘坐出租车的全过程，然后询问他们在哪些方面感到满意或者反感，以及总体满意度如何。注意，这时你甚至还完全没有在访谈中提及到 Uber。你只是想了解客户的需求、当前的解决方案，以及喜欢或不喜欢其中哪一部分，总体满意程度如何。此刻你正尝试得到有关的定性结论，用于验证对目标客户和产品的价值定位所作的假设。发现型问题还能用于暖场，有助于在你拿出产品之前，就进入以产品为中心的情境。

随后，你需要把场景转入到用户测试的产品反馈阶段。此刻主持人的职责就是以最有效而又不会对测试结果造成干扰的方法，收集到用户对产品的反馈。对主持人而言，最容易造成干扰的问题类似：“填写这张表很简单吧，不是吗？”或者“那么，你觉得你会点击‘购买’按钮吗？”使用这种措辞方式进行引导性询问的主持人，其实是在暗示想得肯定的答复，而不是想得到现实、真实的反馈。用户测试的目的不是要让自己感觉良好或信心满满，重点在于得到客观、真实的客户反馈，而保持客观性正是主持人所要做的事。可以理解，让我们真正对自己 付出心血的测试产品做到事不关己一般的超脱，保持不偏不倚的心态，的确有些难度，但是你必须尽可能做到这一点。好的主持人能够在和用户一起进行产品测试时，把对用户的干扰降至最低，他们克制自己不做出任何评论，只是观察和提问而已。

当使用者在原型上进行了某项操作，但没有说出这样做的目的时，一位好的主持人会这样问：“我看到你刚才点击了那个按钮。能告诉我为什么吗？”要注意到这个问题并不是简单的“为什么”，主持人先说了他看到的情况，这种回响式的技巧能够很大程度上帮助你深入理解用户。比如用户可能会这样回答“点击按钮是因为我在寻找 ____ 。”那么主持人可以继续问：“你为什么寻找 ____ ？”这会让人联想起“5 个 H”①的技巧。询问同一位客户太多的“为什么”会引起他们的抵触情绪，因此不如换一种方式，穿插使用其他措辞，例如“你能更详细地解释这个 ____ 吗？”“你能帮助我理解 ____ 吗？”或是“当在做 ____ 时，你是怎么想的？”。

在测试过程中，用户对主持人的提问也很常见。举例来说，用户可能会这样问“那么我应该点击这里登录吗？”老练的主持人不会直接回答是或否，而是反问“假如你点击后你希望发生什么？”或者回答“就像这里只有你一个人那样来操作吧”。好的主持人通常会像太极高手一样来化解对方的提问。

开放式问题与封闭式问题

开放式问题与封闭式问题有很大的区别。开放式问题让客户在回答时有足够的发挥空间。通常用“为什么”“如何”以及“什么”开始。相比之下，封闭式问题限制了客户可能的反应（例如是或否）。典型的封闭式问题有“你在选择航班时会主要考虑价格因素吗”，这种问题便不如开放式的“你在预定航班时是根据什么条件来选择的”。封闭式问题通常以是或否开始。更多使用开放式询问，避免封闭式问题，不仅意味着主持人有无偏见，更反映其主持测试的能力水平。在正常交流而非主持用户测试时，封闭式问题会更受欢迎。但是当作为主持人时，你就必须对此多加注意。提前在测试脚本上写下要问的问题会有备无患。不过在测试现场，你仍然要留意问题的开放性（例如用户所做或所说的）。一个有用的技巧是养成这样的习惯：在提出问题之前先在头脑中构思一番。这样的话，即便对于封闭式问题，你也可以用开放的形式来向客户提问。

另外一种需要避免的失误是在提问过程中嵌入自己的偏好或可能的答案。这会把一个本来开放式的问题变成封闭式的。举例来说，我可能会这样问一位用户：“你希望应用程序如何排列事务？是根据日期吗？”有时候缺乏经验的主持人会过于积极地向对方提供一个他认为很可能的答案，即便这个答案不是用户最可能答复你的，现在也很可能直接卖你个顺水人情。这种情况的发生有时是因为主持人把握

① 即英语中的“何时”“何人”“何物”“何因”以及“如何”。——译者注

有失分寸，想尝试让用户更“方便”地回答。长时间的停顿确实会有发生，用户需要时间来理解你所展示的内容，整理他们的想法。虽然在正常的交流中，这样的沉默会让人感觉尴尬，但在用户测试中这是非常正常的好现象，等待之后用户往往会有你意想不到的好答案，有时也会很有趣。你可以在内心揣测客户会如何回答（这也会非常有趣）但切勿说出口，要恪守“沉默是金”的格言。

再一次提醒，你要尽可能少地介入到测试里。你需要向用户展示产品的特定部件，或是设计工件来征集反馈；但在这之后，你就应当把自己隐身。他们可能会在看到第一幅页面时问你：“现在，我应该怎么做呢？”我习惯的回答是：“请当我是空气，按照你自己想的去做，就当作你是被朋友请来检查这款产品的，而你现在已经在家中的电脑上摆弄它了。”假如用户没有说出想法，你应当提醒他们，例如“你对这个页面的印象如何”。

我喜欢让用户自己与产品互动，用他们个人的方式来自然地探索（再一次提醒，这其中应该排除主持人的干涉）。但假如你想要其对产品中的某一部分做出反馈而用户却忽略了，那是可以进行一些引导的，但也仅此而已，在此之后你仍然需要作壁上观。

随着用户不断与产品进行互动，作出越来越多的评价，你可以根据需要提出探索性的问题。例如，当用户完成一项表单后表示“这有点复杂”，这时你应该进一步追问：“你能告诉我为什么觉得复杂吗？”或者说“请说得更详细些。”

感受到用户的痛点

当用户难以理解或使用你的产品时，重要的不仅是提供帮助，还要体会到他们的痛点。你的目标是尽可能保持测试的真实性。你永远不可能在产品上市后手把手指导客户，因此重要的是保证用户能独立使用你的产品。你应该表现得像是一只落在墙壁上的苍蝇，自己看看就可以了，切勿在用户的反馈过程中让他们分神“出戏”。如果用户开始抱怨或提问，你要克制自己，别对那些让他们感到糊涂的文字或用户界面作出解释，或者直接告诉他们点击哪里，甚至握住他们的手替他们操作（我真的见到过有主持人这样做）。你可以让用户知道，你会在测试结束后解决这些问题。当产品或设计工件真的做到差得让用户完全难于理解的地步，那么你最好当即停止用户测试并着手解决这些问题。

虽然并不常见，但我确实看到过有些主持人对用户的批评采取防御的姿态，甚至试图与用户展开辩论，将测试效果不理想归咎于参与测试的用户。这种做法事与愿违，并且缺乏专业精神。如果用户无法理解你的产品，很显然最终失败的是公司而非客户。

用户测试的收尾

在反馈环节结束之后，你便应当开始收尾工作了。这时你需要让用户对所看到的总体情况作出反应，给出总体印象和反馈。你可能会让用户评级打分。例如你可能会这样问“如果用1到10分，以10分为最佳的话，你觉得该款产品的价值如何”，或“根据今天看到的情况，你会怎样使用这款产品”。另外你还可以问：“使用这款产品容易吗？”你可以口头询问，或是给客户一张简短的随访表，更进一步减少对结果的诱导性。我称之为“半定量式”，因为虽然你要求进行数值评分，但数据只会限定在很小的样本范围之内。当你根据用户意见不断对候选MVP做出迭代改善时，你应该能看到评分一次比一次提高。

反馈环节也包括解答客户所提出的任何问题。如果用户在产品使用过程中，由于遇到已知的问题或缺陷而导致使用不顺手，你可以做出解释。同时这也是你给用户报偿并表示感谢的时候。我通常会制作一张表要求用户收款时进行签收登记。同时，我还会提示用户写上电子邮箱与电话号码，如果他们愿意的话。通常我还会有最后两个问题：“你在未来是否愿意参与调研？”以及“你是否希望在产品发布时得到通知？”这两项的答案是对用户是否感兴趣的更加真实的测试。假如用户都给予了积极的反馈，给产品很高的评价，却对最后两个问题表示否定时，那么他们之前的答复很可能只是出于对你的好心安慰。

我曾经有一次在最后结束时没有给用户任何表格。在给完支票并表示感谢后，有很高比例的参与者会询问我产品何时发布，并且留下了联系信息，嘱咐我在产品上市后通知他们以便于购买。这款产品测试结果很好，并且后续表现也证实这款产品的确实现了与市场的适配，上市后大受欢迎。

如何收集整理用户的反馈信息

在用户测试之后，你就要着手梳理出信息数据来支持或否决原先对候选MVP的假设：目标客户、他们未满足的需求、价值定位中的差异等。用户会反馈给你有关产品三方面的因素：功能设置与组合、用户体验与市场宣传。功能上的反馈体现了你的 MVP 是否解决了问题，是否给使用者带来了预期效益。用户可能会不满意某种重要特性的缺失，抑或表示其中的某项功能对他们并不重要。借助此类反馈来反思你的产品价值定位与客户收益是很重要的。当然，也有可能产品的功能设置与组合很正确，能够提供合适的客户价值，但是现有用户体验不理想，妨碍了使用者充分利用这些功能。最后，你或许在功能特性与用户体验上都做得不错，但是你有关产品功能、客户收益和差异化特色的市场宣传未能与客户成功产生共鸣。当你从客户那里接收到关键的或正面的评价后，要将其归类至功能特性、用户体验与市场宣传这三个大类中。每次测试后，用这种方式将反馈信息进行文档化整理，可以帮助你建立起一张清晰的产品画像，让你看清其中的亮点与瑕疵。

我们用一张插图来探讨如何整理用户反馈。表 9–1 展示了对五位用户测试后的总结信息。你可以看到我把从每位用户那里收集到的信息整理在一列内，并将反馈对应归入到功能设置与组合、用户体验与市场宣传三个分类中。同时我从最后的测试环节中，还得到了对产品价值与可用性的定量评分。不论是正面或负面的反馈都包含在内，每行一项。我用“Y”来代表用户对这项反馈的答案是“是的”。这使得一眼望去便知道每个用户的答复。在最右列，我计算得出五位用户的总体结论（百分比与平均评级）。为了简单起见，我没有在这张表格中包含那些提出反馈的用户占测试总人数的比例低于 40% 的反馈内容。

从这第一轮测试中我们收到客户对功能 X、专业的外观设计以及对主页上主题形象的积极反馈。此外还发现了一些问题：

1. 有 80% 的用户对缺少功能 Y 表示遗憾；
2. 有 60% 的用户没能找到“注册”链接；
3. 有 60% 的用户在注册过程中遇到困难；
4. 有 40% 的用户不理解我们的品牌口号。

此后我们根据这些反馈采取行动，改善产品并进行了新一轮用户测试，我们希望切实能在三方面改善产品 – 市场适配。首先我们希望从用户那里听到更高比例的积极反馈，尤其是针对价值定位的。其次，不再有之前几轮测试中的消极反馈。记住，在你新一轮的测试中用户永远不会看到上一个版本的产品。因此，不会有新的使用者会告诉你“做得不错，已经解决了 ____ 这个问题”。对进展的认定是通过比前一次测试收到更少的不满意来实现的。对第三项进展的评估表现在你的关键评分上，应当看到用户对价值和可用性的评分（或其他关键指标）在下一轮测试后得以提高。

表 9-1　记录用户测试中的主要结论

	瓦内萨	索菲亚	泽维尔	约翰	里奇	总体
功能设置与组合						
认为功能 X 具有价值并且独一无二	Y	Y		Y	Y	80%
抱怨缺少功能 Y	Y	Y	Y		Y	80%
用户体验						
没有看到“注册”链接		Y		Y	Y	60%
注册时遇到困难	Y		Y	Y		60%
认为设计看上去非常专业		Y		Y		40%
市场宣传						
喜欢主页上的主题形象	Y		Y	Y		60%
不理解我们的品牌口号含义		Y			Y	40%
价值评分（1~10 分）	7	7	6	8	7	7（中等）
可用性评分（1~10 分）	5	7	5	4	7	5（中等）

可用性与产品 – 市场适配

在用户测试过程中，区分可用性反馈与产品 – 市场适配非常重要。可用性反馈是指客户在掌握、使用产品的过程中是否易于操作，而对产品 – 市场适配的反馈则反映出他们对产品的价值认可。你会注意到在表 9–1 的最下方我分别列出了针对这两个方面的评分问题。

你会在 MVP 的早期设计阶段收获许多客户对用户体验改善方面的相关反馈。这时，糟糕的可用性通常会妨碍用户感受产品带来的全部价值。另外的妨碍因素还包括各种产品缺陷以及市场宣传的信息难以与客户产生共鸣等。

消除这些干扰因素之后，产品的价值就能得到更好的呈现，并让你更精确地了解产品与市场的适配程度。在多次改进之后，你可能会让用户非常容易地通过测试，不会遇到任何可用性问题。不过，你不能仅从这种现象便推断认为你已经实现了产品 – 市场适配，你仍然需要通过询问产品的具体价值来对此加以评估。

我曾有过这样的亲身经历，那时我正致力于一款向用户实时推送定制化新闻的产品。在第一轮测试初步的产品 MVP 时，用户提出了许多有关可用性方面的反馈，此外我们还通过测试发现了一些缺陷和模糊的宣传语句。在修复这些问题之后，在第二轮测试时遇到的问题数量便少了许多。在第三轮用户测试中，一切变得非常顺利。绝大多数用户都顺利通过了测试，没有任何问题，这让我对所取得的“战绩”异常兴奋。

我开始在每次测试的最后阶段询问客户，问他们是否会选择使用我们的产品。即便测试非常顺利，也有大约 20% 的用户表示他们不会使用这款产品。这让我非常吃惊，主要是因为测试进展非常顺利，并没有什么负面的反馈。同时大部分接受测试的客户对个性化的新闻产品都表现出一定兴趣，这让我感觉他们完全符合我们对目标客户的设定。于是我询问这 20% 的客户为什么不选择我们的产品，我了解到有一类客户完全习惯于用某种特定方式来获取新闻。这是一个很重要但我们没有预测到的理念，从此我开始在每次访谈开始的发现型问题中，询问人们倾向于用何种方式获取新闻。我发现有三种完全不同的类型，而我们的产品只能与其中的某一类客户产生共鸣。这个认识促使我们对市场进行重新思考。在线新闻是拥有大量受众的主流消费产品，因此存在大量具有不同口味的细分客户群体是非常自然的事情。我们的团队一致认为，寄希望于以一种设计去满足全部客户的需求是不切实际的幻想，只会让各种偏好的细分客户群体都对我们感到失望。于是我们运用了解到的信息，进一步提炼了对目标客户的定义。

通过这个例子可以看出，可用性方面的问题会妨碍到你对产品–市场适配的正确评估，以及良好的可用性并不等同于正确的产品–市场适配。另外还能看出用户测试可以如何帮助你验证、完善之前的假设（在这个案例中是对目标客户的假设）。

用户测试是精益工具箱中的一件利器，可以让你得到非常有价值的反馈，从而验证对产品–市场适配金字塔不同层级的假设：潜在需求、价值定位、MVP 功能设置与组合以及用户体验等。但其首要前提是这种用户测试在本质上是基于对正确的客户类型的假定。你需要确保对话的客户在你目标客户范围之内。可能在价值定位、MVP 功能设置与组合上你都做得非常出色，而且设计出了很棒的能够点击的框架图，顺利进行用户测试。但假如你选择沟通交流的客户根本不是你的“菜”，你将无法得到所需的数据。事实上，更危险的是从目标市场之外传来的错误信息对你的误导。根据从错误的客户处得到的数据进行 MVP 迭代，会将你引向危险境地，而与原本期望的产品–市场适配背道而驰。

当用户测试显示出，虽然你已经克服了主要的可用性问题，却还没有实现产品 – 市场适配，那么你或许应当重新审视原本的价值定位、MVP 或用户体验。但同样也可能是你需要调整对目标客户的假设，因此要尽量对各种可能性保持开放的心态。

在下一章，我将讨论如何使用从用户测试中获得的数据来改善候选 MVP，以及如何用快速迭代的方式来实现产品 – 市场适配。

第 10 章
不断迭代、不断调整，改善产品－市场适配性

在上一章中，我们介绍了如何利用持续多轮的用户测试来评估 MVP 的可用性和产品－市场适配性，而这一章则探讨在完成每一轮测试后我们需要做的具体工作。精益方法的核心是快速学习和迭代，这意味着你需要凭借从客户反馈中学习到的东西，来不断调整你的假设、修改 MVP，然后开始与客户进行下一轮测试。通过周而复始的用户测试与快速迭代，你不断迈向产品－市场适配的最终目标。

构造—测量—认知循环

埃里克·莱斯在其著作《精益创业》中介绍了上述迭代的理念。他提出的“构造—测量—认知”循环，让许多人理解了迭代与认知、验证的重要性。但是根据我对一些人在讨论与执行该循环时的观察，这其中仍有一些细节值得讨论。

我们要澄清“构造”并不代表你必须真的做出一款产品。用一组可点击的框架图进行用户测试完全可行。“构造”仅仅表示你有东西可以和客户开始测试，可以是实际产品或设计工件，例如框架图或模型。“设计一些可供用户测试的东西”是一个很宽泛的概念，所以我倾向用“设计”来命名这一步。目标在于以最小资源为代价，找到并构造出可以验证的对象。

“测量”暗含着数值，但要记住“测量”并不总是一个定量概念。许多人总拘泥于用定量数据来证明某件事物。假如你确实能做到的话自然很好，但是 A/B 测试并非验证假设，获得认知的唯一途径。所有通过观察客户得到的信息都属于“测

量”。尽管定性测试不具备统计学意义，但是定性测试的结果同样属于“测量”。关键点在于你要与客户验证原本的假设。这样，“测试”就可以视为适应这一步的更广泛而且更精确的标签。

“认知”过程非常有趣，其中又包含着两个子过程：你从每次测试的结果中形成了新的认识；由此你能对原先的假设予以修正补充。因此我们可以更简单地将“认知”部分分割成两个步骤：“学习”以及重新“假设”。事实上你可以这样想，整个循环过程并非始于“构造”，而是从一些最初的假设开始，否则的话，你怎么决定构造的对象呢？

假设—设计—测试—认知循环

考虑到上述因素，我将原本的构造—测量—认知循环调整为假设—设计—测试—认知循环，如图 10–1 所示。

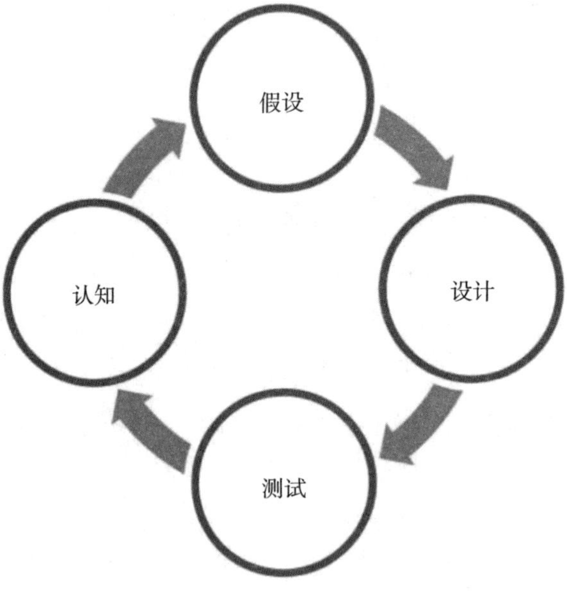

图 10–1　假设—设计—测试—认知循环

在这个循环中，你来回穿梭于问题空间与方案空间之间。先从“假设”开始，建立对问题空间的假想；然后在“设计”步骤中，确定出最佳实践来加以验证，通过基于假设创造出一种设计工件或产品就能将我们从问题空间带到方案空间；在“测试”步骤中，你把测试工件或者产品向客户展示，他们通过细致观察对其进行验证（“认知”步骤）。当你完成这一循环之后，又可以通过验证过程中所得到的认知来修正、改善假设，并由此进入下一轮迭代循环。总而言之，通过向客户展示在方案空间中的产品或设计工件，你征集到了有效的反馈，以此为根据，你又能重新验证并改善对问题空间的思考。

快速的认知能让你在更短时间内提供出额外的客户价值，改善产品的市场适配性。但认知是整个过程中的最后一步，要获得更多的认知，你必须再次进入新的循环。这个过程可以看成是大富翁式的棋牌游戏，起点便是每一局都会经过的“认知”广场。在游戏中，每次通过起点你会赚到200美元；而在精益产品开发过程中，你得到的是经过证实的市场反馈。认知与假设两个步骤相对较快，因此完成每次循环的快慢通常取决于设计与测试所需的时间。

当你验证或推翻原先的假设，并创建了一个新的假设后，应该重新回到产品 – 市场适配金字塔，再次对图 10–2 进行观察。每一种假设都应该对应到金字塔中的某一层级，针对每一层的假设都要建立在针对其下层的假设推断之上，因此要改变位于金字塔顶部的层级会显得相对较为容易，但改变底部假设则会对上层产生重大影响。例如，修正一个页面的用户体验设计来改善可用性相对比较容易，但如果原本价值定位中假设某一类客户收益并不重要，但通过与用户的沟通发现事实正好相反，那么你便需要修改价值定位。这将会牵一发而动全身，显著影响你的 MVP 功能设置与组合以及用户体验的全盘设计。因此，在与用户进行测试验证时，应最先解决底层出现的问题，一旦你确定已经排除了这部分所存在的隐患，便可以集中精力专注于上层存在的问题。

迭代进行的用户测试

正如在第 9 章中所提到的，每次用户测试都会为 MVP 带来宝贵的信息。每次测试后产品团队所展开的分析研讨，能够让大家分享观察结果并达成共同的认知，我建议用表 10–1 这样的图表来整合每一轮用户测试后得到的结果。

在每一轮测试之后，你都要对所有用户反馈进行识别排序，看看有多少人提出了同样的反馈，不论正面的或是负面的，你都可以用百分比的形式来表示，从而帮助你对 MVP 的调整改变作出优先级判断。如果测试中所有或大部分客户都提到某一相似的问题，那么有针对性的解决方案就凸显其重要性。如果只有一到两个用户提到，那么这个问题的优先级便是较低的。在下一轮测试之前，你要明确哪些工作是必须首先完成的。

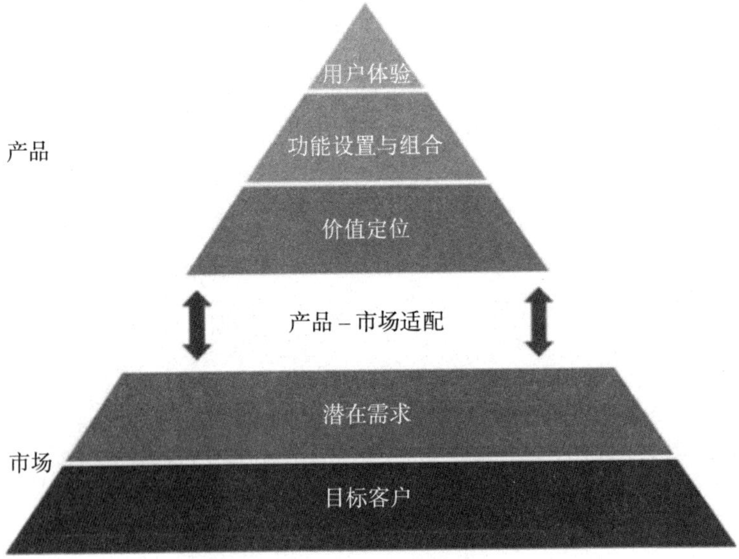

图 10–2　产品 – 市场适配金字塔

表 10–1　　记录每一轮用户测试后的结果

	第一轮	第二轮	第三轮	第四轮
功能设置与组合				
– 抱怨缺失功能 Y	80%	0%	0%	0%
– 表示功能 X 与功能 Y 应当协同工作	N/A	80%	0%	0%
用户体验设计				
– 没有看到“注册”链接	60%	0%	0%	0%
– 在注册过程中遇到困难	60%	40%	0%	0%
+ 认为功能 Y 难以使用	N/A	80%	40%	0%

（续表）

	第一轮	第二轮	第三轮	第四轮
市场宣传				
– 不理解我们的品牌口号	40%	0%	0%	0%
价值评分（1–10 分）	7	8	9	9
可用性评分（1–10 分）	5	6	7	9

第一轮测试

我们继续介绍第 9 章中的例子。首先需要将第一轮中五位用户的测试结果总结为单独的一列，如图表中的第一轮测试列。你会注意到为了简化，我已经去掉了积极的反馈。我们发现第一轮测试中的四个问题是：

1. 有 80% 的用户不满功能特性 Y 缺失；
2. 有 60% 的用户没有看到“注册”链接；
3. 有 60% 的用户在注册流程中遇到困难；
4. 有 40% 的用户并不理解我们的品牌口号。

让我们纵览第一轮测试中出现的每项问题。功能 Y 缺失是 MVP 功能设置与组合方面的问题。事实上我们曾考虑过功能 Y，认为其颇有价值，可以在后续计划中添加，但并没有想到它应该被添加在 MVP 中。现在既然从客户那里了解到这项功能的重要性，我们决定在 MVP 中便加以实现。于是我们的设计者制作出了功能 Y，并将其补充添加到设计工件当中。

而用户不容易看到“注册”链接是视觉设计中的缺陷。为了解决这个问题，我们的视觉设计师将链接放置在一个更为明显的位置上，并将其放大，变了外形，并用不同颜色加以凸显。这就更新了我们的设计工件。

注册流程中的麻烦是一个交互设计问题。我们的互动设计师修正了该流程，在设计工件中解决了该用户体验的问题。

事实上，大部分客户不理解我们的品牌口号是消息传递与市场宣传的问题。我们所用的措辞有些词不达意。因此，口号没有彰显出我们不同于同类产品的客户价值。通过头脑风暴我们找出替换方案，选择出我们认为最适合的标语，并相应地更新了设计工件。

第二轮测试

现在我们已经解决了在第一轮测试中所发现的四个问题，已经可以进行下一轮用户测试了。于是我们与另外五位用户测试了新的框架图，得到如表中第二列测试的结果。在添加了功能 Y 之后，客户均感到满意，这标志着我们已经取得了新进展。另外我们也看到所有五位用户都注意到了“注册”链接，这是另一项进展。

然而有 40% 的用户仍然嫌注册流程太过复杂，即便我们已经对此重新设计过。这种情况的发生，可能是上一次根据客户反馈修改产品时，考虑不够充分因而没有做到足够完美。在第二轮测试中我们看到，在第一轮中遇到过的那些用户体验问题已经不再出现。但是我们之前解决的一项用户体验问题并没有如期达到效果。此外，我们看一些新的设计元素中的小问题。鉴于这种情况，我们决定用交叉职能团队会议来讨论注册流程中的问题。在会议中，大家通过头脑风暴提出了各种可能的解决方案，并从中找出了最佳方案。我们创建出了一种全新的流程，认为这样更便于操作，于是我们有了全新版本的设计工件。

另外我们也注意到新的品牌口号没有遇到任何问题，我们很高兴能看到这样的结果。看到一个在上轮测试中遭遇高比例用户吐槽的问题，在新一轮测试中经过我们的修正，已经没有用户再提起，这种感觉着实不错。这表示你已经成功地解决了这个问题，可以转向其他问题了。

在消除一个问题后，你可能会从更新后的 MVP 中发现新的问题。在这个例子中，我们第二轮的客户非常喜欢 MVP 中的功能 Y，但是 80% 的人都感觉这个功能很难使用。我们详细讨论了用户体验中发现的可用性问题，对功能 Y 的特性进行了改进设计，并相应更新了我们的设计工件。

同时我们惊奇地看到有 80% 的客户希望功能 Y 与功能 X 能够协同工作，因为我们是把功能 Y 当作一种全新的、独立的功能特性添加的，所以出现这个问题也属正常。事后看来，我们从用户中了解到的这两项功能应该协同工作的反馈信息很有意义，这使得两项功能都能发挥出更大的作用。我们修改了这两项特性的设计，并相应更新了设计工件。

我们应该看到随着迭代过程的循序渐进，出现问题的程度与数量在逐渐减少。在上述例子中，我们通过第一轮到第二轮测试成功解决了三个问题（功能 Y、“注册”链接以及品牌口号）。我们正在尝试但还没有完全解决注册流程问题。另外我们发现了两个新问题：功能 Y 难以使用，并且应该与功能 X 协同工作。

同时我们也注意到对产品的整体评分通过迭代得以提高。在这种情况下，我们可以看到价值评分从 7 分增长到了 8 分，这很可能是由于增加了功能 Y 所致。而可用性评分从 5 分增长到了 6 分，这可能要归功于“注册”链接的改善，以及我们对注册流程的部分改进。

第三轮测试

基于从第二轮测试中得到的一些认知并更新了设计工件，我们具备了进行第三轮测试的条件。我们与另外五位客户进行了测试，得到表格第三列中的结果。我们没有听到任何有关功能 X 与功能 Y 协同工作的负面意见，在这方面可以认为已经完成使命。我们看到在第二轮重新设计注册流程后，所有五位用户都顺利通过，没有遇到任何困难，这也是一项重要进展。不过，即使重新设计了特性 Y，还是有 40% 的用户仍然认为难以使用。考虑到这一数字从 80% 降低到了 40%，应该说已经有了一个不错的改进，但因为这一功能非常重要，所以我们仍需对其加以改进。

随着产品的改善，我们的价值评分增加到了 9 分，而产品的可用性评分达到 7 分。与最先推出的第一款 MVP 相比，我们已经取得了很大的进步。我们不再收到有关功能缺失的反馈，所传播的信息似乎也有不错的感染力。现在我们收到的主要反馈均可视为是改善用户体验设计的呼声，这在产品生命周期的早期阶段极其常见。为了让例子显得清晰简单，我在这里只列举了一少部分比较重要的反馈项目。但当我们和用户进行测试时，我们也会收到很大一部分很小的问题反馈。我们可以也应该把这些小问题一并解决。当我们通过“假设—设计—测试—认知”的循环进行迭代改进时，我们也将会实现产品 – 市场适配性的不断提高。

第四轮测试

根据这种情况我们决定着手改善功能 Y 的设计，让它更便于使用，并进行了第四轮测试。我们可以从表格中第四轮测试的列中看到再没有人抱怨功能 Y 难以使用了，而且也没有发现其他严重问题。我们的价值评分一直保持在 9 分，并且易于使用的评分也达到了 9 分。

截至目前，我们对 MVP 的设计已经比较满意了，认为可以进入产品开发过程的下一阶段。如果用于测试验证的工件是高仿真度的（例如用 InVision 制作的可点击模型），我们将继续进展到创建 MVP 的阶段。而假如工件的仿真度较低（比如可点击的框架图），则可以开始制作可点击的模型了。在某些情况下，我们如果对设计已经完全有信心，认为在视觉设计后跳过用户测试不会有太大风险，就可以略过高仿真度设计，直接进入编码制作阶段。这种情形主要出现在我们为一个已经存在的产品增加新功能时，因为这时我们已经有了一种视觉设计风格可以进行参考。

没有什么放之四海而皆准的规则可用于判断你是否“足够充分”地验证了 MVP。很显然，在充分验证客户价值之后再做过度测试也是一种浪费，你肯定也不想因为画蛇添足而把自己搞得筋疲力尽。但相反的情况是，如果在产品发布之前缺乏足够的验证，一定会导致在设计与编码方面痛苦的返工。因此你需要作出适当的平衡，在适合的时候将幼鸟推出巢穴，赶向天空，停止对设计工件的测试，着手创建 MVP。这是激动人心的转折，此时你更加接近真正交付实际产品，彻底实现其客户价值，你即将能够拿出实际产品来和客户一起进行下一阶段的测试。

对设计工件的测试可以有效验证你的假设，确保实现产品 – 市场适配。而测试实际产品则会有更好的效果。当测试工件时，客户告诉你，假如这是实际产品的话，他们会怎么做。但是客户完全可能言行不一，而观看用户的行为比花一整天来聆听他们的意见更有价值。此外，实际产品是仿真度最高的，低仿真度的工件可能会缺乏最终产品中的某些细节，而从设计工件到产品创建的过程中也可能会产生一些偏离。

一旦创建出实际产品，最好用新一轮测试来揭晓最终的庐山真面目。希望这和用设计工件测试所得出的结论相比，有过之而无不及，能达到更高的产品 – 市场适配。如果不是的话，你就需要用实际产品重新开始“假设—设计—测试—认知”的循环，直到完全实现目的。许多企业在这个阶段会推出一个内部测试版本，所以只会有数量有限的客户在产品最终定型之前看到它。

坚持还是转向

虽然这一轮又一轮的迭代工作并不容易，但的确能够让你最终实现产品 – 市场适配，不是吗？但事实上，许多产品团队并没有最终取得真经。当他们与客户验证测试时，往往没有得到热烈反馈；他们尝试着进行迭代，却苦于无法从客户那里取得所需的信息而受挫。

沿着我所描绘的这条路走，你也很可能会遇到许多麻烦。最初的一项或多项假设可能是完全错误的。即便假设都正确，你在设计、创建和营销产品的过程中也可能非常辛苦。当你发现在迭代过程中难以向前推进时，我建议你暂时停下来，向后退一步。应该与你的团队成员就可能存在的问题开展头脑风暴。将所需解决的问题列入图 10–2 中的产品 – 市场适配金字塔的相应层级中去，或许你会发现，过去你一直在居于实际问题之上的层次进行迭代。举例来说，如果对目标客户的假设是错误的，对用户体验设计进行迭代便没有什么实际意义。你需要从金字塔的底部开始向上思考，直到能够确认哪些假设是不准确的。

当需要改变某项主要假设时，就被称为转向（Pivot）。较之计划中的迭代而言，转向意味着更重大的变化，并且是方向上转变。举例来说，转换到一个完全不同的目标客户便是一种转向；改变价值定位的差异点也是一种转向，但调整用户体验设计就算不上转向。

有许多成功转向的例子。照片分享网站 Flickr 起始于“无尽梦魇”（Game Neverending），这是一款网页版的大型在线角色扮演游戏，卖点在于社交互动。当时该公司增加了一款插件，让网页上的照片分享更加方便。他们发现这一功能深受玩家喜爱。于是，该公司便开始转向，在 2004 年 2 月发布了照片分享应用 Flickr，并取得了惊人的业务增长，最终在 2005 年 3 月被雅虎收购。

照片分享应用 Instagram 起始于“Burbn”[①]，是一款用 HTML5 制作，集酒店入住定位应用 Foursquare[②] 与《血战黑手党》游戏于一身的社交应用。在将 Burbn 重新编译为 iPhone 的应用后，创始人认为这上面集成了太多的功能。他们决定从头开始构建一款新的应用，除照片、评论与点赞之外，其他所有功能统统去掉。在 2010 年 10 月他们推出了 Instagram 并且大受欢迎，最终以 10 亿美元的价格在 2012 年 4 月被 Facebook 收购。

精益产品开发过程中最困难的抉择，是选择坚持原本的计划，还是转向新的机遇，甚或是彻底舍弃。我们暂时先抛开最后一项。你不可能有无限时间耗在实现产品 – 市场适配这件事情上，因为各项资源限制了你所拥有的时间。在业务启动阶段，

① 因创始人凯文·斯特罗爱喝波本威士忌。——译者注
② Foursquare 是一家基于用户地理位置信息（LBS）的手机服务网站，鼓励手机用户向他人分享自己当前所在地理位置等信息。——译者注

你通常要依赖投资者的外部资本支撑，直到能够实现盈利。假如无法做到产品－市场适配或取得显著进展，你恐怕很难筹集到下一轮投资，即便是在一家成功企业内，新产品启动前也会有固定的预算与时间规划。

我见到过一些初创型企业，他们似乎总是在不断的转向之中。显然你不应该在每次遭遇挫折时立刻转变方向，或朝三暮四地追逐某个突发奇想，这也被称为新奇事物综合征。我经常开玩笑说，转向三次后，你可能会发现又回到了最初的位置，不过是原地打转而已。另一种极端的情况则是撞了南墙也不回头，不肯退后一步重新估量，就是要在死胡同里走到底。

那么在你仍有资金和时间的情况下，在坚持到底和改弦更张之间又如何取舍呢？假如经过数轮迭代，你仍然无法在产品－市场适配上获得进展，那么可能就要考虑转向了；或者是你尽了很大努力，但是目标客户对 MVP 仍然表现冷淡，也应当考虑转向。换句话说，当你找不到一位对 MVP 很感兴趣的客户，那么转向便不失为一种可取的方案。

转向的最佳方式有时会通过测试逐渐清晰起来。例如你可能会发现在价值定位中并不那么重要的部分，却激起顾客的强烈共鸣，这时你便需要重新调整侧重点或优先级；或者你发现目标市场是由细分市场组成的，而只有某一细分市场才会欣赏价值定位中的某些方面。

图 10–3 用一张登山图来诠释产品－市场适配与转向。你从第一座山的底部开始攀登，这代表着你根据对目标市场与价值定位的假设开始追寻市场机会。随着越爬越高，产品－市场适配也臻于完美。在完成第一轮测试后，你接收到许多反馈并相应地改善了产品，你可以从第二轮测试中看到产品－市场适配的改善；但这时你所能取得的进展变得小了。你的产品比开始时好了许多，但是仍没有达到应有的市场适配。在之后的两轮测试中你尝试了不同方式但却收效甚微。

在用户测试过程中，你可能发现了邻近另一座山所代表的其他市场机会。第二座山可能比第一座更加巍峨高大，代表其中的市场价值更高。于是你决定修改原先的假设，并转而寻求新的市场机遇。你通过“假设—设计—测试—认知”循环进行迭代后发现，你能够达到更高的产品－市场适配程度。

这个比喻提示你在迭代的过程中要注意正在攀登的山有多高（你产品的市场适配水平），在每一轮的用户测试之后尝试要提升的程度（产品－市场适配水平的提升）。如果你感觉并没有取得什么进展，那么要考虑能否独辟蹊径，寻找另外的上山路径（重新审视，修正你的假设）。假如这样做之后还是很难攀援，那么就应该暂停攀登，重新考虑这座山是否适合你（你假设的目标客户与价值定位），并转而寻找其他可能容易攀爬的山峰（其他的市场机会）。选择一座新的山（转向）开始登山准备（迭代至更高的产品 – 市场适配程度）。

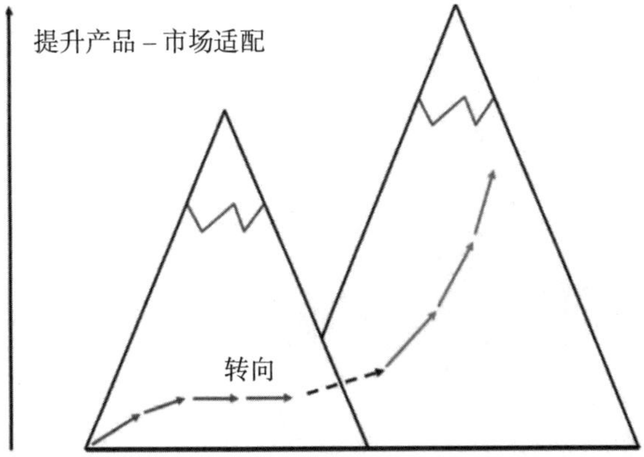

图 10–3 转型以实现高度的产品 – 市场适配

在结束本书的第二部分之前，我想介绍一个现实的案例，你可以透过其中枝节的细节了解我是如何运用精益产品开发过程的。在接下来的章节中，我会示范在第一轮用户测试之后，如何从一座山转移到另一座山。我会和你一同完成转向的决定，并一起探讨如何实现更高程度的产品 – 市场适配。

第 11 章 一个完整的精益产品案例分析

截止到目前，我已经详细介绍了精益产品开发过程中的六个步骤，现在我想通过一个现实中的案例来回顾整个过程，巩固我们之前所讨论过的概念。我在一些演讲和会议中都分享过这个例子，许多与会者都坦言，这个精益产品开发过程的完整案例让他们受益匪浅。

网站 MarketingReport.com

我的一位客户邀请我协助他们定义并评估一款被称为 MarketingReport.com 的新产品，这位客户所在的公司成功运营着一个消费类网站，并在考虑为一个潜在的市场机会提供新的网络服务。在这个项目上我需要与公司的两位高管和一名用户体验设计师紧密合作。

这项新服务的目标是解决客户广泛关注的直邮营销的问题。换句话说，许多收到直销邮件的人认为其毫无价值，甚至是一种骚扰。公司的高管对直邮行业有自己的见解，他们知道直邮营销以有针对性的营销数据库为基础，据此来寻找潜在客户。例如，你可能会收到一张不请自来的优惠券，用来购买某家宠物连锁商店的猫砂盒，原因是营销数据库中显示你家养了（或者计划收养）一只猫。

于是他们便有了解决这一问题的想法，想给你提供一款产品，能让作为产品潜在客户的你看到市场营销人员在数据库中对你情况的描述，而且授权客户自己来修改对自己的情况描述，使之更加符合自身的实际情况。假如我没有养猫但却有一只狗，我就可以修正营销数据库，这样就可以接收到狗粮而非猫砂盒的优惠券。公司高管还在这其中看到了信用市场的商机。每天有数以万计的与信贷相关的决策，都建立在对用户的信用评分上。在信用报告服务出现之前，消费者很难搞清楚自己为什么会得到这样一个评分，他们的信用度完全基于其以往信用记录中的“暗箱数据”。他们可能会在贷款时遭拒却不知原因为何。以往付款记录中的错误数据，例如实际偿还了一笔贷款却被记录为没有付款，可能会对他们产生负面影响。通过提高透明度，信用报告服务能让客户看到他们得到的信用评分背后所依赖的数据，这样就可以纠正所有不准确的数据。MarketingReport.com 对个人营销数据所起的作用，就如同信用报告对个人信用数据所起的作用一样。

最初我们的想法是提供免费服务，并通过服务产生的营销数据实现盈利。我们让客户访问数据，同时纠正错误的数据或补充信息，从而建立起一个丰富而精确的客户营销数据库。因此这其中的关键在于定义一种服务，让客户愿意参与其中。

第一步：确定你的目标客户

你应该还记得精益产品开发过程的第一步是确定目标客户。我们在早期一致认为这种服务将成为消费者的一种主流应用。步骤 1（目标客户）与步骤 2（客户需求）是紧密相关的，因此这时我们并没有缩小对目标市场的假设，而是定位于全体消费者。我们深信，随着对产品所能提供的客户收益思考更加明晰，我们还能不断提炼对目标客户的假设，使之更加符合实际。

第二步：识别客户未被满足的潜在需求

于是我们着手进行第二步：识别客户未被满足的潜在需求。这两位高管一致认为，服务的核心价值在于，让客户能够发现直接营销数据库是如何描述自己的。但是，在这一核心收益之外，还能为客户提供什么样的增值服务，大家存在分歧。于是我们通过头脑风暴整理出一张很长的潜在客户收益清单，这些都是我们的服务能够提供给客户的收益，它包含以下五个内容：

1. 得到针对我感兴趣的那些商品的优惠建议；
2. 降低收到无关垃圾邮件的概率；
3. 了解我个人的消费习惯；
4. 结识与我有相似购物偏好的人并与其互动；

5. 通过允许商家出售与我相关的消费数据来挣钱。

为了确认其中哪一项收益是应该努力追求的，我们提出了一套评估标准，其中有正面的也有负面的。我们根据下列标准评估了每一项客户收益：

- 用户需求的强烈程度（+）；
- 所获得的市场营销数据的价值（+）；
- 竞争激烈程度（–）；
- 创建第一版产品所需付出的的努力（–）；
- 测试概念所需付出的努力（–）；
- 符合公司的品牌形象（+）；
- 对合作伙伴的依赖程度（–）。

我们根据上述标准，按照自己的估测，对每项客户收益进行评分，这帮助我们剔除掉了一些前景黯淡的提议。这样比较下来，上述列表中第 1 到 4 项客户收益被认为是值得进一步考虑的。

第三步：明确价值定位

在这一步，我需要确定哪些客户收益应当留在我们预想的产品功能之内，从而能体现出清晰的产品价值定位。于是我指导两位公司高管尝试把产品的问题空间描述出来，如图 11–1 所示。

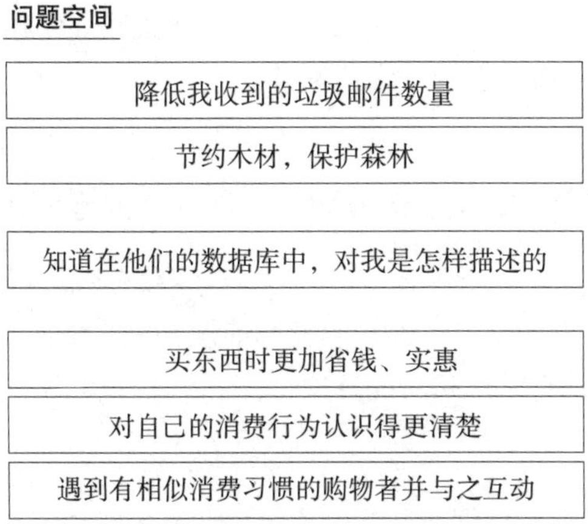

图 11–1　MarketReport.com 最初的价值定位

你可以看到我将相关的客户收益分在一组。我们的核心价值在于，让客户明确知道在我们的产品数据库中，对他们是怎样描述的。一些次要的客户收益（居于顶端）包括：降低收到的垃圾邮件的数量，节约木材、保护森林（对环境更友好）。第三层次的益处（居于底部）有：买东西更加省钱实惠、对自己的消费行为认识得更清楚，以及和与自己有相似消费习惯的人进行互动。

我感觉在一款产品上实现这三组收益未免显得有些贪大求全。此外，如果试图用一种服务来满足所有这些需求也会让人感觉其内部功能互不相干，顶部与底部的收益存在着明显的不同。此外，一位高管倾向于实现顶部的客户收益，而另一位则更想实现底部的收益。他们的想法我都认同，于是建议用两种不同的产品理念来加以实现，每一种产品各有其鲜明的价值定位。第一个产品的理念称为“营销屏蔽”（Marketing Shield），包括了顶部的两组收益；第二个理念取名“购物省钱”（Marketing Saver），包括底部的两组收益。通过这种方式，每组概念都包含了核心价值“知道在他们的数据库中，对我是怎样描述的”，但是范围会有所限制。两位高管同意了这种方案。

在第 5 章，我建议在把市场竞争情况纳入考虑的情况下，用狩野模型来清晰阐述产品的价值定位，并将各项客户收益分类为必备功能、性能水准和特色亮点。我们在经过讨论后认为，核心收益“知道在他们的数据库中，对我是怎样描述的”是一种特色亮点，因为这类服务没有先例。我们知道市场上也有其他产品能够为客户带来优惠方案，因此我们将其视为性能水准。同样，虽然类似的社交产品也会存在，但它们并不一定专注于购物，所以我们也将此视为性能水准。另外我们还不知道有产品可以让你进行财务方面的横向比较，因此也将此视为特色亮点。在屏蔽保护方面，我们认为减少垃圾邮件属于特色亮点，而实现环保还有许多其他方式，于是把“节约木材、保护森林”视为性能水准。

第四步：细化 MVP 的功能设置与组合

现在我们的两种产品概念各有其独特的价值定位，我们开始探讨方案空间，并用头脑风暴的形式列出能够提供客户收益的各项功能。如图 11–2 所示，这些是我们为每项产品概念所确定的产品功能特性。

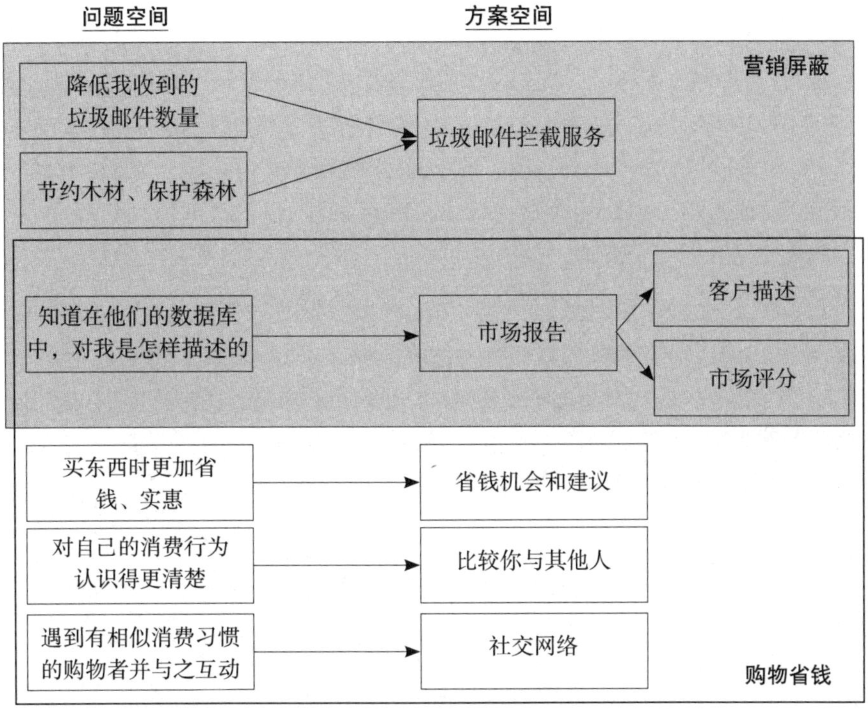

图 11-2 “营销屏蔽”与“购物省钱”的功能特性

提供核心价值“知道在他们的数据库中，对我是怎样描述的”的主要功能由市场报告来体现，其中包含了一段时间内该用户的市场信息。报告数据源自于客户的购买记录，以及对调查、邮件和来电所作的反馈。其想法就是让客户更加透明地看到自己在营销数据库中的相关记录。

我们所设想的市场报告包含两个主要部分，即客户描述与市场评分。客户描述的形成主要基于直销企业经常使用的市场细分方法，每个细分群组都有一个形象的描述性名称，比如“年轻的计算机专家”“喜欢足球和 SUV 者”或者“农夫”等，细分的依据主要是那些关键的人口统计数据，如年龄、婚姻状况、房产状况、子女状况以及邮政编码等，市场营销人员可以使用这些描述资料来决定为客户提供哪些信息。

我们打算建立一种全新的市场评分机制，这类似于在信用评级中用一个数字来代表某个人的总体信用状况。同样的道理，市场评分就是用一个数字来表示你对市场营销人员的吸引程度高低。较高的信用评级能让你得到较优惠的贷款利息，而较高的市场评分则会给你带来更多、更好的促销折扣信息和其他在购物中节省开支的机会。我们通过几个因素来判定客户的市场评分。

让我们来看底部的问题空间，最主要的收益是得到购物折扣等在购物中省钱的机会。设想是帮助客户找到那些他们感兴趣的产品或服务品类，从而得到相应的折扣、促销券等省钱机会。我们将在消费者与想推销产品的企业间扮演中介角色。该项功能应该包含一个用户界面，顾客可以在这一界面上写清楚自己的购物偏好，中意的供应商名单，自己与期待推荐的商品、服务和其他机会之间的关联逻辑，以及通过网站与电子邮件发送促销的投递方法。

底部第二个功能是与其他客户进行相互比较。基本想法是让使用者能与同类客户比较其消费模式，判断自己在餐饮、服饰、娱乐等领域的花费相对多寡。了解了这些信息后，他们就能够向合适的方向调整自己的消费行为。

底部的第三个功能是与同类购物者的互动，目的在于让消费者通过相互之间的交流，发现中意的新产品，或者从其他顾客那里了解到更多的信息。社交网络在当时非常火爆，我们也想尝试基于在线购物的社交功能。

最上方的功能是阻止垃圾邮件。这同时实现了“抵制垃圾邮件”和“保护森林”两方面的收益。我们的想法是通过一款“绿野仙踪”式的 MVP，让客户手动填写并提交“拒收邮件”的申请，后期我们会根据需要，逐步过渡到更加自动化的解决方案。

第五步：创建 MVP 原型

在定义完各项功能特性之后，是时候通过设计工件把这些功能展示出来了。我们知道在正式编码创作之前，需要与顾客一起亲自测试设计工件，因此我们决定制作中等仿真度的模型。在这些模型中充分实现视觉设计：色彩、字体、图像以及样式等，以便向顾客更真实地呈现出产品原貌。但我们并不过多考虑画面是否完美和精确。

我们一开始先来思考和定义产品的结构（信息架构）与客户体验的过程（交互设计）。客户会首先收到一封描述服务内容的电子邮件，邀请其采取诸如“查看你的市场报告”之类的活动，并链接至一个登录页面，上面对服务做了进一步介绍，并且还设置了一个关键的跳转按钮，上面标着“查看报告”四个字。每位客户都配有唯一的编码，包含在这封电子邮件中。当点击了“查看报告”按钮后，客户会被链接到“验证信息”页面。该页面中包含一张表单，会列出他们的姓名、住址、婚姻状况、家庭收入范围以及其他各项人口统计信息。该页面显示的内容便是该客户存档在营销数据库中的信息，允许客户对其中任何描述不准确的部分进行修改。在点击“继续”按钮之后，他们就会跳转到市场报告页面。

市场报告页面就是客户在经过登录流程之后看到的产品主体。这是一面由一系列不同模块构成的仪表盘，能够让我们用相同的总体设计风格来实现两种产品概念，并且只需要稍许调整“营销屏蔽”与“购物省钱”中的部分模块即可实现。对这两种产品概念而言，市场报告仪表盘都包含了“客户描述”与“市场评分”这两个模块，因为这是产品最核心的功能构想。两种产品概念的其余模块各有不同：“营销屏蔽”功能中包含“拦截垃圾邮件”模块，而“购物省钱”功能中则包含着提供省钱机会、进行同类比较以及进行网络社交的模块。

市场报告页面也是客户的导航页面，他们可以点击不同模块以进入更详细的各种主题页面。例如在省钱机会页面中，客户可以选择他们感兴趣的产品与服务类型，比如度假产品、电子产品等。“拦截垃圾邮件”页面则会列出不同类别的直邮广告，让用户选择哪些信息他们不想再收到。页面中还包括一项增值服务“高级营销屏蔽”，这是一项付费服务，可以进一步减少垃圾邮件，并更进一步确保你营销数据的隐私性。除了这项升级服务之外，“购物省钱”与“营销屏蔽”都是免费提供给客户使用的。

第六步：与客户一同测试 MVP

当完成模型之后，我们进入第六步：开展与客户间的测试验证。这时，我们有必要重新审视、改进对目标客户的定义，而非直接开始招募对象。由于我们有两种不同的MVP，每一类都有其自身的价值定位，于是我们需要分别定义目标客户。“营销屏蔽”原先定义的目标客户是主流消费人群，不过我们进一步将其精炼为特别看重自身隐私的客户；“购物省钱”的目标客户原来也是主流人群，我们现在重新定义成在购买过程中优先考虑实惠、省钱的客户。

募集目标市场中的客户

我们决定采用主持人当面主持测试的方式，并由我来负责。为了更快速地收集数据，我在同一时间会和两到三人一起沟通，而非采取一对一的方式。我选择了一家本地的调研公司来募集客户，他们用我给出的筛选条件进行初选。让我们来看一下我所要求的过滤条件及其原由。

首先，我希望调查对象是全职工作者（每周至少工作 30 个小时），以确保他们符合我们对目标市场的定义。许多失业或退休人员会参与市场调查，因为他们有足够的自由时间，然而他们未必能够代表我们的目标市场。另外我要求他们至少有高中以上学历，确保被招募者的教育水平与主流消费者一致。另外我还招募了一些整体收入在 40 000 美元以上的家庭，他们家中至少应该有一台电脑，每周至少使用一定的互联网流量（因为我们的服务是通过网络交付的）。我们同时还想确保他们近期通过互联网购买过一款商品（这样能确保他们习惯网络在线支付的服务方式）。我觉得所有这些要求汇总在一起，可以保证我们的测试对象是主流的消费人群、是拥有工作的成年人、是网络使用者，并且是网络服务类产品的目标客户 。

接下来需要决定如何才能确保符合总体目标市场的测试对象，更适合哪一个细分的产品概念，是营销屏蔽或是购物省钱。我决定用他们以往的消费行为作为参照来区分两个目标市场。“购物省钱”最重要的一项客户收益便是在购物时节省开支，对于这一组人群我会询问以下几种省钱行为：

- 在过去三个月内你是否使用过三张或更多的优惠券？
- 你是不是好市多[①]的会员？
- 在过去六个月中你是否在电商上购买过商品？
- 在购物时，你是不是经常或者始终会分析研究如何买到最低价格的商品？

当受访者对上述问题的回答，有两次或更多为“是”的时候，我们会认为其位于“购物省钱”这个目标市场上。

与此类似，由于“营销屏蔽”与保护隐私与安全性有关，我会询问对象与这一主题有关的行为：

- 你是否曾经要求被添加到“请勿来电”的对象名单中？
- 你是否使用过来电拦截工具？
- 你家里有碎纸机吗？

① 好市多是美国零售业排名第四、全球零售业排名第十的世界知名品牌。——译者注

- 你是否在过去六个月里付费购买过杀毒软件？

当受访者对上述问题有两次或更多为“是”时，我们就认为他们属于“营销屏蔽”的目标市场。

我们没有选择同时不在这两个细分市场中的受访者。另外，少数受访者同时符合两个目标市场的条件，因为这些标准并不互相排斥（既想要节省开支，又关心隐私保护的对象）。

一旦受访者符合调研要求，我们也会询问他们的家庭住址、年龄、婚姻状况、孩子数量、拥有房屋状况、家庭收入、教育水平、职业状况等。我们运用这些信息来为每位客户制作个性化的“信息验证”页面模型，也运用这些信息来调整针对每位客户的“客户描述”页面以适应其细分市场。比起一律使用通用页面、靠客户去发挥自身想象力的做法，这些个性化的页面模型能让他们在测试中的感受更为真实。事实上，大多数客户在第一眼看到页面时都表现出惊讶的神情：“你是怎么得到这些信息的？”。我们成功地让参加测试的客户感受到“他们”（营销数据库）真的对“我”很了解，而这正是 MarketingReport.com 的核心价值定位。

我们制定出了计划进行调研的日期和具体时间。由于调研的对象都是全职工作者，我们将时间定在每天的工作时间之外（晚上 6 点到 8 点）以便他们参加测试。这时许多企业会犯的错误是只从自身的方便出发，将调研时间安排在工作时间内。如果参加测试的对象真能在这个时间赶来，那当然很好。但是在工作日的调研安排会和绝大多数测试对象的工作时间冲突，结果就是在调研中出现的客户类型或许并不能真正代表你的目标客户群体。

为了让日程安排更加高效，我们在筛选受访者的时候让他们确认所有可以方便地参与测试的时间。有了这些信息，我们在后期安排日程时就会更加方便。调查公司很快便为我们在指定时间点召集到了受访对象。

使用用户测试脚本

在招募开始的同时，我制作出了主持用户测试的脚本。每次会话的时间是 90 分钟，以下是用户测试时大致的时间分配：

1. 介绍与暖场（5 分钟）。
2. 总体性探索问题（15 分钟）。

  a. 直邮营销；
  b. 营销公司中有关于你的数据；
  c. 比较你和他人的财务状况。
3. 概念性问题（45 分钟）。
  a. 与概念相关的探索性提问（10 分钟）；
  b. 对概念模型的反馈（35 分钟）。
4. 评价：在你所看到的内容中最喜欢和最不喜欢的各是什么（5 分钟）？
5. 头脑风暴：什么会使这款产品更有用 / 有价值（10 分钟）？
6. 建议使用的产品名称（10 分钟）。
7. 感谢与话别。

为了在和实际客户开始测试环节之前测试脚本和模型，我尝试与公司内部员工先做了一次预演，根据预演情况又对模型和提问作出了一些调整。现在，让我们开始吧！

于是在此后三天的每天晚上，我都会主持两次测试，分别针对“营销屏蔽”与“购物省钱”两种产品概念，每次接待三位客户。这样针对每个产品概念各安排了九位客户。最终有两位客户没能如约到场，即每个产品概念分别与八位客户进行了测试。正如我在前边所提到的，在模型中我们对每位客户都使用了个性化的数据。因为这是在可点击的互动模型出现之前所进行的测试，所以我手动打印出了针对每个人的模型——每个页面一张纸。我将模型按照浏览顺序摞起来，放在每位客户面前，按照原先设计的脚本，当客户浏览眼前的模型时，我也不断地同步翻页。

从客户那里了解到的信息

测试进展得非常顺利。客户充分参与其中，清晰、坦诚地表述各自的想法。我们收到了很多极有价值的反馈信息——事实上，我用整整八个电脑页面才记录下所了解到的全部信息。总体结论是这两种产品概念都乏善可陈，不足以吸引客户。当然其中还是有几处闪光点，给人留下了较深印象。

两种产品概念中的核心价值定位——“知道在他们的数据库中，对我是怎样描述的”效果不如预期，客户觉得市场报告与客户描述还有点意思，但仍不出众。绝大多数人觉得市场评分难以理解，而且没什么吸引力。

此外，在“购物省钱”产品概念中，与他人对比以及社交网络功能吸引力较低。但是客户对能够在购物时节省开支的机会还是颇有兴趣的（我们的闪光点之一）。这也是整个“购物省钱”理念中最吸引人的部分。减少垃圾邮件的想法在“营销屏蔽”的概念中广受欢迎，其次受欢迎的是“保护森林”的理念。这里我需要强调的是“广受欢迎”并不代表着十全十美。客户在看到我们所展示的模型时仍有诸多问题和顾虑，不过对在下一个功能更强大的版本中解决这些问题，我有十足的信心，而且我敢说这其中蕴藏着巨大的潜在商机。

在分析研究之后，我将问题空间与方案空间作了关联（如图 11–2 所示），并用绿色、黄色和红色分别标记了各框架以表示较强、一般以及较低的吸引力。当审视结果时，我看到了两个单独的绿色区域：“购物省钱”概念中目标客户偏好购物中的省钱机会和“营销屏蔽”中目标客户喜欢拦截垃圾邮件的功能。

利用迭代与转向来改善产品 – 市场适配

虽然这两个完全不同的概念对客户都有很强的吸引力，但“营销屏蔽”的吸引力更胜一筹。由于许多网站都已经提供了商家的折扣促销等在购物中省钱的机会（例如 coupons.com），实现了“购物省钱”的类似功能，我们很难让客户领悟到这种功能间的差异。另外，客户不会为这项服务支付费用，除非他们能够以比原先低更多的价格购买到商品。此外，这项服务需要不少前期准备工作，要和许多商家签署提供此类机会的协议，而且这项服务本身与公司品牌的关系也不大。

相比之下，我们发现“营销屏蔽”却有着更强的产品 – 市场适配潜力。客户似乎愿意为了减少垃圾邮件而支付费用。我们介绍了付费服务“高级屏蔽营销”这一升级选项之后，一些客户告诉我们，如果经过一段时间的免费试用后验证了这项服务的价值，那么他们确实愿意为此付费。当被问及到他们愿意为这种服务支付多少费用时，一些人表示这只会是一笔较小的金额。是的，我们并没有得到明确的答复。当然，这项服务可以提升公司的品牌形象。

转向

根据了解到的这些信息，我们决定放弃原先的核心价值定位“知道在他们的数据库中，对我是怎样描述的”，转向只提供阻止垃圾邮件这一种服务。我们暂且将其命名为 JunkmailFreeze（垃圾邮件清理器），这时我们面临着另外三种选择：第一是创建一款新的模型，与用户测试验证后再开始构建产品；第二种方案是用 HTML 与

CSS 编码制作更高仿真度的产品原型，先开始测试，然后再创建产品；第三种是直接设计制作产品而不再与用户预先进行测试验证。

我们决定选择第一种方式。垃圾邮件清理器距离我们原先的核心概念相去甚远，而且我们通过前面的工作掌握了很多有关如何改善屏蔽垃圾邮件服务的信息。此外，制作一套新的模型，招募另一批客户业并不会占用过多时间。我们决定这次选择更少的客户，节省时间和经费。

基于已经掌握的信息进行迭代

我们抛弃掉原有的模型，着手进行全新的设计，旨在实现一款专注于减少垃圾邮件，同时有利于保护森林的新产品。我们想到一种非常直截了当的用户体验，用来实现全新的 MVP 原型：整个流程起始于朋友之间的推荐邮件，通过垃圾邮件清理器的链接进入主页，上面解释了产品能够带来的各项客户收益，并配有一个大大的标着"开始"的转换按钮，同时还增添一个"了解更多"的链接。点击"开始"按钮之后，会出现一个简单的注册页面，让使用者输入姓名、住址、电子邮箱以及密码。点击"注册"按钮之后用户会被带到"我的账户"页面，在此指定他们不再希望收到的垃圾邮件。其他还有一些页面配合说明使用垃圾邮件清理器的好处；但上述这个页面是最关键的，用户以此来实现最主要的功能。

在进行第一轮用户测试之前，我们认为客户的收益只是减少他们所收到的垃圾邮件。但是在与客户探讨问题空间后，我们了解到更多的信息，得知某些类型的垃圾邮件似乎是所有客户都非常反感的：就是预先批复的信用卡申请表[①]和预付现金支票。由于大多数客户不会对邮箱加锁，因此他们很担心有人会从中窃取预先批复的信用卡申请表，并以他们的名义申办信用卡，或者窃取预付现金支票后进行挥霍。于是我们在新的设计中考虑了这些需求。

通常来说，与财务相关的垃圾邮件是最受关注的，包括上述提到的情况以及贷款和保险。客户担心这类垃圾邮件会增加个人信息泄漏的风险。几乎和我们对话的每位客户都知道此类由于信息被窃而遭受损失的受害者。于是我们在市场宣传中增加了有关减少个人信息泄漏的宣传语。

---

① 有些发卡行会主动寄送预先批复的信用卡申请表，并告知收信人"信用已经被初步批准（pre-approved），收信人签字后寄回后，信用卡即可发出"。——译者注

我们还知道许多有隐私保护意识的客户，在处理这些垃圾邮件时会煞费苦心。有几位这样的客户告诉我说，在回家之后，他们会从邮箱取出邮件，然后一边阅读一边使用碎纸机处理。他们中的一些人每天晚上需要花大约 5 分钟或更长的时间来应付这件事。于是我们意识到在减少垃圾邮件的同时，还应该在市场宣传中增加“节省时间”这一项客户收益。

我们还了解到客户对冗长、臃肿的产品目录感到很头疼。人们一般会随手丢掉，但又会为浪费纸张而感到可惜，还觉得这无端占用了自己的时间。不过，我们另外了解到人们仍然希望得到自己喜欢的产品目录，并且不同的人群希望接收到的产品目录类型也不尽相同。

我们还了解到，许多客户认为本地广告令人生厌。其中一种是由许多本地促销券打包而成的，很多人根本就不屑于打开；另一种形式是当地超市的商业广告和宣传单。对收到自己根本没有订阅过的免费报纸，许多人也感到心烦。

这是一个很好的例子，从中可以看出通过与客户交流，我们对问题空间有了更深入的了解。我们了解到这么多内容，因此在全新的“我的账户 ”页面，用户可以在七个大类中选择阻止 31 种类型的垃圾邮件。用户选择了希望阻止的垃圾邮件类型之后，他们就可以点击“继续”按钮完成注册。

“注册完成”页面将告诉用户接下来会发生什么：在之后的几个月，他们应该会看到已经加入拒收类别的垃圾邮件数量将急剧下降。我们在第一轮测试中，得知客户希望这项服务在“正式收费”之前有一段免费试用期，同时我们也知道在操作层面，这项服务也需要一段时间之后才能对客户生效。

这个页面同时还提示用户，他们可以随时返回垃圾邮件清理器改变他们对拒收垃圾邮件类型的设置。我们在第一轮调研中了解到客户非常重视能够对原先的设置进行调整、修改这一功能。其中一些人表示，垃圾邮件清理器在拦截垃圾邮件的同时可能也会阻止一些他们原本希望收到的邮件。因为页面上的宣传信息很符合他们的心意，许多人在读后表示：“嗯，这很不错。”

我们为那些不打算马上注册的客户提供了“了解更多”链接，在链接页面上我们解释了垃圾邮件清理器会如何代表客户与直邮营销企业进行沟通，要求他们更新直邮列表，把你的邮箱地址拿掉。我们也向客户解释，他仍然能够接收到那些对他来说很重要的直邮邮件。由于身份泄露是人们对垃圾邮件的最大顾虑，我们还专门附上一个页面解释了这两者是如何相关的。页面中有一张照片，画面上是一排破烂的邮箱，并配以文字解释，告诉你如何通过使用我们的服务以降低身份资料被盗的风险。

由于在第一轮用户测试中许多人想知道谁提供了这种服务，我们还增加了一张“关于我们”的页面，介绍公司和背景情况。

第二轮

因为我们对垃圾邮件清理器模型进行的用户测试很顺利，所以我们就运用同样的筛选问题来招募另外一组用户继续参加第二轮测试。在第二轮测试中，我们安排了三组测试，每组两位客户。我更新了测试脚本，使其更专注于垃圾邮件。会话时间仍然是 90 分钟，从晚上 6 点到 8 点（和上次完全一样）。由于在第一轮测试中我们已经有了许多发现，因此这一轮我们希望更专注在产品细节上。我们在模型上花费了更多的时间（从原来的 35 分钟提升至 45 分钟）。仍然由我主持用户测试，同样地，客户还是要充分参与其中，并踊跃发言。

攀登产品 – 市场适配的高峰

第二轮用户测试是我所经历过的最酷的测试，结果与第一次迥然不同。没有客户对产品有很大的疑虑或不满之处。相反，他们在浏览模型时频频点头，情不自禁地评论“这确实不错”。他们确实也有些小的建议、问题和评论。但是每个人都从心底喜欢这款产品，这说明我们已经在第一轮测试中发现并解决了所有重大问题。

尽管如此，这次所展示的模型还远非“完美”。我们对客户想从垃圾邮件清理器中得到什么有了更深入的理解。例如，我们了解到在涉及产品目录或信用卡产品时，对不同类型和级别的垃圾邮件的控制并不适合。对于这些目录，客户希望能够细化到具体公司。我们还得到了对市场宣传和用户体验的反馈，这可以用于进一步改进产品。

在这次轮测试中，当客户被问及愿意为此支付多少费用时，我们看到更多人愿意支付，并且愿意支付的价格也比第一轮更高。在和客户讨论价格的时候，你总要保持一点怀疑心态。再怎么说，他们还是很可能言行不一的。除非到了你真拿出产品，而他们也从钱包里掏出钱，否则你无从考证他们是否真的会为产品埋单。很显然，第二轮产品激发起了他们更强烈的兴趣。我对产品已经达到相当程度的产品 – 市场适配感到信心满满，觉得我们的模型还可以继续改进。

我感到自信还有另一个原因。当每次测试结束，我都感谢客户并支付报酬。在接过支票的同时，几乎每位客户都会询问我这项服务现在是否已经开发完成，现在能不能开放注册。当我解释说它还处在开发阶段时，他们都询问我是否可以留下电子邮箱地址，以便在产品发布后得到通知。而在第一轮测试时没有任何一位客户有过这样的表示。这是完全真实、积极的客户反馈，在用户测试的范畴之外更进一步证实了产品 – 市场适配性。

项目感悟

在这个项目之前，我主持过各种类型的客户测试来征集对有关产品或产品概念的反馈，并且我一直在以用户为中心的设计团队中工作。但这个项目，是我第一次以精益方式创建并验证一项产品的概念。专注于模型而不做任何编码可以让我们更快速地迭代。通过严格的目标客户过滤，我们能够招募到合适对象，得到最为关键的市场反馈。整个项目用了不到两个月的时间，并且非常高效地运用了各项资源。对于在如此短暂的时间内，仅仅通过一轮迭代，我们的小团队便能够改进产品理念，实现如此高度的产品 – 市场适配，我深感满意。

另外，我之所以非常喜欢分享这个例子，还因为在整个过程中，我们的团队并没有做什么别出心裁的事情，只是沿着精益产品开发过程往下走而已，所以没有理由说我们取得的成果无法复制。按照本书中叙述的过程，任何团队对他们的产品构想都能够实现类似的效果。当然，各具体项目的操作细节可能有所不同，你可能要进行更多轮测试，可能你不需要作出转向，又或许你要作出多次转向。你无法确保每一个产品构思都能实现市场适配，但是你应该可以通过测试验证你的假设，并充满自信地评估产品 – 市场适配的实现程度。

正如之前我提到的，你可以用设计工件或者正式的产品来进行用户测试。为了最大限度地降低风险、快速取得进展，并减少浪费，我强烈推荐在正式启动编码工作之前收集对于设计工件的反馈。这将使你在投入编码工作之前对原本的假设更有信心。当你与客户充分验证了模型或框架图之后，那么你就该开始构建你的产品了。所有在精益产品开发过程中获得的认知，都将帮助你更好地定义产品。在下一章节，我将对你如何创建产品给出具体建议。

THE LEAN PRODUCT PLAYBOOK

How to Innovate with Minimum Viable Products and Rapid Customer Feedback

第三部分

创建并优化你的产品

第 12 章 用敏捷开发法创建你的产品

到目前为止，你已经验证了目标客户、他们的潜在需求、价值定位、MVP 的功能设置与组合，还有用户体验。对自己开发出的产品蓝图你应当倍感自信。用产品原型来验证其市场适配性固然重要，但将蓝图变成实际可供顾客使用的产品才是最终的目的。

把自己定义好的产品创建出来无疑是非常重要的一步，而强有力的执行是其中的关键。要把蓝图变为产品你会遇到许多风险。你可能会遭遇到技术可行性的问题，原先的设计可能根本无法实现或是难度过高，而更常见的问题则是你可用的资源有限。产品或许是可行的，但仅凭你现有的资源，需要太多时日才能开发完成如此规模庞大的项目。好的市场商机转瞬即逝，你需要在竞争对手进入重要程度与满意度框架的右上角之前越过终点线。产品 – 市场适配中重要的一点，便是在正确的时间推出正确的产品（还记得在第 5 章中讨论过的产品策略吗?）。即便有最理想的产品功能设想，糟糕的执行力也会导致实际产品的表现与原先的产品模型带给人们的期望相去甚远。你自然希望避免这类风险，那么你所采取的产品开发过程就至关重要了。本章会分享产品开发过程的最佳实践，帮助你以更小的风险、更快速地拿出卓越的产品。

敏捷开发

到目前为止，你一直使用的迭代方法，可以在创建产品的过程中继续加以运用。“敏捷开发”是一个概念宽泛的术语，用以描述某些迭代与增量式的产品开发方法。在采用敏捷开发之前，大多数软件产品的构建采用“瀑布式”方法，即按先后顺序执行一系列步骤的开发方法。团队首先定义出所有需求，然后就开始产品设计，接着再安排创建产品，最后测试验证其是否达到设计要求。瀑布式开发的典型特征是团队在 100% 完成上一道工序之前不会进展到下一步。换句话说，在需求定义阶段完成前不会有任何设计，在设计完成之前不会开始编码动作。瀑布式方法也被称为庞大的预先设计方法（Big Design up Front，简称 BDUF）。

与之相对的是，运用敏捷开发的团队将产品分解为更小的功能块，进行更短周期的需求定义、设计与编码。敏捷方式会带来许多好处。首先，因为你是以增量方式逐步规划，所以就可以快速应对市场形势或其他情况的变化。其次，你的产品越早交付给客户，就意味着你能更早从客户那里收到对产品的反馈，这将有助于引导你后续的产品开发工作。然后，以小批量规模进行开发，可以减少原先的估算误差所造成的影响。

我在第 6 章中介绍过小批量的精益理念 ，但是让我们来探讨为什么这在软件开发中（或其他开发条件高度不确定的场景中）亦能够发挥作用。当开发人员对实现某项新功能的时间进行估算时，他们估计出来的数字带有一定程度的不确定性。这种不确定性容易导致估算错误的产生，即实际所需时间会比预估时间有所出入。通常在比较实际持续时间与预估时间时会用前者除以后者。如果某个项目花了两倍的预估时间，则比值为 2X；如果只用了预估一半的时间，那么比率是 0.5X。

史提夫·麦康奈尔（Steve McConnell）曾经提出过“不确定性锥”（Cone of Uncertainty）的理论，用以描述软件开发项目整个生命周期内的预期误差范围。在麦康奈尔的理论中，估计误差的上下界是在 4X 到 0.25X 之间的对称曲线，分别在项目的起始与终点处收敛为零。这一理论显示了一个事实，即项目早期的预估误差会远大于后期，这也与我们的经验相符。

不过，在具体的开发实践中，我从没有遇到过估计错误真正对称发生的情况。换句话说，我从没有见过开发人员提前完成项目的幅度会像他们延后完成项目的幅度一样大。绝大多数情况下，他们完成开发任务的时间会比估计所需要的时间更长。确实有些任务会提前完成，但这种惊喜发生的概率很小。为什么呢？为解释软件开发预估错误的不对称性，我引证一下我们博学的美国前国防部长唐纳德·拉姆斯菲尔德（Donald Rumefeld）的一段话：

我们知道一些事情。我们知道自己已经知道一些事情。我们还知道，我们并不知道某些事情。也就是说，我们知道有些事情我们还不知道。但是，还有一些事情，我们并不知道自己不知道。

当开发人员被要求评估某个项目的开发工作量时，他们会将“已经知道的”纳入考虑。富有经验的评估者也会把“知道自己并不知道”的事情纳入考虑。确实有一些预估的偏差会来自“已经知道的”和“知道自己并不知道的”。但是我相信最大的挑战源于“未知的未知”。

我们假设任务 A 大约会占用我 5 分钟时间，而任务 B 则需要 5 个月。两项任务中都可能包含未知的未知因素。但是不确定性的范围增加不是线性的，正如不确定性锥上显示的顶廓曲线所显示的那样。5 分钟的任务失控的可能性很低，而 5 个月的任务失控的可能性则会高出 30 000 倍，其中隐藏着更多未知的未知领域。

当开发人员经过深思熟虑的调查分析后将一项大任务分解成更小的模块，他们减少了未知的未知领域，并将此转化为已知的未知部分。你或许永远无法避免未知的未知，但是通过更小模块的批量作业，你可以使其更易于管理和控制，更加顺利地分批交付产品。相比之下，瀑布式项目通常被视为规模庞大，往往要花费比预估更长的时间。

除了延迟因素之外，许多敏捷开发的粉丝喜欢讥讽瀑布方式刻板的顺序观念，认为每一步都要依赖前一步完成的方法太呆板。他们喜欢敏捷方式中可以随意编码的做法。不过这种观念可能过犹不及。即便在敏捷开发中，编码之前仍应加以设计，只不过是用一种更小的增量方式完成而已。

这里值得一提的是瀑布式并非一无是处，在一些项目中是很好用的方法。例如，我们不会在太空船成功率很低的情况下将人送进宇宙去冒险。我的职业生涯起始于核动力潜艇设计。毫无疑问，我们在开始创建产品之前当然会多次核查需求并审查设计。在这些情况下失败的风险太高了，真正是人命关天。并且太空船或核潜艇很难像网站代码那样快速作出改变。当失败的风险太大或者变更成本过高时，最好花更多时间来确保更高层次的置信度，再开始实施工作。

敏捷开发的核心理念记录在 2001 年签署的敏捷宣言中。敏捷开发以为客户创造价值的思维为前提，鼓励尽早并持续地交付可以工作的软件。敏捷中的一个关键部分在于用以客户为中心的方式去定义用户故事中的产品。正如第 6 章中所谈到的，用户故事简要描述了某类功能特性所能带来的实际客户收益，包括受益对象和对象需要这种收益的原因。好的用户故事通常遵循如下模板：

- 作为某一类使用者；
- 我想要做某件事；
- 我能获得某种期望的收益。

敏捷同时还鼓励跨职能的交流协作。每天业务人员和开发人员一齐作业，最理想的状况就是面对面工作。敏捷不鼓励刻板地执行计划，转而强调灵活性和快速应对变化。开发团队不奢求把全部细节要求一下子全搞明白，而是通过在较短的迭代周期内以小批量完成工作，来随时获取反馈并进行学习，这样开发团队就能实现灵活性并快速应对变化。 最后，敏捷是通过不断的试验和反馈来持续改善产品的方法。

另外还有几种不同的敏捷开发，例如极限编程（Extreme Programming，XP）① 以及精益软件开发。这里我简要概述两种最常见的敏捷方法：Scrum 与看板。

Scrum

Scrum 是一种广受欢迎的敏捷框架，相对易于采用，因为市场上有大量关于如何实施 Scrum 的指导说明。Scrum 的关键点在于团队是以可控时限（Time-Boxed）为单位逐步累加地进行工作，也就是说要把某些工作限制在一个特定的时间范围内。 在这个特定的时间范围内所完成的工作，就被称为一次迭代或一次冲刺，其持续的时间是固定的。通常你会看到两周的冲刺期，但也有许多公司用一周、三周或四周的冲刺期。

团队完成的所有工作源自待完成的用户故事中的产品待办任务目录，这个列表是根据优先级排序的。用户故事由产品负责人编写并放入目录，产品负责人（Product Owner，PO）是 Scrum 三个角色中的一个，负责从客户或者股东那里收集反馈，并以此制订按优先级排序的用户故事目录。团队中的产品经理往往担任产品负责人的角色。有些公司会在产品经理以外单独配置一位产品负责人，两人协同工作。而在一些小型初创企业，则不会有专职的产品经理，创始人之一通常会承担起

① 极限编程是一种软件工程方法论，以更好地响应用户需求变化为目标，更强调软件开发的可适应性而非可预测性。——译者注

这部分工作。

第二个角色是“开发团队成员”。Scrum 指南认为团队应该由跨学科、具备各领域专业知识的成员共同完成工作。Scrum 团队往往包括几名开发人员，其工作是评估用户故事的规模范围并构建产品。其他三个重要的团队角色分别是用户体验设计师、视觉设计师以及品质保证（QA）测试员。传统的 Scrum 指南并不区分团队各成员之间的角色，但是明确他们的职责会更有帮助。设计师设计用户体验，将用户故事变为现实，并以设计成果的形式交付。编写完善的用户故事要包含验收标准，用以判断工作是否完成并如期运行。品质保证测试员协助检查其是否满足验收条件，确保产品的品质。

理想的 Scrum 团队由 5 到 9 人组成。你或许听说过“双比萨原则”：假如两份比萨都不足以喂饱你的团队，那么人数便太多了。在这个人数规模内，你应该有足够的人力在每次冲刺期内完成足够的工作量。如果团队小而精，还能避免许多在臃肿的组织中经常遇到的沟通问题。

第三个角色是 Scrum 导师，他的工作是帮助团队在 Scrum 的过程中逐步提升生产力。大型企业中可能会配置一名 Scrum 导师参与到一个或多个 Scrum 团队中，不过开发团队的领导者或者开发经理也常常会兼任这个职位。虽然与敏捷指南方针并不一致，但事实是有时候这个职位并不是明确由某一个人来担任——要么被直接忽视，或者其职责会由多名团队各成员共同分担。

在每个冲刺期之前，团队都需要开展特定的准备活动。产品负责人会完善功能目录，确保下阶段的用户故事撰写完好并被全体团队成员所理解。产品负责人会和开发团队的领导者或开发经理通过待办任务梳理会议（Backlog Grooming Meeting，亦被称为待办任务精炼会议）一起来完成这件事情。

图 12–1 绘制了 Scrum 的工作流程、相关会议以及交付材料。

在每次冲刺开始时，团队会举行一次冲刺计划会议，决定在这次迭代中应该完成哪些用户故事，并将其从产品待办任务目录中取出，移至冲刺期待办任务目录。在这个过程需要完成的一项工作就是，团队要用故事点法来估测每个故事的规模，这是对工作量所做的一种相对性评估。预估故事点更像是一种艺术而非科学。你可以选用各种不同的故事点体系。有些系统中团队成员可以随意为用户故事分配故事点：1、2、3、4、5、6 等。另一种通用的方式是用斐波纳契数列（Fibonacci Series），有效数值只有：1、2、3、5、8、13 等。这种方式的好处是能更加明确地区分不同故事点的价值预估。另一种流行的方式是用更大的区分数值，即2的倍数：1、2、4、8、16等。还有根据T恤尺寸分类的技巧，比如用小、中、大和特大来预估用户故事的规模。

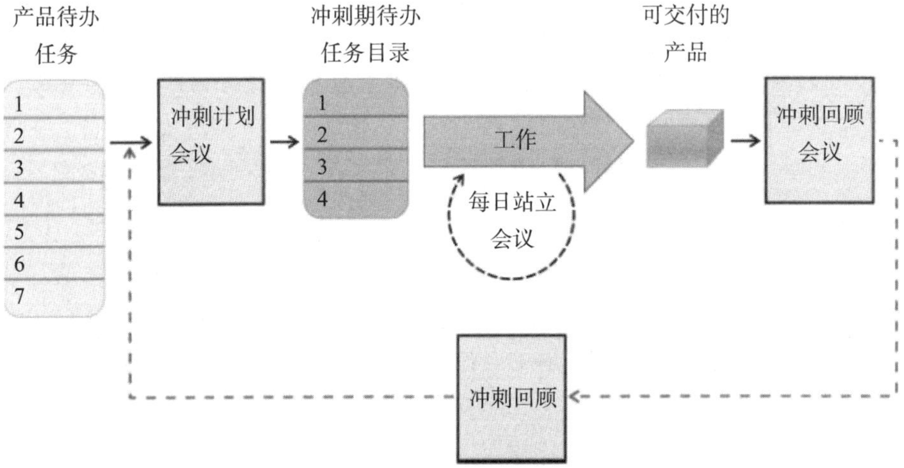

图 12–1 Scrum 框架图

那些预估故事点更高的用户故事，故事的规模以及不确定性也大，它们应当被分解成更小的用户故事，正如我们在第6章节中所讨论过的那样。那些范围过大、难以在一次迭代中完成的用户故事被称为鸿篇巨制（Epics），必须加以分解后才能进入下一冲刺阶段。许多敏捷追踪工具都可以用来把这些鸿篇巨制的故事分解为几个相关的故事，并在多次迭代之间对其进行跨周期的追踪管理。

你如果感到故事点的说法有点抽象，那你的感觉也不能说错，至少在一开始它的确如此。我们的目的就是想通过追踪分析团队在每一次迭代中所完成的故事点的数量，来研判一个团队的工作能力，这被称为团队的工作速度。当一个团队计算出平均工作速度之后，便可以根据故事点数量来规划他们的冲刺期。虽然故事点初看上去有些抽象，但这至少提供了一种依据主观经验的价值测量标准。为了计算速度，故事点的预估至少需要一个相对数值。因此在T恤尺寸的方式中，团队还是必须将每种尺寸转化成相应的数字。

图12–2中的例子诠释了团队如何在多轮迭代之间记录他们的速度。横轴表示迭代次数，从左至右代表时间顺序。纵轴代表完成的故事点数量。在12次迭代中，

团队的速度一直是一个变量（在 22 至 40 个故事点之间），这很正常。而且尽管有这种可变性，趋势线显示团队一直在提高他们的速度。

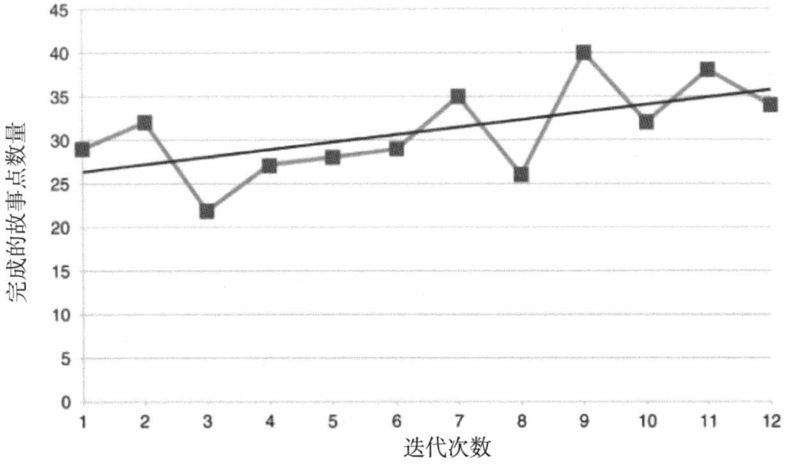

图 12–2　团队速度

Scrum 团队会运用一些技巧来减少故事预估中的误差，使工作速度更加稳定。团队之间应当经常一同讨论、预估故事点，而不是只有一位团队成员来测量一个给定故事的点数大小。有些团队会开发一套估测不同用户故事大小的参照模板，通过用户故事与参照模板的比较，有助于更准确地预估其故事点的规模。

“规划扑克”（Planning Poker）就是一种流行的技巧，可以团体形式快速生成可靠的预估。每个团队成员会收到一组卡片，每张卡片上标注相应的故事点数量（比如 1、2、3、5、8）。在讨论完一个用户故事之后，每个成员自己选择他或她预估的故事点数，然后大家同时打开卡片。当团队成员的预估相对一致时，我们可以自信地说这种预计是比较准确的。而假如其中存在明显差异，那就需要进一步探讨该故事点，以求尽可能达成估算一致。团队成员经常会在开发每个用户故事时将其分解成一组编码任务，这能确保他们认真思考实现一个用户故事所需要的工作量，避免忽略掉任何东西。另外，预估每项子任务比预估整个用户故事更加简单，因此最好从小处着手。有些团队会估计任务点的大小，也有人喜欢用开发小时为单位计量，还有些团队只是识别每项子任务但不加以评估，只是在用户故事层面进行总体估算。

在制订好冲刺计划之前，团队应该对在这次迭代周期内，计划需要完成的用户故事有一个清晰的认识。他们应该从产品待完成项目中，选取优先级别最高的那些用户故事，并且其故事点数应当与团队在这次迭代中预期的工作速度相一致。当团队中开发人员技能不一时，还有一种不错的方案是将每个故事分配给一位具体的开发者，以确保在这次迭代中团队成员工作的工作赋能得到均衡分配。

团队在冲刺迭代期间，每天都会有Scrum例会，也被称为每日站立会议，因为许多团队会站着开完这个会议，以保证会议过程简明扼要。该会议往往是每天早上要做的第一件事情，以便团队成员讨论当天的计划，通常时限在15分钟以内。团队成员简要概述他们前一天的工作，当天的计划以及目前进展过程中遇到的障碍等。

团队要从冲刺期产品待办任务目录顶部最重要的用户故事着手，在这个过程中，团队合作必不可少。有许多Scrum工具可以帮助团队管理记录他们的工作，部分流行的工具包括JIRA Agile、Rally、VersionOne以及Pivotal Tracker。这些软件能够帮助你实现对产品待办任务目录和冲刺期待办任务目录的管理和规划。团队成员使用这些工具来记录每个用户故事的进展状态。例如，某项任务从“待完成”到“开发中”，再到“编码完成”和“实际完成”。

团队还可以使用燃尽图（Burndown Chart）来表示本次迭代期中还剩哪些工作有待完成，以记录进度。根据团队所选择的计量方式，燃尽图以故事点或开发小时为单位显示剩余工作。图12–3中便是记录每天状态的燃尽图示例，横轴代表本次迭代剩余天数，纵轴代表还未完成的故事点数。从第零天开始本次冲刺迭代期，在图中的例子里一共需要完成45个故事点。这个图显示了在一次为期两周的迭代期（只计算工作日）内，到第十个工作日时的任务进展情况。理想情况下，在冲刺期结束时最后剩余的故事点数为零。

QA测试在整个冲刺期内进行。为提升工作效率，团队成员应当对开发者完成的每项工作进行逐一分别测试。当用户故事满足条件则代表着通过；否则，该故事会被拒并直接返回，要求重新开发。团队还需在冲刺期最后预留一定的时间，以便在后期测试整个产品，修复遗留的错误。我会在后文中谈到这部分内容。

每个冲刺期的最后成果都以“增量形式”添加新的产品功能。Scrum原则要求开发团队清晰定义“完成”的具体含义。对许多团队而言，“完成”意味着产品可供交付，称为“可交付产品”或“预发布产品”。许多团队发布新产品的频率和迭代频率保持一致，即在每个冲刺迭代期之后立刻将结果交付给客户；另一些则周期较长，数轮迭代后一次性发布。不论采取何种部署方式，目标都是在冲刺迭代期的最后确保产品以可交付的形式呈现。在冲刺期结束时，产品团队会举行一次冲刺回顾会议（或称为冲刺展示会议）来展现所创建的产品，这有助于确保产品能按预期计划推进，并让所有人知晓当前进展。理想的情况是，客户或其他利益相关者也会参与展示会议，并给出反馈以便设计下一轮冲刺。

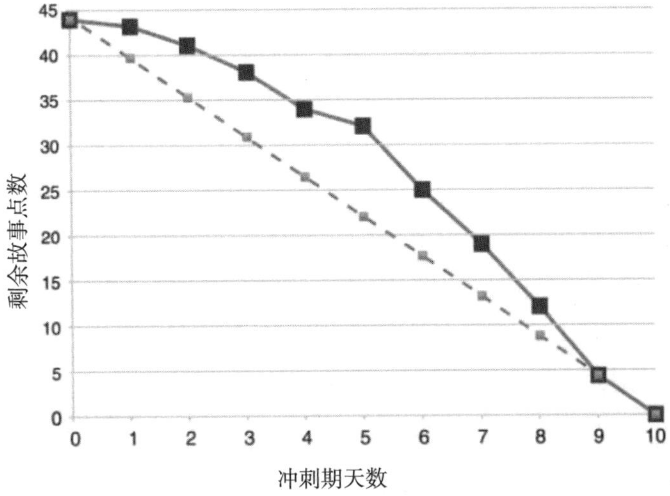

图 12–3 燃尽图

与其他敏捷方法论一样，Scrum 同样重视不断改进团队内的流程。为此，产品团队会安排回顾会议反思最近一次迭代冲刺的状况。在这些会议上，团队成员讨论之前的成功与不足之处，以及在下次迭代中应该如何改进。有些团队会在每轮之后都安排回顾会议，另一些则在两到三轮之后安排一次。

看板

另一种流行的敏捷开发方法是看板（Kanban），源自丰田公司开发的用以改善汽车制造流程的体系。丰田的生产体系注重及时生产（Just-in-Time，简称 JIT），以避免浪费。我在弗吉尼亚理工大学的硕士论文中研究过初期的看板体系和精益生产，基本可以认定这正是精益软件开发运动的前身。

在制造业中，当有额外工作需要加入到制造系统中时，工人们会使用纸质的看板作为提示信号。这些卡片在软件开发中变成了虚拟卡片，每一张代表一个工作项目，只是不再有拉动信号的意义。相反，是开发团队成员主动把下一项工作向前推进。

看板的核心概念是可视化开发。每张卡片代表一个用户故事或随之而来的开发子任务。卡片都被排在看板上，看板包含很多列，每一列代表某项工作的即时状态。从左至右，每一列按照工作流程排序。图 12–4 便是一个看板实例。从左至右，该看板的每一列内容分别为："待办任务目录""预备""开发中""开发完成""测试中""测试完成"以及"部署完成"。其定义如下：

- 待办任务目录：有待开发的项目对象，按照优先顺序排列；
- 预备：从待办任务目录中选取项目，准备进入开发阶段；
- 开发中：开发者已启动的开发工作；
- 开发完成：开发者完成工作，但对象仍需测试；
- 测试中：对象逐步进入测试序列；
- 测试完成：对象测试完成，但有待部署；
- 部署完成：对象正式发布。

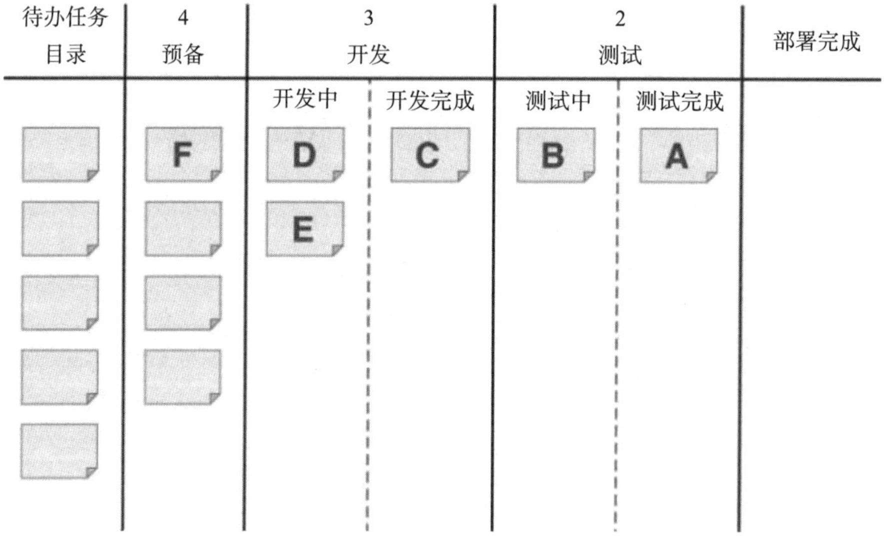

图 12–4　看板示例

有些列代表着工作正在进行（例如开发中、测试中），而有些则表示有待进入下一个工作阶段（例如预备、开发完成）。后一类列表中积攒着一系列工作，当一名团队成员完成了手头的工作后，他们便可以从该列表中选取最优先的一项开始工作。

当每个工作项目逐一经过各个阶段时，代表这项工作的卡片也会从上一列移动至下一列。任何时候，整个团队的工作状态都可以通过看板一目了然，同时也很易于从那些积累了最多卡片的列中看出瓶颈所在。

你或许已经注意到“开发”和“测试”状态不止一项，分别有进行中和已完成两种状态，这有助于让团队对工作状态有一个更清晰的认识，易于发现瓶颈。

在看板中，激活的工作数量受到“进行中的工作”或称在制品数量制约。开发团队会决定每一列所允许的最多卡片上限，称为在制品数量上限。团队成员拉动每一项工作向前推进，顺序流经各个工作状态，但要确保工作对象即将进入的下一阶段必须有空余的产能来接纳。这条规则能够确保工作流程的平稳、顺畅。开发团队应当调整好他们的在制品数量上限，从而优化工作流程。在制品数量上限会显示在各列上方，如图 12–4 所示；而且开发团队通常会为两种相关状态，例如“进行中”和“完成”状态设置同一个数量上限（而非这两种相关状态各有一个上限）。例如“开发”卡片的总数不能超过 3。这有助于每个卡片尽快从右侧移出，结束“完成”状态。

如图 12–4 中的工作对象卡片所示，当开发人员完成卡片 D 之后，他会将它从“开发中”移动到“开发完成”。但是他无法将卡片 F 从“项目准备”移动至“开发中”，因为在制品数量已经达到上限 3 了。同样的，当完成卡片 B 的测试后，他们能够将其移动至“测试完成”，但却无法引入卡片 C，因为“测试中”的在制品数量已经达到上限 2 了。为了让工作顺利进行，“测试完成”中的一张卡片就需要被疏散出去。这样之后卡片 C 就可以被放入“测试中”，空出“开发”阶段，以供卡片 F 从“项目准备”移动至“开发中”。

你还可以用泳道来进一步划分看板，即用水平线横向管理各列中的卡片。这种技巧中有许多不同的方式来分类卡片。你可以采用优先泳道的方式（即最上方的泳道拥有最高优先级）；可以为每个鸿篇巨制或每个用户故事分配单独的泳道；可以为每个人分配单独的泳道，以便更清楚地显示出每个人的工作流程；还可以在一块看板上记录下多个相关项目，将每个项目放在一个独立的行上。

看板的重点在于工作流程，它没有 Scrum 的迭代时限。当工作向前推进时，相应的工作项目也持续从看板的左侧向右侧移动。由于并不强制要求预估用户故事的规模范围，因此在 Scrum 中，开发速度的概念（指每次迭代中完成的故事点）并不适用。不过你仍然可以测量团队的生产量，即在既定的一段时间内完成的工作项目，例如，每周完成 10 个项目。假如记录一段时间内团队的产量，你应该会发现流程会持续改进，团队会变得日益娴熟，产量也会随之提升。

看板中有两个经常用到的指标，工作循环时间（即某工作项目从开始处理到交付给客户时间所消耗时间的平均值）和交付时间（即每项工作从创建之初到其完成交付所平均花费时间平均值）。重要的是要认识到工作循环时间和交付时间并不一定与工作量完全相关。某项工作可能只需要一个小时（工作循环时间 ）即可完成，但交付时间却可能由于需要等待开发团队来具体处理，而比真正用来完成项目的工作循环时间要长得多。

你可以用累积流图形象化地观察看板系统中的作业流状况（如图 12–5 所示），通过堆积图区域面积，你可以在每天收工时看到各方面的工作状态，看到还累积有多少工作卡。为简单起见，图 12–5 只用了三种工作状态：“待办”“开始”以及“完成”。可以看到工作循环时间是“开始”项的宽度，而交付时间则是“待办”和“开始”项目的宽度叠加。在制品数量则是“开始”项目的垂直高度。

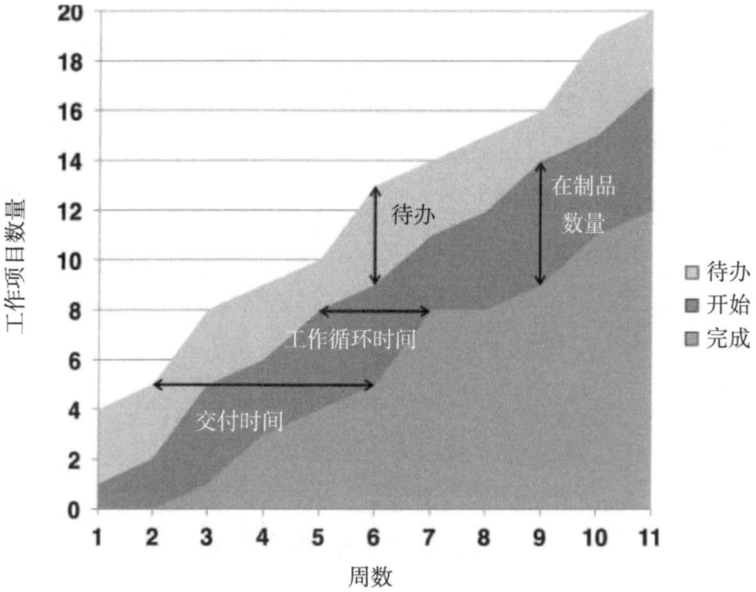

图 12–5　累积流图

看板理念体系专注于持续改善，开发团队应当定期回顾和讨论如何更快、更好地工作。持续改善的效果表现在产品的交付时间和循环时间会随着开发团队技艺逐步娴熟、流程日趋完善而逐渐降低。

许多团队的待办任务都会不断变化，某些此时非常重要的项目会随着新项目的出现而变得不再重要。不同于 Scrum，冲刺期中待办任务在每一次迭代期内经常是被锁定的；在看板体系中，团队成员可以在任何时间点改变一个看板中的待办任务。工作循环时间或许是评估看板效率更好的指标，因为它更适用于快速变化的场景。当然你也应当关注待办任务目录中的工作项目进入开发前所需的准备时间，以免降低团队的生产能力。

假如所针对的工作项目规模变化很大，你可能会注意到工作循环周期所用的时间也会长短不一，小的工作项目需要的循环周期很短，而大的工作项目需要的循环周期很长。于是有些看板团队会用到之前介绍过的 T 恤尺寸方式（小号、中号、大号等）来标记所做的项目，以确保循环周期所需的时间更易于评估。在这种情况下，你需要谙熟不同的 T 恤尺寸所对应的大致循环周期时间。

看板并没有 Scrum 中那些对各个层次的过程规定，当然也没有那些明确规定下来的工作仪式，不过许多应用看板方式管理的团队也会召开看板每日站立会议和定期回顾会议。

看板工具

许多小型的产品团队会用一块白板来代替看板，绘制一些图表来代表工作状态，并用便利贴来表示每个工作项目。这使得项目移动更加简便，任何人在工作区域都可以一目了然，掌握团队当前的工作状况。

另外还有许多数字化工具可以用来管理看板。Trello 是一种流行的可视化看板应用程序，用来管理软件产品的开发。事实上，许多人还会用它来管理开发以外的工作。它特别受到产品经理和设计师的青睐，他们可以保持自己的工作白板，并作为团队开发白板的源头。许多团队还会用 JIRA Agile 看板，以及 SwiftKanban 和 LeanKit 等流行的工具。

另一款值得一提的应用软件是 Pivotal Tracker，虽然这并非一款纯粹的看板工具。我曾有一次有幸与 Privotal 实验室合作，用 Tracker 来构建一款新产品。这段经历让我受益匪浅。Tracker 使用一块可视化的板，板上有许多列，每一列代表一种预先定义的工作状态。这个工具的一个有趣之处是能支持看板与 Scrum 的结合（事实上确实有一种敏捷方法论被称为“Scrum 看板”，如果感觉这个方法对你很有吸引力，不妨去深入了解一下）。

Pivotal Tracker 工具可以响应你的需求，帮助你估计故事点并计算工作速度；如果你不需要它执行这项计算功能，就更像是一块看板；如果你需要的话，它就和 Scrum 一样，但有一点区别是本次冲刺迭代期过程中的待办任务并不是固定的，而是动态变化的。用户故事按优先级顺序排列，可根据本次冲刺迭代中预计完成的故事点数量，自动移入或移出本次冲刺迭代过程（根据计算出的速度和本次冲刺迭代的剩余时间而定）。如果你希望以 Scrum 方式使用 Tracker，就可以选择“手动规划”模式（也称为“指派”模式），把在每次冲刺迭代期内待办任务目录中的用户故事锁定下来。

选择合适的敏捷方式

你现在已经大致了解了 Scrum 和看板两种方法，那么你的团队该如何选择呢？虽然这两种方法论各自的拥趸认为它们是截然不同的两种方法，但其实两者遵循着许多共性的敏捷原则。我认为敏捷框架就如同鞋子：你必须穿上以后才会知道它们是否合适。一种聪明的做法是选择一个看似最适合的方案，先试用几个月再说。许多团队在开始时随机挑选了 Scrum 或看板。假如运作顺利，便一直沿用；否则便转向另一种方式。总之在尝试过两种方法以后，你的团队总能认识到哪个方式最合适。

话虽如此，这里仍有些许建议，能帮助你提高快速找到合适鞋子的几率：看板往往适用于小型开发团队，因为更低的流程开销和无须预先定义迭代的时间长短，所以能使产品交付更加快捷 。但是随着开发组织发展至多个团队，看板会变得越来越难以应付。其中的一个原因便是由于缺乏预定的工作节奏，要保持所有人达成共识所需的沟通成本越来越高。如果团队有强大的协作功能，那么你能够藉此放大看板的使用范围。而假如组织内有多个开发团队需要协调工作，那么工作节奏更加可控的 Scrum 就更能使你受益。

不管使用哪种敏捷方法，要让产品发布时间准确到板上钉钉都是个难题。绝大多数的瀑布式组织习惯于用一种从上至下完整的路线图，明确指定每项功能应该具体完成的月份或季度，虽然这些时间节点常常会因为延误而成泡影。当这样的组织改为使用敏捷方法后，许多人仍然会固守着瀑布式心态，来看待产品待办任务目录。我喜欢用"敏捷瀑布"这样的组合词来描述一个公司在从瀑布式向敏捷方式转变过程中，在两者之间无所适从的尴尬场景。如果你的组织很难抛开时间节点的限制，要不就觉得心里没底，那么 Scrum 或许比看板更加适合。在 Scrum 中，你至少知道在每轮迭代后还有什么工作可做，并且能大致预估出每项功能需要多少轮冲刺迭代才能完成。绝大多数看板团队并不会在评估工作量或预测完成日期上花时间。通过仔细记录你的工作循环时间并运用一些简单的统计技巧，在项目中运用看板并达到较高置信度的规划也是可能的，但是许多开发团队很难做到这种精确的记录。

不论选择使用何种敏捷方式，我都强烈推荐用一个良好的工具软件来管理你的工作——适合各种敏捷方法的工具很多，足以让你从容选择。一些团队中最常犯的错误，便是随便使用一种通用性的工具，而非认真选择对你的开发工作而言更适用的工具。我同样建议你先试用所看中的工具，如果在一个月后感觉不尽如人意，那么再另辟蹊径。

我遇到过许多开发团队，他们不喜欢某种特定的方法或工具，这是可以理解的。不过我也发现有些团队似乎患有"这山望着那山高"的毛病，他们在对一种工具稍作尝试后便失去信心，转而选择了另外的方式和工具，个把月后又感觉不趁手，想再换回来。如此反反复复，莫衷一是。如果你的团队在经历过一段时间后仍然没有找到最合适的方法和工具，你或许应当退一步进行反思。这有可能是一个信号，表明你的团队缺乏必要的恒心或者培训，也可能两种情况都有。

如果遇到这样的状况，让你的团队集体参加敏捷训练会很有帮助。我曾见到过许多团队，在大家还没有对新方法达到足够理解程度时，就贸然采用这种方法进行产品开发，毫不奇怪这会让大家手忙脚乱。在选择一种全新的工作方式之前，评估团队中每个成员的知识水平是必要的。即便有几位团队成员在之前任职的企业中有过 Scrum 或看板的工作经验，很可能他们的操作手法也会存在显著差异。如果不向他们提出新的要求和期待，团队成员很可能会认为你只希望他们走走过场就好。所以务必让团队中的每个人能同时认同产品开发方案，这一点非常重要！这可以使团队成员建立起相同的预期，减少彼此之间的误解，提升工作效率。

敏捷与成功

不论采取何种敏捷方法，以下这些建议应该会帮助你更成功地创建产品。

跨职能合作

敏捷的成功取决于强有力的跨职能团队的相互协作。产品经理、设计师、开发人员、品质保证以及其他团队成员之间每天都应当充分、自由且频繁地沟通。首先要极力避免各职能部门画地为牢，要保证团队成员之间相互理解，从而加快工作速度，面对面的实时沟通是完全必要的。高效能的团队还会另外采用聊天工具、开发记录工具（例如 JIRA Agile）以及协同分享软件（例如 Wiki 或 Google Docs）来加强沟通，提升团队工作效率。

尽管在特定阶段，有一个特定的职能部门担负起主要责任或发挥领导作用是自然而然的事情，但整个产品开发流程会涉及每一个职能部门。简而言之：产品经理撰写出用户故事，然后由设计师制作出工件，交由开发人员进行编码，再由测试员验证功能。产品开发是一项团队工程，开发者与测试者在早期阶段也需要一定程度的介入，以便了解产品决策的前因后果、了解用户故事以及所期待的用户体验。团队应当鼓励他们全程参与，积极提问作贡献。同样，产品经理与设计师也应当介入到开发与测试的过程中去，这样做的一个特别理由是，此时可能会突然出现不可预见的问题或困难，需要他们的一臂之力。我们在财捷集团中经常会说：好的创意会从任何角落出现。你可以用一种很简单的方式判断团队成员的合作水平，就是看他们经常称呼对方“我们”还是“他们”，便可以有一定的认知。

有效的协作能够帮助团队成员分享愿景、避免误解，并使得团队行动更加快捷。团队中的每个成员每天都需要作出不少与产品相关的决策。如果能够拥有共同愿景，知道工作目标及其背后的逻辑，他们便更有可能独立作出能够支撑组织愿景实现的自我决策。

精密排序

你应当保持一份最新的、严格根据优先级排序的待办任务目录。你应当清楚地知道，当资源允许时，自己下一步计划实施的一组用户故事应该是什么，这对你来说很重要。只有这样才能保证快速行动。高科技产品团队通常是在动态变化的环境中工作，任务需求与优先顺序经常处在快速变化中，仅仅用高、中、低三个优先级来标识项目是远远不够的。你可能同时有 15 个高优先级的待办任务，如果你对这些项目的精准优先级难以掌握，那么当时间允许时，你就难以判断应该先让开发者着手哪个项目的开发。优先级别是有效果的，但显然还不够；你同时还需要为每个层级的待办任务再排列内部顺序。我坚定地推崇严格优先级排列（与模糊优先级排列相对），这能够让你轻松找到下一个目标。同时，当有新的需求出现在待办任务中时，你也会立刻知道该如何作出调整。

在针对待办任务进行优先级排序时，你需要在保持精确性的同时兼顾灵活性。在任何时候，你都应当对优先级顺序了然于胸；但同时还需要能快速把新的需求与变化纳入其中综合考虑。我很喜欢用水和冰来打比方。大多数时候你的待办任务目录就像冰块，顺序排列是冻结、固定的。但当有新的需求加入或优先级发生变化时，你要很快将冰块融化成水，重新排序。而当待办任务目录更新之后，应该再次冻结、固定。遵循这种方式就意味着待办任务目录永远保持在最新状态。开发人员可以快速从中拿到最重要的部分，马上开始工作，而不需要等待他人的确认。

为开发者充分定义产品

为开发者提供开发产品所必需的信息是极为重要的，而一份清晰、明了的用户故事，再配以框架图或模型，通常就能玉成其事。如果团队内已经有了现成的风格指南，而又没有引入任何新的、重要的用户体验元素，那么只有框架图就够了；然而，如果需要传达视觉设计细节，那就需要使用模型了；而对于那些纯粹在后台运行，不涉及任何用户体验的功能特性，就既不需要框架图，也不需要模型。此外，团队应该确定，他们正在定义的不只是“愉快路径”（靠主观想象得出的用户行为路径）。相反，他们应该周全地考虑到他们所定义的用户行为路径可能要适用于各种不同的情况和条件。这是一种平衡的艺术。一方面，你想要在开始工作前就为开发人员做出尽可能详尽的定义，不遗漏任何重要元素，让他们能够充满信心地开始创建产品；另一方面，你又不想进行过度分析，以至于在每个细节上浪费时日，导致整个项目的进度延迟。

不能让开发者无米下锅

许多团队都希望将用户体验设计集成到敏捷开发过程之中，而 Scrum 的指导方针中并没有明确如何处理这个问题。如果设计师在为一个用户故事创建框架图的同时，另一位开发者已经开始编码，这显然无法有效协同工作。

为了让敏捷团队高效工作，开发者在启动一个全新的用户故事后就需要立刻开足马力，意味着团队必须要事先敲定用户故事以及设计工件。因为要实现一种平稳的工作流，设计人员至少需要提前一到两个冲刺期就开始对本轮冲刺期进行设计。换句话说，在第 N 轮冲刺期的最后，设计师便应该已经完成了第 N+1 或 N+2 个冲刺期的设计工件。当然，设计师也要依据明确的用户故事作为基础才能有的放矢地进行设计。因此产品经理就需要领先设计师一到两个冲刺期。

你要达到的目的就是要确保不能让开发人员无米下锅的局面出现，待办任务目录里的内容至少要保证开发人员在一个冲刺迭代期内满负荷地工作。这其中涉及对平衡的考虑，因为你不想提前把太多的冲刺迭代期定死，毕竟情况有可能会发生改变。虽然我描述的是 Scrum 的情况，但这同样适用于看板。根据设计师的工作周期时间，产品经理应当确保在“可供设计”队列中有足够的卡片。同样，根据开发人员的周期时间，设计师应当保证在“可供开发”队列中储备足够多的卡片。

此外，产品经理与设计师都不应该在封闭的环境中开展工作。团队应当在本轮冲刺迭代期间抽出时间来回顾和讨论用户故事，并为未来的冲刺周期进行设计。

分解用户故事

要做到敏捷，就要做到科学地分解。我在前文中也提到过，用户故事不应该超过某个合理的规模范围（例如，可用故事点数量来测量）。除此之外，你还应该将用户故事分解成尽可能小的模块。例如某个用户故事有 5 个故事点，那么尽可能将它分解成有一个包含三个故事点的用户故事和一个包含两个故事点的用户故事。或者更理想的是，将其分割成更小的规模，即两个包含两个故事点的用户故事和一个包含一个故事点的用户故事。这初看起来很难，但是与许多事情一样，也可以通过练习来不断提高这方面的能力。如果你无法更进一步分解用户故事，那么开发人员也可以通过尽量细分需要完成的任务来实现用户故事。假如这样做还有困难，那么也可以通过细分他们计划采取的步骤来完成工作。

更小规模的用户故事和任务会减少估计错误。将用户故事分解得更小，往往意味着你对其思考更为缜密，这也进一步减少了不确定性的风险。你可能会在分解某个用户故事的过程中发现，一些元素比另一些来得更加重要，从而帮助你改善优先级。这种建议在看板中同样适用，即便你没有用到故事点的方法，也要努力尝试将较大的工作卡片分解成多个小规模的工作卡。

在本章我们讨论了许多有关如何使用敏捷方法创建产品的内容。产品开发过程中的另外一个重要组成部分是测试。在这个环节，你能在向客户交付之前检测所创建产品的品质。测试是品质保证的一部分，其中涉及众多开发者必须遵循的原则，能够指导他们创建出为顾客所接受的高品质产品。

品质保证

软件产品本身就是相当复杂的。产品很少能 100% 按照预期投入运行，因此在向客户交付之前，你需要制订一些计划来确保产品的品质。如果无法处理好产品的品质问题，你可能会遇到客户投诉、营收减少，甚至可能让团队的资源白白浪费。

尽早找出缺陷以减少资源浪费是精益的原则之一。等到产品发布之后才发现的重大缺陷会比在开发过程中发现的缺陷代价更高。首先，这对客户造成了负面影响。其次，团队成员要找出其中的根本原因并加以修复通常更耗时间，因为他们此时重启炉灶来编代码要比在工作过程中进行修改，效率低得多。然后，由于这些缺陷与产品同在，因此顾客在使用产品过程中痛苦会如鲠在喉，直到你修复故障，新代码投入使用之后方能化解。

品质保证测试应当为此发挥重要作用。编码标准能够让不同开发者避免在个人风格上的过度差异，消除可能导致品质问题的不一致性，实现代码一致性。编码标准也能帮助一位开发人员更易于读懂、修改另一位开发人员所写的代码，使其更易于调试和维护，进一步提升开发人员的生产力。

在代码审核中，由一位开发者检查其他人的写的代码，这样更容易找到原开发者没有发现的错误。检查人员通常也会产生更好的想法来改善代码。代码审核可以尽早发现潜藏的缺陷并在测试之前加以修复，这确实是一种很不错的方式，可以让开发者们彼此相互学习。

比代码审核更进一步的是配对编码，是一种两个开发者同时完成一段程序的工作方式。他们两人相邻坐在同一台计算机面前，注视着同一块屏幕。其中一位开发者操作键盘输入，编写代码。另一位开发者扮演“观察者”的角色，检查同伴所写的代码。两位开发者可以彼此切换角色。这种配对编码的方式有利于促进彼此间的学习，往往能创造出品质更佳的产品设计。配对编码是极限编程的核心原则。

品质保证测试包括两种类型：手动测试与自动测试。手动测试是指一人或多人参与产品互动来验证产品是否按预期运行。手动测试也被称为“黑盒”测试，因为测试人员不需要任何专业知识，也不需要了解产品的构成以及所采用的技术。许多公司都配有全职的专业品质保证测试员。对于那些没有专职人员的企业，测试工作会落在团队其他人员身上（例如开发人员和产品经理）。在这种情况下，开发人员常常需要测试他们自己的代码。有专职品质保证测试员的好处是，他们比检查自己代码的测试员更有可能发现隐匿的问题，因为他们会用新的视角来进行检测。此外，如果有专职的测试人员保证，测试就能够更加充分：首先，由于品质保证是他们的主要工作，测试员会更专注于自己的业务。其次，合格的品质保证测试员会系统化地开展测试，他们会应用更多的测试条件与环境。然后，熟练的品质保证人员会掌握更多测试技巧，能够找到最适合的方式对软件进行检查，对可能出现的各种问题也更加了然于胸。

在自动测试中，人们会使用软件来对产品进行测试，并比较实际结果与预期结果之间的差别。一个人（通常是开发或测试人员）必须首先定义每一项自动化测试作业，在定义清楚之后，就可以随时启动这项作业。每次当一套测试运行完毕后，都会生成报告，指出产品有哪些部分通过了测试，有哪些部分未能通过测试。自动测试的一个好处是可以省去大量手动测试，尤其是那些需要反复进行的测试。当然，这其中也有潜在风险，因为其测试质量完全依赖于团队编写的测试用例。假如对某些功能并没有编写测试用例，那么它们便不会被测试到。而在手动测试中，测试者的智慧与创造力会发挥显著作用，往往会更细致地从更多方面，运用诸多条件来检测一款产品，这也是自动测试所无法企及的。在产品发布之前，通过手动测试而发现的问题，经常被用来弥补自动测试用例。此外，当团队改变了某些功能或用户界面之后，他们也必须相应修正自动测试中的测试用例。

在构建新的功能或改善现有功能时，开发团队应当测试产品的两个不同方面。一方面称为验证测试，即检查新的或改进的功能是否达到预期，验证其是否符合相关的用户故事和设计工件。有些时候，最终生成的产品与设计有偏差，这往往是由于其中有错误或者误解造成的，也可能是开发人员有意为之，或者是因为他认为一定按照指明的要求来实现这款产品的话，根本不具备可行性，或者是他故意选择了难度较低的方案。即便在那些产品与预期完全一致的情况下，开发团队也可能会发现其中有所遗漏，或者是存在错误。所有这些问题，都应当在验证过程中被检测到。

产品测试的另一个方面是，要确保在进行功能改善或创建新功能时，原有的功能不会受到影响。换句话说，你在为产品添加功能 D 的同时，还需确保功能 A、B 和 C 仍然可以正常工作。这便是所谓的回归测试。在这种情况下，“回归”意味着“回到最糟糕的状态”，即可能由于引入之前不存在的新功能而导致现有功能发生前所未有的故障。

许多公司在实战中会把手动测试与自动测试结合使用，这非常实用。手动测试在首次验证新功能（验证测试）时非常有效，这时团队很可能还没有形成相关的测试用例。手动测试员可以尝试用不同条件及其组合来找到一些极端情况。随着你添加越来越多的功能，产品也日渐成熟以后，回归测试的工作量也会不断加重。你在产品规模有限时可以用手动测试，随着产品规模越来越大，就很难再通过扩大品质保证团队的人员规模来满足测试需要。这就是为什么自动测试非常适合用在回归测试中。随着团队不断增加新的功能，他们只需要添加新的测试用例，并在必要时更新以前的测试用例即可。

由测试驱动的开发

许多敏捷产品团队会使用由测试驱动的开发，即由开发人员在编码之前就编写好自动测试方案的一种技巧。在编写希望得到的新功能或者功能改进之前，开发者就应该思考如何测试并编写新的测试用例。该测试用例在开发者首次运行时应该是失败的，因为它还未改变代码。如果首次测试顺利完成了，那就说明开发者并没有把测试方案编写正确。开发人员应着手编写代码，直到他们认为自己已经圆满完成任务，然后再次运行测试。如果这时测试没有通过，那么开发人员便需要继续修改代码直至测试顺利通过。测试成功后，开发人员通常会重构代码以改善其结构、可读性和可维护性而不影响程序的功能（保证它能够继续如期工作、通过测试）。

测试驱动的开发也被称为 TDD（Test-driven Development），它通常可以保证你有更高的测试覆盖率，即产品功能接受自动测试的百分比。结果是你漏检的回归缺陷更少，从而提升团队在修改现有代码时的信心（因为自动测试会让他们很方便地确认自己没有搞坏任何事情）。因为在产品变更时要不断进行测试，TDD 确实会产生一些额外的费用。但假如团队希望随着产品的成长，扩展自动回归测试的作用，那么他们便必须要随着新功能的开发不断撰写新的测试用例——无论他们否希望采用 TDD 方法，情况都是如此。

连续集成

许多产品团队使用连续集成（Continuous Integration）的方式来加快产品开发迭代进程。要解释连续集成，就需要从软件开发者如何管理代码入手。开发团队通常使用版本控制系统来管理、记录每次编码的版本，这样便于查找与管理变更记录。版本控制也在你需要把代码恢复到先前任何状态时简化了流程，可以快速从错误的变更中恢复回来。在撰写本书时，Git 可以算是业内最流行的敏捷开发版本控制系统。

当开发人员进行修改或补充时，他们以当前确认的稳定版本的代码基底（code base）为基础，称之为主线或主干。版本控制允许开发人员从主干中取出独立副本（也称为分支），可以对其进行任意修改而不影响主干。当开发人员完成新功能的开发之后，他们会将修改部分返回到版本控制系统。在这样做之前，每个开发人员都应该执行他们所编写的测试用例，并运用这些测试用例进行单元测试（Unit Testing），并确保其能顺利通过。开发团队的成员都并行工作，分别提交他们的修改内容。在合并构成新的主干并发布时，所有的变更都已经整合或“集成”到这款新的产品版本上。这时，就要对新产品进行集成测试，以确保其能够按预期顺利工作。

在以前，集成通常都是手动完成的。连续集成则是通过一个自动化的构建过程，根据最新提交的代码，来创造出一个新的产品版本。新构建出的产品会被自动测试，并且团队成员会被告知测试通过或是失败了。他们会修复这期间发现的任何故障，当新的代码通过各项测试后，便可以畅通无阻地准备部署了。不同团队以不同频次进行连续集成：有一些是每天进行，另一些则可能是一天多次，还有的是在每次代码提交后马上进行。连续集成能帮助团队比其他任何方法都更快速地找到并解决产品开发中的问题，从而提升团的队迭代速度。这符合尽早检测出缺陷以避免浪费的精益开发原则。连续集成让团队在每个问题发生时就及时加以处理，而不是让问题由于迭代不及时而在不知不觉中累积成大麻烦。另一个好处是，如果采取这种方式，代码就总是处于可交付状态，能给你更多的灵活性，让你在任何适合的时候都能交付更新后的产品。测试覆盖率直接影响了连续集成所带来的收益：测试率越高，收益越大。

连续部署

许多使用连续集成的团队还会使用连续部署（Continuous Deployment），即当代码顺利通过所有测试后自动完成部署。一些公司会把它自动部署到内测环境中（一种客户无法访问的内部环境）；还有一些公司会直接部署到生产环境中去。这就要求部署过程实现自动化。DevOps①这一新兴领域专注于构造、运营快速变化的、极具弹性的大型化系统，它的出现推动了自动化操作任务的进展。连续部署取得成

① DevOps（即 Development 和 Operations 的组合）是一组过程、方法与系统的统称，用于促进开发（应用程序/软件工程）、技术运营和品质保证部门之间的沟通、协作与整合。——编者注

功的一个关键因素就是，要在发现任何问题以后，有能力快速恢复到原先版本的代码，这被称为自动回滚（Automated Rollback）。监测产品正常状况的各项指标就是用来触发自动回滚事件的。

我们来看一个例子。一位开发者提交了一段新代码，在网站上实现一项新的功能。所提交的变更通过连续集成进行各项测试，并自动化部署到运营环境中去。在新代码部署之后，网页的加载时间延长到了让人无法接受的程度，导致客户的使用性能急剧下降。于是页面加载时间过高就触发了自动回滚事件，网站自动恢复到加载这段代码之前的版本上去。

为了更好地运作，连续部署需要依赖一个强大的分析系统。多项技术指标跟踪着服务器的正常程度和性能状况，确保系统正常工作，同时还要记录产品的使用状况。系统需要能够判断新的部署是否会妨碍到用户的登录操作或其他关键功能的使用。另外还要分析并记录实际业务的正常程度。例如，你有一个在线交易网站，而客户所下的订单在部署了一些新代码之后骤然减少，这时你就会希望自动触发一次回滚事件。

本章涵盖了大量产品开发过程中的实际情况。我在此分享了一些建议，并概括性地介绍了一些重要概念。这里所涉及的许多课题都有完整的专著加以论述。在敏捷开发、品质保证以及 DevOps 等领域中的一些最佳实践，可以说已经上升到了艺术层次，使得产品团队工作更具效率。这些概念都有一个共同的主题，即帮助你在更短的时间内，以更小的风险，创建出更出色的产品。

在发布产品之后，你随之就可以接着再获得分析的收益。一个强大的分析平台有助于你对业务进展状况，以及客户使用产品的情况了然于心。通过对一段时间内的指标表现进行分析，以及对自己主动求变时的指标变化进行分析，你就会总结出很有价值的洞见，从而不断提升产品的品质，以求至臻完美。在接下来的两章中，我们将介绍如何使用分析方法来优化你的产品和运营。

THE
LEAN PRODUCT
PLAYBOOK

How to Innovate
with Minimum Viable
Products and Rapid
Customer Feedback

第 13 章
测量你的关键指标

当你构建了一款前所未见的全新产品，在发布前后，都会用到各项客户调研技巧。由于在产品发布之前你还没有自己的客户群，因此会较多地依赖于对潜在客户的定性研究，以便从他们那里得到对产品的直接反馈。当然你完全可以在产品上市之后，再通过用户调查得到产品反馈。只要有了一款现实产品和一个使用产品的用户群体，你就可以获取许多原先无从知悉的信息。现在你也可以利用另外一些定量的调研方法来得到产品的反馈信息，例如分析方法和 A/B 测试方法。本章将介绍如何使用分析方法来为产品建模并测量你的产品与业务。接下来的一章会衔接本章内容，提供了一种结构化的过程，运用分析手段来不断改善产品与业务，其中还包含了一个实战案例。

分析与其他学习手段

在深入研讨分析技巧之前，我希望和大家分享一个实用的框架，这是由我的同事克里斯坦·罗雷尔（Christian Rohrer）提出的，他是一位非常成功的用户体验设计与调研总监。这一框架把你能从客户那里了解情况的方式进行了分类，图 13–1 即展示了一个简单的罗雷尔框架。纵轴代表你可以收集到的信息类型：有关态度的信息与有关行为的信息。有关态度的信息就是指客户的意见和观点。假如你向客户展示一个登录页面模型，他会告诉你他喜欢配色中的绿色，还很愿意点击那个大大的“购买”按钮。在这些陈述中就传达了有关态度的信息。

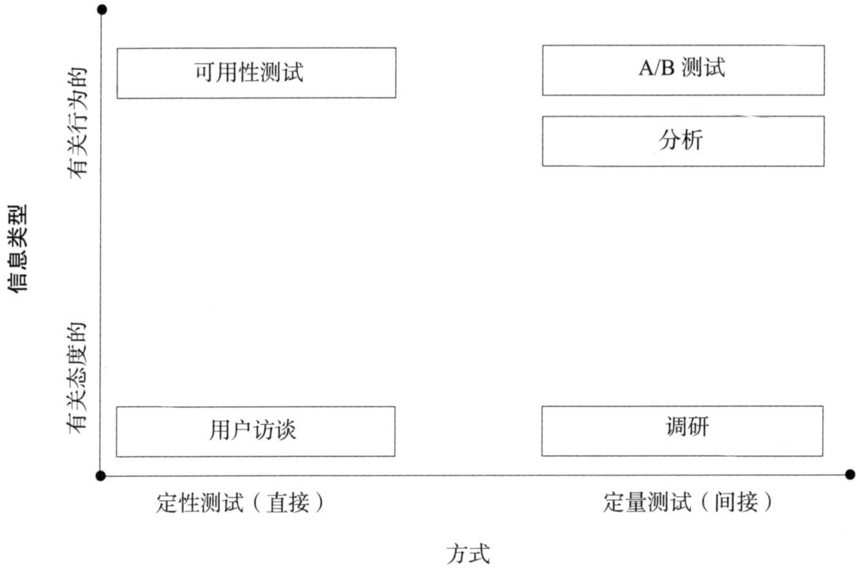

图 13–1　调研方式框架

相比之下，有关行为的信息是指用户实际所采取的行动。如果你发布了登录页面，就可以进行一对一的用户测试，观察哪些客户会点击“购买”按钮。你还可以使用分析技巧来计算在访问登录页面的用户中有多大比例会点击这个按钮。这两种都属于用户行为信息。

框架的横轴代表着收集信息的方式，既有定量的，也有定性的。假如你与 10 位潜在客户进行一对一的访谈来了解他们对产品的认可之处和痛点，或者你观察一位客户是如何使用你的网站的，这两种方式都是定性测试，这种研究是基于对客户的直接观察。

与此相反，你需要从许多客户那里收集调查结论，才能形成定量的信息。你不会去特别关注某一位客户，而是关注对一个大群体的统计结果。比如可以观察有多大比例的客户点击了“购买”按钮，并根据他们的点击情况来追踪转化率，或者给成千上万名用户发送电子邮件，了解他们的观点和偏好。在这两种情况下，分析其结果都可以得出定量的结论。

奥普拉和斯波克式

定性与定量的研究方式都很重要，彼此相辅相成。定量研究可以告诉你有多少客户选择做（或不做）某事，但是你无从知晓客户为什么这样选择。另一方面，定性研究将帮助你了解客户这样做的根本原由。但是它不会告诉你有多少人会出于某个特定理由如此行动。在市场研究中，惯常的做法是以定性研究开始，先搞清楚你向客户提出的问题以及客户对此给出的答案（就是“为什么”)。根据这些信息再开始定量研究，统计有多少客户会给出这种答案。

我喜欢将定性与定量方法分别称为“奥普拉和斯波克”来加以区分。奥普拉（Oprah）是一位脱口秀电视节目名人，她与嘉宾的交流方式是纯定性的，喜欢和对象进行一对一的、长时间的深度访谈，以了解他们的观点。而《星际迷航》(*Star Trek*）中的科学官斯波克（Spock)，则完全是一个讲逻辑、重定量分析的角色，他所有的决策都严格根据客观数据，讲究用数字说话。当你在验证第一版产品 – 市场适配时，奥普拉的这种方法非常适用。而在产品发布之后，虽然你仍会用到奥普拉的方式，但应该开始用斯波克的方式来逐步优化产品了。

用户访谈

在图 13–1 的四个象限中，每一个都代表了一种不同类型的认知途径。用户访谈位于定性和态度构成的左下象限中。在访谈之中，你尝试理解使用者的需求和喜好，希望确定他们思考问题的方式和他们所处的背景环境。你并不重视观察用户的行为，而是提出各种开放式的问题，主要倾听和了解他们的想法和态度。详情可回顾第 9 章中有关如何执行有效客户访谈的内容。

可用性测试

可用性测试属于定性的和有关行为的测试。与用户访谈相似，可用性测试也属于定性范畴，你同样会关注用户所说的话，而且更专注于客户的行为，你希望看到他们实际做什么或者不做什么（即行为)，而非让用户告诉你他们想或者不想针对你的产品采取某种行动（即态度)。其目的在于通过观察客户对产品原型或最终产品的使用情况，来了解他们的行为习惯。同时，对竞争对手的产品进行可用性测试也会给你带来许多宝贵的信息。

即便重点是调查可用性，许多可用性测试中亦不可避免地会掺入客户主观态度的反馈信息。在许多用户测试中，你会明确询问客户一些探索性的问题，就如我在第 9 章所谈到的。重要的是你必须始终搞清楚，你希望从客户那里得到的信息类型和客户能够提供给你的信息类型始终是要保持一致的。

调研

调研位于定量与态度构成的右下象限。这是一种定量分析，因为你的目标是从广大的使用者那里得到总结式的结论，了解客户的总体态度；同时这是一种有关态度的调查，因为客户会告诉你他们是怎么想的，你不会收集他们如何使用产品的相关数据。

没有哪一种用户研究类型会像用户调研这样被我一而再、再而三地反复提及，因为我看到它们被误用的情况太常见了。一项设计良好的调查能够产生非常有价值的信息，不过首先你必须清楚，应该出于何种目的使用它们，以及其使用界限在哪里。假如你调查了 1 000 名客户，邀请他们按 1~10 的评分区间，对“是否使用一款全新的、操作灵便的图片分享软件”给予评分，那就是很不恰当的。为什么呢？第一，他们对你的产品几乎一无所知。你的产品描述是“一款全新的、操作灵便的图片分享软件”，这一样的产品信息描述太笼统了。这不是一款现实的产品，也并非可点击的框架图，更算不上模型，因此客户所得到的信息太过模糊，又如何能准确判断自己会不会使用呢？我曾经屡次看到受访者在被要求回答提问时，根本就没有得到足够的有效信息。

第二，由于在调查中，客户往往带有主观偏见，因此你需要对结果持保留态度。人们容易将肯定或否定的态度带到新产品的使用中，这和他们最终的行为往往并不相符。我宁可通过冒烟测试来测试一款新产品的登录页面。我会在其中包含一个“购买”按钮，或者要求人们在测试版的等待列表中加入电子邮箱地址，并观察、统计转化率。这些行为数据在回答相同问题时会比调查更为可靠。

第三，调查问题的结果很可能受到你对问题所做的描述以及所提供的答案选项的影响。如果你准备依赖调查数据来作出重大决策，这确实有些让人担心，因为你得到的结果完全可能因为你如何提问而发生很大变化。假如无法区分高质量与低质量的问题设计，你可以自己作为受访者亲身体验一下。使用调查手段应确保调查被用作一种符合你期望的正确的信息挖掘工具，并且采用了正确的调查设计技巧（或找到了拥有这种技巧的人）。

如果说调查不适合采用某些类型的问题，那么哪些问题是适合的呢？其实，在用简单问题询问受访者对已知事物的态度或看法时，这非常有效。例如在第 4 章中我介绍过用调查的方法来评估重要程度与满意程度。调查还可以帮助你了解人们对你的产品与品牌的感受，也可以用这种方法来了解他们如何品评你与竞争对手各自的产品。通过跟踪性调查，按照一定的周期间隔，询问客户一些相同的问题，还可以用来发现一段时间内的趋势走向。

净推荐值

一种得到广泛使用的、基于调查的指标是净推荐值（Net Promoter Score），简称 NPS。该指标是基于对一个非常简单问题的回答结果，即“你向朋友或同事推荐（X 产品）的可能性有多大？”可能性的范围从 0 到 10 不等，10 代表“极有可能”而 0 代表“完全不可能”。给 9 到 10 分的客户称为推荐者；7 到 8 分的称为被动者；而 0 到 6 分的称为批评者。计算 NPS 时，就用推荐者的百分比减去批评者的百分比。NPS 的范围从 −100 到 100 不等。

NPS 测量的是客户对产品的满意度，从中折射出产品 – 市场适配性。客户会在他们非常满意时推荐某个产品。单次 NPS 调查得到的平均分是比较有价值的。但其最主要的价值来自于通过周期性的持续调查，记录和跟踪 NPS 在一定时期内的变化趋势随着产品 – 市场适配性不断提高，NPS 也应该相应提高。当然，当产品出现问题时，NPS 也可能出现下降的情况。由于其涵盖了客户的整体使用感受，因此可以在更加广泛的领域提醒你，不仅要注意产品本身的问题，还要注意客户支持服务方面的问题。这也是为什么我们一直强调要在调查中包含一个开放式的问题，要让他们解释一下为什么给出这样的评分。另外你还可以比较与竞争对手 NPS 的分数差别，以评估你的产品在竞争中所处的位置。

肖恩·埃利斯的产品 – 市场适配问题

肖恩·埃利斯（Sean Ellis）是一位极有天赋的市场营销大师，亦是精益创业的实践者之一。他提出了“增长黑客”（Growth Hacker）的概念并开办了社区网站 http://growthhackers.com。埃利斯也是客户观点洞察企业 Qualaroo 的首席执行官，帮助过许多企业实现了客户的高速增长。

埃利斯与我一样都认为在实现产品 – 市场适配之前，不应该盲目投资。于是他提出用市场调查来评估产品的市场适配水平。在调查中，他要求这样询问用户："如果没有了（产品 X），你感觉怎样？" 有四种可能的反馈，分别是：

- 非常失望；
- 有些失望；
- 并不失望（因为这个产品不太实用）；
- 这个产品不好用（我已经不再使用了）。

在对不同产品采取这种方法进行市场调查之后，埃利斯得出的经验性结论是：发现有 40% 甚至更多用户回复"非常失望"的产品往往实现了市场适配。根据产品类型的不同，这个阈值可能会有变化，但这是一条很好的经验法则。要取得更准确的结果，埃利斯建议随机抽样调查使用产品至少两次并且在最近还刚刚使用过的客户。在询问这个问题时，同样要遵循以开放式问题结尾的提示方式："请告诉我们为什么你选择了这个答案。"这也是我对 NPS 的建议。

分析与 A/B 测试

图 13–1 的右上象限是定量的和有关行为的，也就是分析与 A/B 测试。分析让你能够测量用户的实际行为，避免他们言行不一的情况。与对用户行为的定性调研不同，分析方法会通过收集大量用户行为，从而让你得到具有统计学意义的结论。

举例来说，假设你有一个登录页面，分析后发现转化率只有 5%，远低于原本预期；于是你设计了一款全新的、改进后的登录页面版本。你采用了可用性测试，询问客户对新页面的反馈。这种反馈通常是积极的，10 个受访者中有 9 人都表示他们会点击"注册"按钮。于是你决定发布这款产品。在此之前，你还不确定对新产品效果的预测是否正确。最后的转化率是不可能达到 90% 的，这种虚高值在有人主持的可用性测试中经常遇见。你希望转化率会有提升，但是仅以目前的可用性测试结果的数值作为依据，你很难对转化率作出正确的量化预测。

A/B 测试让你可以将一部分客户流量引导至新版本，而其他的客户仍然使用旧版本，跟踪并记录二者各自的结果，这样你就可以知道在转化率中所引起的差异。当拥有更大的客户流量时，你就更有把握对两个版本之间的不同效果做出量化评估。

分析手段对任何想要了解其产品使用情况的团队都是非常重要的。分析无法告诉你所有的情况，你仍然需要用定性研究来理解客户；但离开了分析你却完全是盲目的。套用彼得·德鲁克的话说，就是没有测量，就不会有管理。A/B 测试建立在分析的方法论上，让你对自己的改变所带来的影响有一个更准确的预期。这是各种实验的一个平台，也是一种强大的工具，能帮助精益团队得以迅速创新。

值得一提的是，罗雷尔完整版的框架中还包括第三维度“使用情境”。他区分了各项调查方法所对应的产品使用情境：“产品的自然使用状态”（例如分析方法）“使用产品脚本”（例如可用性测试），以及“不使用产品的”（例如探索访谈）。我认为你应该了解一下这一完整版框架，它对多种不同的用户体验调查研究方法进行分类。

现在我们对分析与 A/B 测试所适用的场景有了更确切的认识，下面我开始介绍一些使用这些强大工具的框架。

分析框架

对于任何业务，你都可以跟踪一系列指标来描述其运作状况。因为有这么多指标需要你加以改善，因此运用一个完整分析框架来囊括整体工作会很有帮助。这样就能让你更明白如何将各项指标整合在一起，并帮助你找出应该重点关注的领域。

财捷集团的分析

当年我在财捷集团推出一款网络产品后，计划对其进行记录和跟踪，以便改善我们的产品与业务。我创造了一个分析框架，覆盖到了我们业务的四大核心元素。

1. **流量获取：**有多少潜在客户（新访客）是受到我们营销计划的吸引来访问网站的？
2. **转化率：**访问网站的潜在客户中有多大比例最终成为注册客户？
3. **保持率：**经过一段时间以后，客户保持活跃的比率有多少？
4. **营业额：**我们的客户产生了多少营业额？

在产品发布之后，客户开始注册并开始为我们创造出营业收入。我们对产品–市场适配感觉良好，但同时我们也意识到转化率还是存在一些问题：潜在客户的注册率低于我们的预期。由于产品本身的原因，客户注册流程冗长，竟然长达数页之多。通过分析，我们测量了潜在客户在各个阶段放弃注册的数量，并针对主要问题进行了可用性测试。由此，我们又发现了好几个用户体验设计中存在的问题。然后我们基于由此取得的认识，快速做出了针对用户体验设计的改进方案。当推出优化版本之后，我们的转化率提高了 40%。很有意义的是，正是由于我们为不同的用户实例和可用性问题建立了详细的模型，并且得到了非常准确的指标数据，我们才能够对改善作出精确预测。

这个例子很好地诠释了定量与定性测试是如何相辅相成的。定量测试用确凿的证据告诉我们在转化率方面存在问题，并且知道人们通常在哪一步最有可能放弃；但是它不能告诉我们为什么，定性测试让我们洞察并解决这些问题。当我们实现了产品迭代之后，定量测试又能指出我们所作出的改变带来了什么样的收益。

对 Friendster 所做的分析

后来我加入了堪称社交网站鼻祖的 Firendster。我再一次想到用分析技术来跟踪、改善产品与业务，为此我开发了一套分析框架。该公司认可的主要指标中，最为重要的是用户数量。社交产品经由网络效应产生效益，其价值随着用户数量而呈现出指数级增长。而且，此时尚处于网络社交的发展初期，市场变数很大。增长用户群的最佳途径便是让现有的会员邀请尽可能多的非会员加入。如果每位会员能够带来足够多的潜在会员，并转化为新的活跃会员，那么便可以实现病毒式增长（Viral Growth）。社交产品是最容易实现病毒式增长的产品（当然也可能只是高速而非病毒式的增长）。让一名现有会员带来一名新会员的详细步骤称之为病毒循环（Viral Loop）。

在 Firendster，我为病毒循环建立了一套分析框架，以便能优化我们的病毒营销方案。我的框架中只包含了纵向的病毒式发展，而不计入其他渠道增长的会员。当然其中还包括转化率，因为潜在会员必须经过注册后方能成为正式客户。因为只有活跃的客户才会邀请他们的朋友加入，因此在我的框架中还包含会员的保持问题。营收的问题并不包括在框架之内（我们会分开计算）。在接下来的内容中，我会针对 Friendster 的分析框架，和大家分享一个详细的案例。

我所提到的这两种分析框架的业务目标当然并非仅仅针对这两家企业。事实上，它能广泛适用于所有业务类型。概括地讲，几乎所有的企业都有五项共同的目标：

1. 希望潜在客户了解产品；
2. 希望将这些潜在客户转化为实际客户；

3. 从大的时间跨度上，希望尽可能多地留住客户；
4. 希望客户能贡献营收；
5. 希望现有客户向其他潜在客户传播产品信息。

初创企业的海盗指标

2007 年，我有幸遇到了戴夫·麦克卢尔。你可能听说过戴夫，或对他的了解或许并不全面。他形容自己是“极客、营销员、投资者、博主以及爱惹麻烦的人”。他是硅谷知名创业种子基金与孵化器 500 Startups 的创始合作伙伴。那一年，戴夫在演讲中分享了他的“创业企业的海盗指标”分析框架。看到他的框架让我颇感兴奋，因为这和我在财捷集团与 Friendster 工作中创造的分析框架如出一辙。戴夫用一种简单而有效的方式提出了他的想法，使得该框架的价值与更广泛的实用性显而易见。

戴夫和我在所用的术语方面存在细微差异。首先，戴夫用“激活”这个词来替代转化率。戴夫表示激活这个词的概念更为宽泛，除了包含我所定义的“转化”概念，还涵盖了潜在客户并不直接成为客户，而是以其他途径参与产品使用的形式。举例来讲，一位潜在客户可能并没有注册你的服务，但却留下了他或她的邮箱地址，这样可以在第一时间获得有关产品的最新信息。这样的行为并不足以让他们转化成正式客户，但是可以作为一个激活指标加以测量。其次，戴夫用推荐来描述现有客户向潜在的新客户介绍你的产品的行为，不得不说这十分恰当。戴夫称其框架为“初创企业的海盗指标”，因为你提取他的五项指标：获取（Acquisition）、激活（Activation）、保持（Retention）、变现（Revenue）和推荐（Referral）。它们的首字母拼起来正好是“AARRR！”（加上一个感叹号正是海盗口中的称赞词）。

在交流中，戴夫建议记录并跟踪这五项关键指标构成的框架中的两到三项。这是因为像转化漏斗（Conversion Funnel）这样的指标往往并不是单一的总体性指标，你可以（也应该）记录其他更详细的指标。所以我们从中可以区分出宏观与相应的微观指标。至于如何根据某项宏观指标找到最佳的微观指标，我会在后文中用自创的“剥洋葱分析法”加以分析。

互联网数据分析公司 KISSmetrics 创建过一张非常实用的图表来描绘 AARRR 框架，我对此略作修改展示给大家（见图 13–2）。人们把 KISSmetrics 的首席执行官兼创始人赫特·沙（Hiten Shah）视作精益创业与分析领域最顶尖的人物之一，这一点也不令人奇怪。

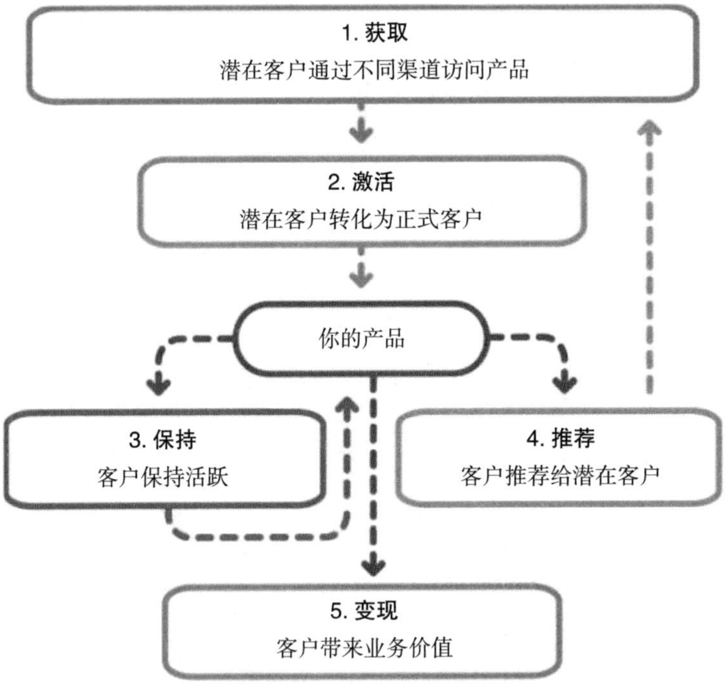

图 13–2　AARRR 框架

找出最重要的指标

在业务生命周期的各个阶段，构成 AARRR 模型的五项宏观检测指标都比其他指标更为重要。我称其为“核心度量指标”，或简称 MTMM（Metric that Matters Most）。改善其他指标也能提升业绩，但 MTMM 是在当下时刻，能带来最佳投资回报率的业绩提升指标——注意其中的“当下时刻”很重要。在有些时候，当你在某项 MTMM 中取得重大进展之后，它就不再是 MTMM 了，因为其他的指标会取而代之，并带来更高的投资回报率。例如，在推出产品后，你可能会发现在启动注册流程后，只有 10% 的客户最终完成注册。于是你决定将注册转化率作为当前业务的 MTMM，在针对注册流程进行用户测试后你找出了一些可用性问题。你还发现表单在某款特定的浏览器中根本无法工作。你检查服务器日志，发现有时会有错误产生，这导致表单无法正常工作。你与团队努力工作后解决了所有问题，看到注册转化率提升到了 90%。这时，注册转化率就不再是你的 MTMM 了。一些其他的指标在当下时刻能够带来更高的投资回报率，更能改善你的业务绩效。

收益递减规律导致了 MTMM 的变化。当你首次关注优化业务的特定指标时，你很快会摘到唾手可得的果子，即无需过多努力就可大幅提升收益的点子。但在这样的改善之后，下一轮的投资回报率就会显著下降，并且随着时间的推移而越来越少。

对一款新产品而言，通常存在着对宏观指标优化有意义的自然顺序。通常情况下，MTMM 从保留开始，然后变成转化率，继而是获取。让我们来一探究竟。

首先优化保持率

当你致力于推广一款全新产品时，首先要实现产品 – 市场适配，直到你确信客户已经认识到了产品的价值所在，才能做到有的放矢，否则花费大量资源来吸引客户并没有意义，优化转化率也同样没有意义。那样不仅会导致你将时间浪费在那些对业务帮助有限的领域，也会让你忽略改善当务之急。如果客户认可产品的价值，他们自然会持续使用；否则，他们便会用脚投票。保持是宏观指标中与产品 – 市场适配关系最为密切的指标。正是由于这个原因，它通常会成为新产品的首个 MTMM。

在获取之前优化转化率

当通过稳健的客户保持率验证了产品—市场的高度适配性之后，你就可以确信，当客户习惯使用你的产品之后，将会有更多的人会持续使用你的产品。因此，下一步你的重点工作就是，集中精力把来到你产品门前的潜在客户，以尽可能高的比例转化为正式客户。这时，转化率这个用于记录和跟踪潜在客户转化情况的宏观指标便成为 MTMM。那么为什么不去关注和招揽新客户呢？这意味着把更多潜在客户带到你的产品面前，但如果你的转化率不够高的话，这其中的许多人并不会成为你真正的客户。只有把转化率优化好，才可以让你在致力于得到新用户时，获得更高的投资回报率。因为只有在这种情况下，才会有更高比例的潜在客户转化成真正的客户。

优化客户获取

在优化了保持与转化率之后，下一个重点便要专注在客户获取上，即找到新的办法或更好途径来吸引潜在客户。你可以探索全新的获取渠道、细分目标市场、优化信息传递、优化定价、开展促销等。你在探索、验证新想法的过程中通常会用较小的样本来进行一系列实验。通过实验证明某个具体设想非常有效后，再进行更大规模的部署实施。

从更高层面上讲，你还可以将新客户获取分为“付费获取”与“免费获取”两部分。付费获取是指你为吸引潜在客户而支付费用，比如在谷歌或Facebook上为产品打广告。病毒式营销则是免费的，是由现有用户的行为来吸引其他人尝试产品，而你无需为此支付任何费用。有机搜索①也是一种免费的新用户获取渠道。

付费获取和免费获取的区别很重要，因为这决定了是以获取客户为第一要务，还是把取得销售营收作为第一要务。假如可以免费或以较低成本得到新客户，那么你可以先优化获取，专注客户数量而非销售营收，因为你不需要借助营收来支持新客户的获取。但如果业务类型决定了新客户不那么容易取得，你或许要先优化营收以降低风险。一旦确信每一位客户都会带来一定的收入，你便可以更有自信地在客户获取上投资了。

你可以记录、优化许多项指标。成功的产品都是从实现产品–市场适配开始的，因此首先要做的便是找到反映适配性的最佳测量指标。在各种演讲与研讨会上，我不止一次和听众互动：“假如你只通过一项指标来测量产品–市场适配，应该是什么？”通常会有各种答案。有些人认为营业收入是终极指标，有一些则视客户增长才是硬道理。这两项指标都可以作为一项业务的MTMM，但要取决于当时市场的具体情况。不过，我会对这个问题小心翼翼地精心措辞，以便把“将来还要测量产品–市场适配性”这个含义也包含其中。因此，就测量产品–市场适配的总的单一指标来说，我认为保持率是最好的指标。我们接下来会深入探讨客户保持率，以及如何测量它。

保持率

保持率测量的是有多少比率的客户是使用产品的活跃客户。计算方法是将活跃客户数量除以总客户数。你可以通过跟踪并记录一段时间内的保持比率，来判断有多少客户会持续使用产品，从而以一种累积的方式洞察正在所有使用者中发生的变化。这项指标相对而言稍微复杂一些，即不同用户开始使用产品的时间不同，因此

① 有机搜索，也称关键词广告自然搜索，是搜索引擎为了区分PPC（例如搜索竞价排名广告）而引入的一个术语。它是指搜索引擎根据自己的算法给予所有在它们索引数据库中的网站，针对搜索关键词而伺服给用户的搜索结果。这类结果一般显示在网页的左侧，因此也会有人对在自然搜索中的排名叫做左侧排名。这种搜索不由广告所控制，完全由算法程序给予自动排列。——译者注

你在计算时不是要考虑日历时间（其他指标可以直接使用）。对保持率而言，最正确的是使用“相对时间”，也就是每位客户注册之后的使用天数。

保持曲线

保持曲线以一种直观的可视化方式，将你的客户保持率展现出来。图 13–3 是保持曲线的一个例子。纵轴是重复使用的比例；横轴则代表自首次使用后的累积天数（或周数、月数）。曲线上每个点根据登录与使用产品的用户人数计算得出。保持曲线总是从第 0 天的 100% 起始（每天每个用户登录的次数），随着时间推移退出产品使用的客户会呈现上升趋势。在第一天（注册后的一天）会出现较大的客户流失。因此第零天通常不会在图表上显示，第一个数值源于第一天的数据，这使得图表更有可读性。

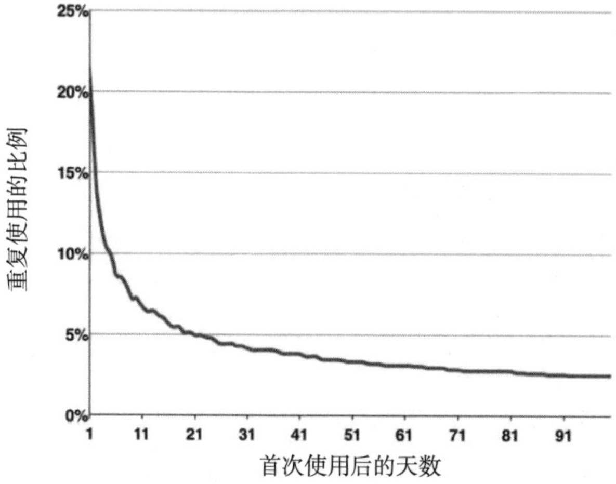

图 13–3 保持曲线

注意图中的保持曲线，你会注意到第一天的数值在 20% 左右。这意味着大约 80% 的客户在首次使用该产品后便不再回首。这种“初始下降率”是保持曲线中的一个关键参数。不同产品类型的初始下降率是不同的。该保持曲线反映的是一款移动应用程序，这种产品类型的初始下降率非常高。设想一下：人们会不断安装和使用新的手机应用程序，但是在首次使用过一款程序后，如果该程序没有给人留下深刻印象，他们通常就会将其弃如敝屣，该应用程序通常也就鲜有人问津了。除非有某些机缘提醒了用户该应用程序的存在，否则很可能已经被忘得一干二净了。这就是为什么应用程序的通知提醒功能很重要，它能够在一定程度上增加产品的曝光率。

保持曲线第二项独有的参数是其从初始值下降的速度。有些保持曲线的下降速度很快，而另一些则缓慢得多。曲线最终可能降至零，或是变成一条水平线（渐近线）。假如趋近于零，这意味着你最终失去了所有的客户；而假如曲线在某个数值保持平坦，这就是你最终保持住的客户的比率。保持曲线的最终值是第三项独特的参数。一款产品的最终水平数值可能为 5%，而另一款则可能在 20%。

保持曲线中的三个独有参数——初始下降率、下降速度和最终值，可以最直接地测量出产品 – 市场适配性。产品 – 市场适配性越强，你的初始下降率越低，下降速度越慢，最终值越高；产品 – 市场适配性越弱，则初始下降率越高，下降速度越快，最终值越低。最终值是三个参数中最为重要的，因为它回答了这样一个问题："有多大比例的客户在初试产品后会长期使用？" 如果 A 产品的最终值是 1%，而 B 产品是 50%，你能够非常容易地辨别出哪款产品有更高的产品 – 市场适配性（产品 B）而不需要知道其所以然。

产品 – 市场适配看似是一个有些模糊而难以度量的概念，因此用保持曲线来测量产品 – 市场适配便变得很有意义，因为这毕竟给你提供了坚实的数据依据。所以我们也就可以认为保持率是体现产品 – 市场适配性的终极指标。用保持率说话的好处在于它完全独立于其他任何宏观指标（例如获取）。为什么这么说呢？假如你使用活跃用户数量来测量产品 – 市场适配性，即使就像我们所期望的那样活跃用户数量节节攀升到达高峰，这也只会发生在你添加新用户的时候（通过募集、转化手段）。你看到的这种活跃用户数增长的趋势可能源自温和的新用户增长和良好的保持率，也可能是因为非常高的增长率以及糟糕的保持率。如果只单纯地跟踪活跃用户数量的情况，你很难区分出上述这两种情况的不同。

因此关键的一点是，你应当跟踪并记录一段时间内的用户数量，来区分新用户还是老用户，后者是计算保持率时应该用作分子的数值。新用户是指首次（在某一段时间内）使用产品的客户；老用户则是在成为产品用户之后，继续使用一段时期的客户。跟踪、记录一段时间内老用户的变化情况是很有价值的。你当然希望随着时间推移，老用户数量呈现上升趋势。不过要注意的是，老用户并不像保持率那样能直接测量保持状况。这同新用户获取与转化有关。老用户的数量代表着你在某个特定时期所获取和努力保持住的客户总数。相比之下，由于所采用计算方式不同，保持率则回答了"在获取的客户中，有多少比例仍然是活跃的"这样的问题。

由于保持曲线测量了产品 – 市场适配性，它反映出你在一段时期内是怎样不断改善产品 – 市场适配状况的。你可以通过不同的保持曲线组合来观察保持率的变化：

每段时期一根曲线，例如你可以每月生成一条新的曲线。这样你就可以得到一组保持曲线，每条曲线都按日期反映了某些特定月份客户的注册情况。

组群分析

一群有着共同特征点的用户（例如在同一个月注册）被称为组群（Cohort），可以分析一段时间内不同组群的特征，是一种强大的工具。图 13–4 描绘了一条由三个组群构成的保持曲线。横轴是用户注册后持续的周数（而非天数，如图）。正如你所看到的，组群 A 的初始下降率最低，衰减率最高，最终值最低；组群 C 初始下降率最高，衰减率最低，最终值最高；组群 B 的参数介于组群 A 与组群 C 之间。你最倾向哪种保持曲线？我会选择组群 C，理由是因为它的最终值最高。从第三周开始，组群 C 的活跃用户比率就高于其他两条曲线。这意味着能产生更多的收入。说句题外话，不要在同一张图上放置超过 5 条曲线，那样会很难阅读，尤其是组群上的数据会由于曲线间的交错变得难以观测。

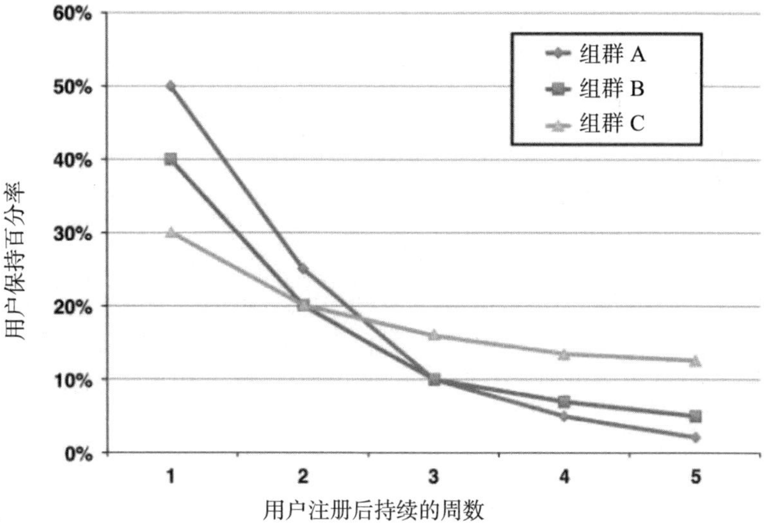

图 13 - 4　组群保持曲线

表 13–1 展示了存储用于生成多个组群保持曲线的标准数据。从第一列可以看出，每一行代表着一个组群。在这个例子中是 1~5 月每月的组群，这可以看做是到 6 月之前用户情况的一个快照记录②。对每个组群而言，你获取到的初始用户数量

列在第二列。每个后续列代表着在某月注册的新用户在接的各个月份所保持的活跃用户数量。组群的存续时间越长，该曲线上的数据点也就越多。

快照原本是指照相馆中一种冲洗过程短的照片，现在是被广泛用于软硬件编程中的一种技术，例如针对内存保护进行的快速读取技术，可保存某个特定时刻内存中的数据状况。

表 13–1 中的数据可以用来计算表 13–2 中的数值。表格中每个单元格中的百分比数值是各个组群在不同时间区间上的保持率。每个保持率的算法是将活跃用户数量（对应该组群以及特定的时间区间）除以组群中的初始数值。表格的每一行对应着保持率图上独立的一根保持曲线。

表 13–1　　组群的原始数据

组群	新用户	活跃用户				
		第一个月	第二个月	第三个月	第四个月	第五个月
一月	10 000	3 000	2 000	1 000	500	300
二月	8 000	2 700	2 000	1 000	700	
三月	9 000	3 200	2 500	1 500		
四月	11 000	4 200	2 500			
五月	13 000	5 200				

表 13–2　　组群保持率

组群	保持率					
	初始比率	第一个月	第二个月	第三个月	第四个月	第五个月
一月	100%	30%	20%	10%	5%	3%
二月	100%	34%	25%	13%	9%	
三月	100%	36%	28%	17%		
四月	100%	38%	23%			
五月	100%	40%				

专注于产品 – 市场适配性的持续改善

假如能够做到持续改善产品 – 市场适配性，那么组群的保持曲线便会上升，在之后的新组群中也能得到更高的最终值。图 13–5 显示了三个使用我们产品的组群的保持曲线，这是一个比较理想化的例子。组群 A 在 24 个月前，也就是我们推出 MVP 时注册。组群 B 注册了 18 个月，而组群 C 注册了 12 个月。如你所见，随着我们在这段时间内持续改善产品 – 市场适配性，保持曲线持续上升。后一组保持曲线比前一组的初始下降率更低，下降速度更慢，且最终值更高。

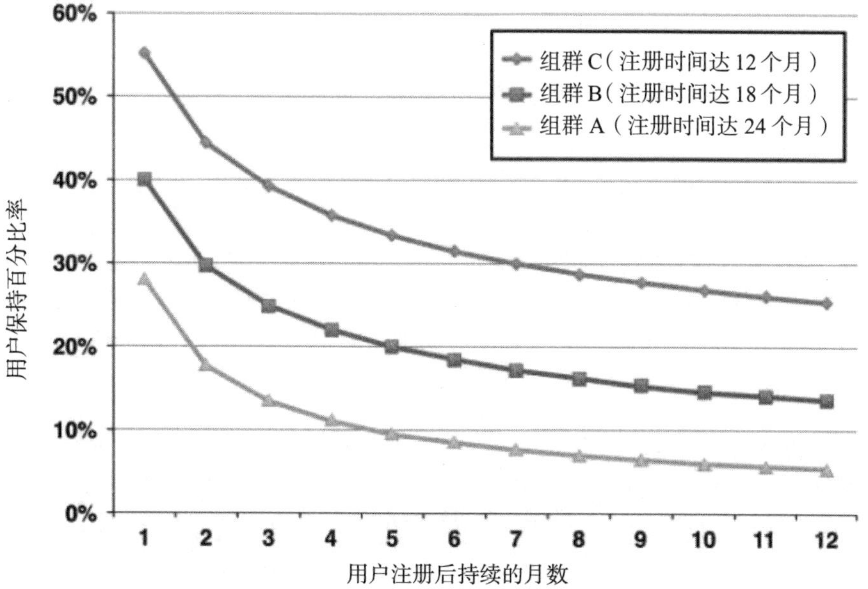

图 13–5　持续改善保持曲线

各种业务等式

从宏观角度看，AARRR 框架适用于任何业务类型，能让你在正确的时间专注于正确的指标。但在有些时候，你需要根据自己的具体商业模式来进一步优化自己的业务。有几种常见的商业模式，包括电子商务、订阅与广告等。我曾经为不少客户提供咨询服务，帮助他们运用分析方法在不同商业模式中实现了业务优化。我所使用的这种强大的工具适合每一种场景：这就是业务等式。

每当想到要优化某个项目时，我在工程学与数学方面的训练就使我立刻想到要用一个等式来加以表达。在学校时经常会遇到这样的问题，变量 X 的变化会影响另一变量 Y 的数值，而我们的目标是要找到最适合的变量 X，让变量 Y 最大化。这种题目的进阶版本中会涉及更多的变量。但无论如何，万变不离其宗的是总会有一个等式告诉你变量 Y 如何受到变量 X（或其他组合变量）的影响。虽说这是源自于数学世界中的理论推演，不过你同样可以将这种技巧运用在实际的商业活动中。

每一种业务都可以通过一个等式来表达。我们的目标是找到一组指标，用定量的方式来表达你的业务，并以此作为着力点来优化你的业务产出。那么应该怎么着手呢？让我们来看一个实际例子。

你可以从最简单的一个等式开始，它适合于所有的业务类型：

$$利润 = 营业收入 - 成本$$

这个等式告诉我们，要想增加利润，你可以提升收入或降低成本。在任意给定的一段时期内（例如每天、每周或每月）都可以应用这个等式。虽然营业收入与利润这样的参数过于粗线条，但可以作为一个不错的起点。你要将这样高度概括的指标分解成更细化的指标，进行更深层次的分析。这就是我之前所说的“剥洋葱分析”。

那些高新技术企业，尤其是那些试图实现产品—市场高适配的企业更重视增加收入而非降低成本。这是因为大多数高新技术产品在达到高销量之后所能带来的经济效益、额外的产品增量收入（称为边际收益）远超过产品成本的增加（称为边际成本），并且边际收益与边际成本间的差距会随着销量的增加而扩大。

Facebook 就是诠释这种现象的好例子。他们有超过 10 亿的用户。Facebook 的网站与移动应用程序要向如此数量巨大的用户提供及时服务，就需要用到大量的服务器、存储系统、网络硬件以及宽带通道来运行他们的软件。Facebook 需要为每个新用户开发新的应用吗？需要为单个新加入的用户添加额外的服务器吗？当然不会。唯一真正的增量资源开支只是极少量的存储与带宽。不论如何计算，Facebook 为增加单个新用户所付出的边际成本几乎为零。

Facebook 主要通过产品中的广告赚取收入。每个新用户的加入都能多少增加一点广告收入。因此每个边际成本近乎为零而又能带来少量边际收益的用户，都能在一定程度上增加公司的边际利润。

让我们返回等式，将营业收入分割成更易操作的指标。这可以采用许多不同的方法，但通常用“每位用户”作为单位效果最佳：

营业收入 = 用户数 × 每位用户的平均收入

这个等式告诉我们，基本上有两种方案可以增加收入：增加用户的数量或提高单个用户的平均收入（Average Revenue Per User，ARPU）。以前你或许就听说过 ARPU 这个术语，这是一个许多企业都跟踪并记录的关键指标。

广告营收模式中的业务等式

要将用户数与 ARPU 进一步分解成细化的指标，最好的方式是从业务收入模式着手。例如，我们假设业务收入是由广告产生的，与许多通过广告获取营收的产品一样，看到广告的人并不一定要注册成为用户。回想一下那些广受欢迎的内容提供网站，例如 YouTube 或纽约时报网站。我们在这种情况下用访客这个词。在网络分析技术领域中，非重复访客表示我们在某一段时间内只计算这位访客一次。因此对以广告为生的业务而言：

营业收入 = 访客 × 每位访客产生的平均收入

广告商看中的是广告投放对人的影响，一次访问只代表着有人浏览过该广告所放置的页面，并不必然意味着访问者会注意到广告。假如某位广告客户购买了 100 000 次影响量，那么售出影响量的网站媒体需要记录、跟踪他们的服务状况，当 100 000 次影响量完成时就结束广告。广告的成本可以具体按 CPM 为单位来计算，即每千次影响量的费用（其中的 M 代表罗马数字中的千）。比如这次广告的 CPM 是 10 美元，那么整个广告，100 000 次展现量的客户所支付的费用也就是 1 000 美元。CPM 可以用来在同等情况下测量广告为网站所带来的收益，你经常会听到“有效的 CPM”这样概念宽泛的术语表达。我们现在可以将每个访问者带来的平均收入计算为：

每位访客带来的平均收入 = 每位访客的影响量 × 有效的 CPM ÷ 1 000

我们很难就有效的 CPM 做进一步的分解。但从这个等式我们可以看到，这是一个细化的指标，会对营收产生成比例的影响。如果你有双倍的有效 CPM，那么营业收入也会随之倍增。

那么是否可以进一步分解每位游客的影响量？请记住，每个等式只适用于一段特定的时期。那么是什么因素决定了一段时间内广告对一个访客的影响量呢？由于每位访客都会在同一段时间内多次访问网站，我们可以以此进行建模。广告在网站的各个页面上都有显示，因此访问者平均浏览的页面越多（称之为页面浏览量），广告的影响量就越大。要知道我们能够完全操控同一张网页上设置多少广告。因此我们可以将每位访客的广告影响量表达如下：

每位访客的影响量 =（访问量 ÷ 访客数量）×（页面浏览量 ÷ 访问量）×（影响量 ÷ 页面浏览量）

等式中的三个指标都是我们可以加以控制或影响的变量。这些指标的变化会使营收等比例发生改变。我们可以吸引访客更频繁地访问网站，例如经常更新内容或发送邮件吸引他们打开网站。当然还可以尝试让访客每次浏览更多页面，将同一篇文章放置在不同页面，以及放置相关内容的链接。我们还可以在每张页面上植入更多广告，尽管这在某种程度上可能会对用户体验造成负面影响，但确实能提升我们的保持指标。

既然我们已经知道了如何从各个维度尽量提升每位用户的平均收入，我们就可以继续了解如何增加访客数量。正如前文所述，你最好区分出新的访客或老的访客。

访客 = 新访客 + 老访客

新的访客是指首次使用产品的这批人（可以设定一段时间期限）。新的访客总数可以用不同形式来分解，例如他们的来源或者渠道。许多企业会区分免费得到的新用户和来自付费渠道的那部分新用户，例如区分来自有机搜索与付费广告的用户。如果产品能够实现病毒式循环，你还可以将新用户分成病毒式增长的和非病毒式增长的用户，并进一步将通过病毒式增长得到的新用户数量分解到病毒循环指标的公式中。

回到那些曾在某一时期内使用过你的产品，现在又重新使用的访客。我们可以将其称为重复访客，其计算公式可以是前期某一时段内的访客总数乘以保持率。该保持率与我们在前文中介绍过的稍有不同，因为其只适用于某一时期（例如从某个月到下一个月）而并非某个访客完整的产品使用期。因此我们将其称为重返率以免混淆。重复访客的表达式如下：

$$\text{重复访客}_{T} = \text{访客}_{T-1} \times \text{重返率}$$

我用下标 T 来表示当前时间段，用 T–1 来表示之前的时间段。重复访客数量与访客数量只是你测量到的数值，你的目的不是直接影响它们。而重返率则是我们希望能改善的变量。例如，我们可以通过每周 / 每月的电邮或是推荐故事来吸引访客。我们会用以下两个数字来计算重返率。

$$重返率 = 重复访客_{T} \div 访客_{T-1}$$

现在如果我们退后一步，就可以看到，我们从一个高度宏观的等式入手，将其不断分解为具有可操作性的指标。这就是我所说的“剥洋葱分析”。我们只是以广告业务为例，事实上这适用于任何业务。

订阅营收模式中的业务等式

毋庸赘述，我仍然用剥洋葱的方式来解析订阅业务。

$$利润 = 营业收入 - 成本$$

同样，我们的重点还在于提高营收而非降低成本。

$$营收 = 付费用户数 \times 从每位用户处得到的收入$$

我这里用付费用户这个术语，是考虑到并非所有用户都是付费用户。例如我们可能会提供 30 天的免费试用期。也有可能我们在提供免费业务模式的同时，另外提供付费的增值订阅。在这个例子中，我们暂时不考虑存在免费业务（所有的服务都是收费的订阅服务），不过我们会提供免费试用。

$$付费用户 = 新付费用户 + 重复付费用户$$

与之前的例子一样，我们将付费用户分解成在一段时间内新得到的和以往持续下来的。

$$付费用户_{T} = 付费用户_{T-1} \times (1 - 取消率)$$

这段时间内重复付费的用户（标注 T）是由之前付费用户处延续而来的（标注 T–1）。取消率则表示从上一时期到目前取消订阅的用户的百分比。这对订阅业务而言是一项非常重要的指标，需要不断跟踪、记录并加以改善。现在我们在这个方向上所做的分解已经足够充分，因此让我们回到对新付费用户的分析，以便进一步对指标进行分解。

新的付费用户＝免费试用用户 × 试用转化率＋直接付费用户

有些潜在用户在登录网站后或许会立刻订阅我们的某项产品（直接支付注册）。而另一些人则可能会先报名参与免费试用（免费试用用户）。只有一定比例的免费试用用户会转变成付费订阅用户，这便是试用转化率。

我不详细列出等式，但是我们可以通过进一步分解免费试用用户的数量，来说明获取这些潜在用户的不同渠道。分解过程也会包括一项由潜在用户变成免费试用用户的转化率指标，这有助于我们测量营销工作（例如加载推广页面、电子邮件宣传等）的有效性。

这个例子解释的是另外一种完全不同的商业营收模式，你从中可以看出这种分析工具广泛的适用性。你应该与团队反复斟酌以确定你的业务等式，从而落实你希望衡量的关键指标并逐步完善。业务等式让你明白有多少项指标的变化会影响到整体的业务结果，便于你对各种改善方向和措施进行优先级排序。

实现盈利

之前谈到的业务等式适用于某一段时间（例如每天、每周、每月）。业务等式的另外一种应用之道是忽略时间，而专注于某一位具体客户。

总利润＝客户数量 × 每位客户贡献的利润

在实现产品－市场适配之前这种计算利润的方式毫无意义。但是假如已经实现了产品－市场适配而要争取实现更好的盈利，这就是很有价值的。在上述等式中，每位客户的利润是有待改善的指标。让我们由外而内来剥开洋葱的每一层。

每位客户的利润＝每位客户的营收－每位客户的成本

有一种非常有效的方式能帮你进一步分解，让你洞悉在你的业务世界中“每一位客户”的经济性价值。不同于上一个例子中只是专注于营收，在努力实现（或者改善）盈利的过程中，你必须要关注成本。不过这是一组特定的成本，即为得到每位能带来营收的客户所支付的费用。根据这一思路，我们重新调整上述等式，并引入新的指标。让我们来看一下：

每位客户的利润＝客户的生命周期价值－获取客户的成本

客户的生命周期价值

该等式是每位客户利润的另一种表达方式，是非常实用的。客户生命周期价值（Life Time Value，LTV）是指在不考虑获取成本时，一位客户能为你带来的实际价值。获取客户的成本则是你为得到一位新客户平均支付的代价，应该分解该成本，将其作为另一项可以不断追踪、改善的指标。当 LTV 大于获取客户的成本时，每一位新客户都为你的业务带来利润。为了得到更具可操作性的指标来改善 LTV，我们剥开洋葱的下一层：

客户生命周期价值 = 每位用户的平均收入 × 客户平均生命周期 × 平均毛利率

这是我们再一次谈到每位用户的平均收入（ARPU）。例如，如果你所有的用户平均每个月支付你 10 美元，ARPU 就是 10 元美 / 月。客户平均生命周期是指客户平均会在多长时间内使用你提供的业务。将 ARPU 乘以客户平均生命周期就得到了每位客户（在使用产品，为你带来营收的整个时间段内）会为你带来多少收入。假如你在分析用户数据后发现客户平均生命周期是 10 个月，那么平均生命周期的收入便是 10 美元乘以 10 个月，也就是 100 美元。

毛利率是计算向客户提供产品或服务成本的百分比。许多高科技企业都有很高的毛利率（高于 80%），于是有时为简单起见会忽略这部分。

另外还有些更复杂的 LTV 模型会考虑到客户的营收并不是一次性贡献的，而是随着时间推移而逐渐贡献的，因此会以资金成本贴现率对现金流进行折现。然而你并不需要考虑得这么复杂，我们的目标并不是得到对 LTV 精准的测量值，而是将其分解成可操作的指标，并加以跟踪、记录和改善。

该等式表明，你可以通过提高 ARPU，来增加 LTV，而增加 ARPU 的方式包括提高价格、提升现有客户销售，或者加入新的高定价产品。

另外，你还可以专注于提高客户的平均生命周期，减少取消服务客户的比率，即在单位时间段内付费用户停止支付的比率。这在更广泛的含义上也被称为客户流失率，在营收业务模式中便是客户直接停止支付费用。你可以将其视为客户保持率的反面（在单位时间段间）。客户生命周期可以用流失率简单计算得出：

客户生命周期 = 1 ÷ 流失率

例如，假设你每个月的流失率为 5%，那么客户生命周期便是 20 个月。你可以通过提供更好的服务与支持，提高产品品质与可靠性，或者保证产品能不断满足客户需求来降低流失率。由于流失率是你想要测量、改善的指标，你可以以此来重新定义 LTV。抛开毛利润率，有两种方案可以提高 LTV，那就是增加 APRU 或是减少流失率。

客户生命周期价值 = 每位用户的平均收入 × 毛利率 ÷ 流失率

获取客户的成本

现在我们回到获取客户的成本（Customer Acquisition Cost，CAC），这可以根据一段时间内增加的新客户数量以及同一时期内销售与市场营销的成本计算得出：

CAC = 销售与营销成本 ÷ 新增客户数量

用该等式计算 CAC 是一种比较简便的方式，但难以操作。我们可以用更具操作性的指标将其分解如下：

CAC = 获得潜在客户的成本 ÷ 潜在客户的转化率

每位潜在客户的获得成本（通常简称为 CPA）是指为得到每一位潜在客户所支付的费用。假设你在 Google AdWords 上做广告，支付每次点击的成本（Cost-Per-Click，CPC）是 1 美元。于是你的 CPA 就是 1 美元，因为每个点击你广告的人都会被引导至网站。要增加每位客户的利润，你可以通过减少 CPA 来降低 CAC。通过使用更低成本的市场营销活动或者渠道可以实现更低的 CPA，你还可以进一步寻找 CPC 更低的一些搜索关键词，又或者选择更便宜的广告资源。对于基于影响量的硬广告（例如展示广告）来说，你可以通过提高广告效果来降低 CPA（例如增加广告点击率）。

当人们点击你的谷歌广告后，便会直接跳转到登录页面或主页面，成为你的潜在客户。在这里他们会了解到更多关于产品的内容，继而有望成为实际客户。由潜在客户过渡到实际客户的百分比便是转化率。你可以通过优化登录页面来改善转化率指标，这其中需要改善宣传推广和用户体验，优化你所要传递的信息，A/B 测试在这种场景中非常适用。

为了赢得利润，你一定希望 LTV 超过 CAC，其中差值越大意味着有更高的利润。但除此之外，不少业务经营者也选择 LTV 与 CAC 的比值。例如对于成功的 SaaS 业务而言，LTV 对 CAC 的比值应该大于 3。

在这一章中，我们看到了如何利用分析技巧来测量业务，并创建出一种可以不断优化的分析框架。在产品发布之前，你更依赖于定性分析；但是一旦推出了实际产品，你便有了更丰富的数据来做定性的分析处理。你可以选择用组群分析来跟踪、记录一段时期的保持率，并评估产品 – 市场适配性。此外，你还可以使用 AARRR 框架与业务等式来确定有待改善的关键指标。你可以用 LTV 与 CAC 来实现和提高业务的盈利能力。以本章的内容为基础，在下一章节，我们将分享一个精益产品的分析流程：用一种便于复制的流程来优化业务指标。同时在具体的案例分析中，我们也会应用到这一流程以及本章节提到的各项原则。

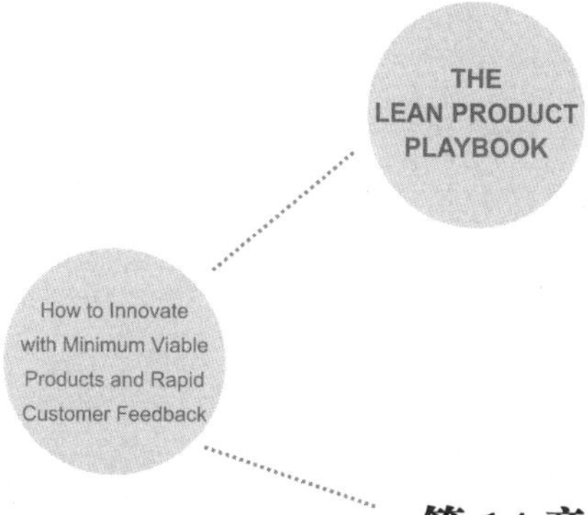

第 14 章 利用分析技术优化产品与业务

在第 13 章中，我们讨论了如何定义并测量你的关键指标，这为使用分析技术来优化你的产品与业务奠定了基础。在生产出实际产品之后，可喜的是你可以利用分析技术来清晰地预测你的改进措施所可能产生的成效。通过高效的 A/B 测试框架设计，你能够很容易地测试并迅速作出改进，这是企业取得竞争优势的途径之一。目前业务规模的大小已经变得不那么重要；相反，快速地从客户那里获得最新信息，并快速进行迭代完善，已成为你提高竞争实力的基础。速度是当今瞬息万变的世界中的利器，一夜间敏捷的大卫便能击败强大的哥利亚。[①] 本章节将向你介绍如何利用分析技术来优化你的产品和业务。

精益产品分析过程

我曾经与许多企业合作来定义、落实他们的分析架构，然后用来优化其产品与业务。在这一过程中，对于如何使用分析技术改进并提升精益产品的问题，我开发了一套简单且易于复制的流程，如图 14–1 所示。

精益产品分析的第一步是确定业务的关键指标，这在上一章中已经谈过。接下来，你要开始评估这些指标，为每一项指标建立一个基准值，有了基准参照也就能让你明了目前的产品或业务所达到的水准。这一步貌似轻而易举，但却是许多公司

① 大卫是圣经中的一个年轻牧羊人，手里只有一条投石绳，却打败了强大的敌人哥利亚。——译者注

的滑铁卢。建立起用以追踪或者测量、管理产品的指标的确需要付出很大努力。在初始设置之后，你还要确保所收集数据的准确性，并确保其符合需要测量的内容。有些分析工具套件，例如 Google Analytics、KISSmetrics、Mixpanel 以及 Flurry 等，能够简化这项任务。许多关键指标的数据通常会保留在产品数据库中，因此许多企业会把第三方工具包和企业自身的分析代码（Analytics Code）结合起来使用。最终目的就是建立起一个管理仪表盘，以便能够方便地观察各项指标在一段时期内的表现情况。

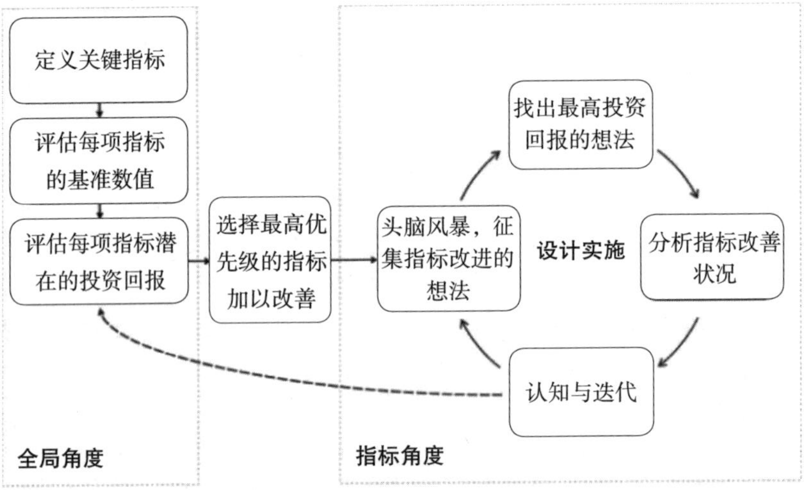

图 14–1　精益产品分析过程

一旦有了合理的基准度量值，你就可以继续下一步：评估各项指标的上升潜力。指标的评估始终围绕着投资回报为中心。一个形象而且也很实用的做法是把每项指标都看作是汽车或者气泵仪表盘上的一块仪表。仪表指针开始时是指向指标的基准值，你需要估测的是要移动指针会有多容易或者多困难，也就是说要改善某项指标需要付出多大的努力。在这一过程中可能会存在收益递减的情况，你可以大致了解目前的收益处在曲线的哪个位置。

图 14–2 显示的是三个不同指标的投资回报率曲线。在每张图表上，纵轴显示的是指标的数值（越高越好）。从业务等式中可以知晓，每项指标数值的提升都会改善你意图改善的更高级别的指标（例如营收）。横轴代表的是所需作出的投入。每项投资回报曲线都揭示了该指标的增长潜力，而圆圈部分则是当前各项指标目前的数值。

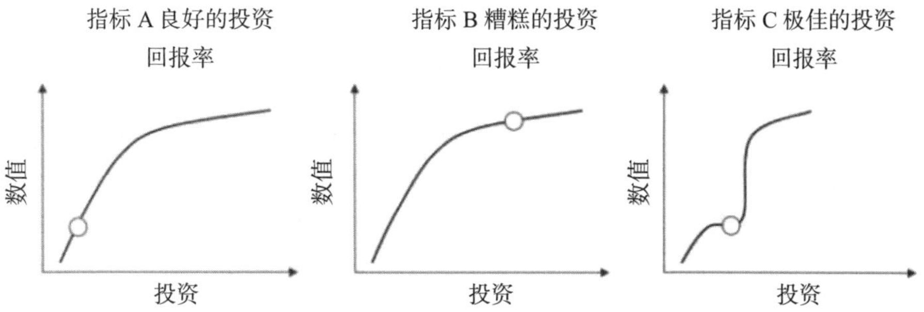

图 14–2 三项不同指标的投资回报率曲线

指标 A 接近位于投资回报曲线的底部，增长斜率仍然比较陡峭。因此你应该在此作出显著改善，以少量的成本明显地提升该指标数值，以达到事半功倍的效果。这种情况通常说明你还没有着手改善指标 A。相反，指标 B 已经触及投资回报曲线的顶部，增长斜率趋近于零。这表示你即便作出很大努力，这项指标的提升空间也非常有限，这或许说明在此之前已经在指标 B 上花费了大量投资。

大部分指标典型的收益递减曲线都像上图中的指标 A 与 B 那样。不过也会有罕见的良机，只要少许努力便能够带来指标的极大改善。我将其称为“银色子弹”①，而图 14–2 中的指标 C 便是这样一种机会。在这些特殊的情况下，一些不起眼的改进会使得你的产品或业务的某些方面大为改观。通常你需要深挖细掘才会发现这些“银弹“机会。

在评估各项指标的上升潜力之后，接着就要选择有最大潜力的指标加以改善。这便是我们在前一章节谈到的“最重要指标”（MTMM）。如图 14–1 中所示，这是一个从放眼全局到最后聚焦特定 MTMM 指标的过程。

你可以选择以头脑风暴的方式找出针对最高优先级指标的改善方案，然后评估每一种具体设想所可能带来的改善。与此同时，你正在形成这样的假设，例如“创建一个针对移动端的优化的登录页面能将注册转化率从 20% 提高至 30%”。你也会估算实现某种设想所需的工作量，这样你就能预测其投资回报率（正如我们在第 6 章中所谈到的），然后选择投资回报最高的设想。

① 在欧洲民间传说及 19 世纪以来哥特小说风潮的影响下，银色子弹往往被描绘成具有驱魔功效的武器，是针对狼人等超自然怪物的特效武器。现在多用于新的科技和方法论，旨在一举消灭低生产力的现象。——译者注

接下来就要开展设计，并将最高优先级指标的改善付诸实践。理想状况下，你会使用 A/B 测试框架，在部分用户群中先行铺开。通过这样的操作，你会同时获得同一指标的两种结果，两种结果相比，你就能评价所实施的改善措施相对于现状所带来的改善效果。当然如果你没有进行 A/B 测试框架，而你想加以改进的指标数值又比较稳定，那你就可以用变化前后的指标数值来进行比较，以验证改善效果。A/B 测试肯定效果更好，因为这样可以减少其他未知因素对最终结果造成影响的风险。

你当然希望指标如期得到改善。即使结果不尽如人意也不要紧，因为你仍能从中获得有价值的信息，可以用于在未来的迭代过程中以优化你的假设。你现在要做的是，返回你的改善创意列表，从中选择次优方案，重复图 14–1 中右侧所示的循环过程。

最终在尝试过多种方式之后，你会发现意图改善的指标已经如愿得到改善。你可以继续对其进行迭代和完善，不过也应该知道你的收益将会出现递减的趋势。换种角度看，此时转向其他不同的指标，将会取得更好的改善效果。如图 14–1 所示，此时你需要返回到全局视角，找出下一个最需要改进的 MTMM，然后对其开启下一个迭代式的改进过程。

重复这样的过程可以让你系统性地改善业务，而稳健的分析框架和一系列商业仪表盘则是你跟踪业务进展的有效工具。A/B 测试平台让你不断萌生新的设想，不断超越当前所达到的水准。一旦拥有了以下关键要素——分析框架、仪表盘、A/B 测试平台以及持续改进流程，可以说你就万事俱备只欠东风了；而所谓的东风就是看你能以多快的速度识别和执行新颖的创意，并将其引入你的改善机制中。

避免局部过大

这里涉及了另一个的要点，即注意不要钻牛角尖，不要只抓住局部的某一点不放。在指标改善过程中，你会到达一个极限，这是指标的饱和状态，在此之后再难加以改进。有的时候，你可能真的已经达到了这项指标近乎满分的水平。但在另外一些时候，你可能只是受困于某个想法，只是达到了局部效果的最大化，而实际上，如果采用与此前完全不同的方法或思路，你仍然可以进一步改善这项指标。

例如你有一个登录页面，你可以用 A/B 测试来验证不同颜色对用户点击按钮的吸引力，以此来验证哪种颜色能实现更高的转化率。Google 著名的 A/B 测试中包含 41 种不同的蓝色工具栏，以此来观察何种颜色能够实现最高的点击率。但是，假如你在找到按钮的最佳颜色后停止迭代，或许你仍然卡在某个局部的最优水平上。其实，你还可以尝试用不同的文字信息、图片、页面布局等来判断是否能达到更高的转化率。你所取得的进展速度取决于你能在多快的时间内快速找到并实现更好的创意。A/B 测试使得试验变得更加容易，但仍然需要由你来选择所需测试的假设。为避免钻在局部最大化的牛角尖中，你需要做的是放开思维的大网，以捕获更多能实现潜在改善的创意之鱼。

精益产品分析案例：Friendster

为了进一步巩固精益产品的分析过程并用于实战，我们来观摩一个完整的案例。这是现实市场中的实际案例。在 Friendster，通过运用这个流程，我只用短短一周时间，就实现了对一项关键指标的倍增式的改善效果。

当我加入初创型社交网络 Friendster 担任产品负责人时，很显然我们非常希望看到用户数量能够呈现病毒式增长。我们拥有庞大的用户群，并以此获得广告收入，但每位用户的平均收入过低，与为获取客户所付出的代价并不相称（就像一般的大规模消费类产品业务一样）。所幸的是购买客户不是我们的唯一途径，病毒式营销能够让我们免费得到新的用户。由于网络效应，Friendster 等社交网络产品的价值能够使得活跃用户数量呈指数型增长。快速增长的用户群体对于我们在业务中取得成功的重要性不言而喻，而病毒式营销则提供了一种最佳方式。于是，我将实现病毒式增长作为主要目标。公司里的每个人也都认识到了这一点，但是大家都无法判断我们客户的病毒式增长的效果如何。于是我开始了精益产品分析过程的第一步：定义我们的关键指标。

定义关键指标

我们开始跟踪、记录新的用户，并能够追踪到哪些新用户是通过邀请加入的，哪些不是。“通过邀请获取的新用户”是一个我们很关心的宏观指标，但它难以操作。于是我通过业务等式，把这种宏观的纲要性的指标分解成更易于操作的指标，以利于尝试进行改善。

我首先定义出病毒式循环，即通过一位现有客户得到新客户的各个步骤，如图 14–3 所示。流程始于左下方的文本框中我们的当前用户，但并非所有现有用户都会发挥病毒式效应，为我们带来新客户。虽然我们拥有庞大的注册用户群体，但只有活跃用户才会邀请他们的朋友加入到 Friendster 中（不活跃的用户不会这样做）。

因此我将活跃用户单独挑出来。使用我们产品的活跃用户会给他们那些还未使用 Friendster 的朋友发送电子邮件，邀请他们（潜在用户）加入。当潜在用户接收到电子邮件邀请后，他们可能会点击邮件中的链接进行注册，也可能什么都不做。在注册过程中，有些人会完成注册而有些人会半途而废，那些顺利完成注册的人变成了我们的用户，他们也可能会成为活跃用户并加入到上述循环中。

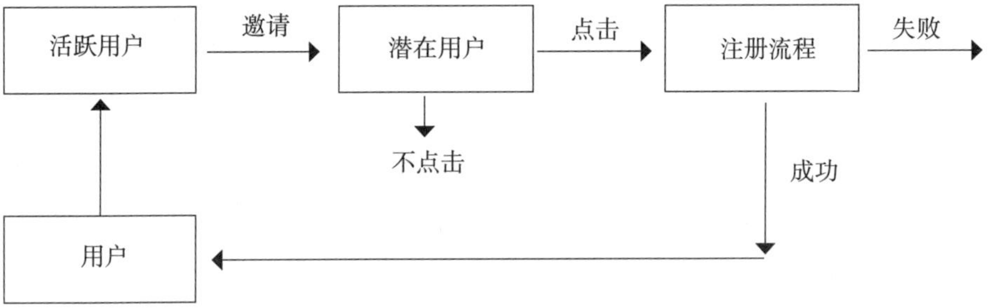

图 14–3　Friendster 的病毒式循环

在定义了什么是病毒式循环后，下一步需要明确的是用何种指标来跟踪、记录其进展。我并不喜欢使用那些“原子型”的微观指标，例如活跃用户数量等，因为这些指标的数值会受到用户群体规模的影响。相反，我倾向于选择“标准”的百分率作为指标，这在一段时期内更具可比性。我想到了满足条件的五个指标，他们合在一起的话，大体上就能把握住病毒式循环的各个方面，如图 14–4 所示。

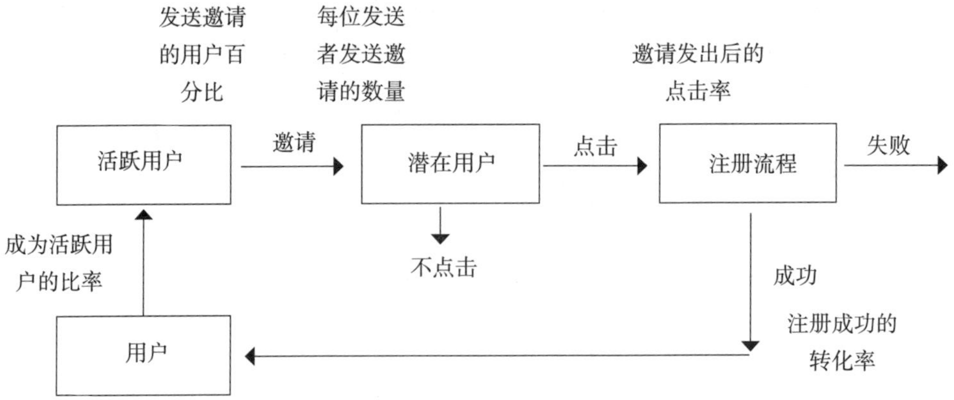

图 14–4　Friendster 的病毒式循环指标体系

1. **活跃用户的百分比：**这个指标是用活跃用户的数量除以注册用户的总数计算出来的。

2. **发送邀请的用户百分比：**不是所有的活跃用户都会发出邀请，该指标能把这一部分剥离出来。将发送邀请的用户数量除以活跃用户数会得到该数值。
3. **每位用户发送邀请的平均数量：**在活跃用户邀请他们的朋友时，他们可能会一次性将邀请函发给一位或多位朋友，这个指标用发送邀请的总数除以发送邀请的用户数计算得出。
4. **邀请点击率：**即点击邀请邮件中链接的潜在用户的比例，通过计算点击链接的潜在用户数量除以邀请函发送总量而得到。
5. **注册转化率：**进入注册页面的潜在用户实际完成注册流程的比率，将完成注册的潜在用户除以链接至注册页面的受邀用户数得出。

这些指标适用于任意时间段（例如可以以过去 30 天为标准），也很容易计算。将这五项指标的数值相乘能够得出病毒式循环的传染系数（Viral Coefficient）。如果你的传染系数大于 1，那么恭喜你，这意味着你的产品真的能实现“病毒式”扩散增长，每一位当前用户极有可能会带来多个新的用户，从而导致如核反应堆一般的指数级暴增。任何产品都难以长时间保持病毒式增长（如果可以的话，那就意味着互联网上的每个人都有可能成为其用户）。在产品实现了较高的市场渗透率后，就很难再找到那么多潜在用户加入了。

Facebook 便是这样令人羡慕的例子。但即便如此，他们的病毒传染系数仍然小于 1，处于 0.4 的高位——但这就已经给他们带来了巨额的收入，意味着在每个时间段内都会有 40% 的用户群增长是经由免费的病毒式营销而取得的。

测量指标的基准值

确定这五项指标后，流程的下一步是为每个指标确定基准值。当我在 Friendster 就职时，还没有今天那么多第三方分析工具可供选择，我们只能靠自己写代码来跟踪、计算这些指标。我们一开始先为每一个“原子”型的微观指标收集数据，比如注册用户数量、活跃用户数量、邮件点击量等原始数据。随后，我们再用这些“原子”型的微观指标数值，来计算上述五项比率型指标。

为简单起见，我们只着重介绍其中三项，其基准值如下：

- 平均每位用户发送邀请的百分比为 15%；
- 平均每位发送者的邀请数量为 2.3；
- 注册转化率为 85%。

评估各项指标的潜在投资回报率

精益产品分析过程的下一步是选择能够带来最大改善回报的指标。你可以设身处地想一下，目前你只有上面列出的有限信息，你会首先选择这三项指标中的哪一项开始加以改善？你该作何决策？

要对每一项指标采取怎样的改进计划，目前仍缺少明确的信息支持。采用投资回报的方法很难预估回报，或者估算指标改善后带来的实际价值提升；而且，对每项指标所做的改善，都可能带来这样的回报或者价值提升。当缺乏足够的信息时，一种最简单的方法便是选择最有上升潜力的指标，因为它至少有最大的改善空间。你可以通过估算该指标的当前值与其可能的最大值的差距来估算其潜力。图 14–5 诠释了这种理念在三项指标上的应用。

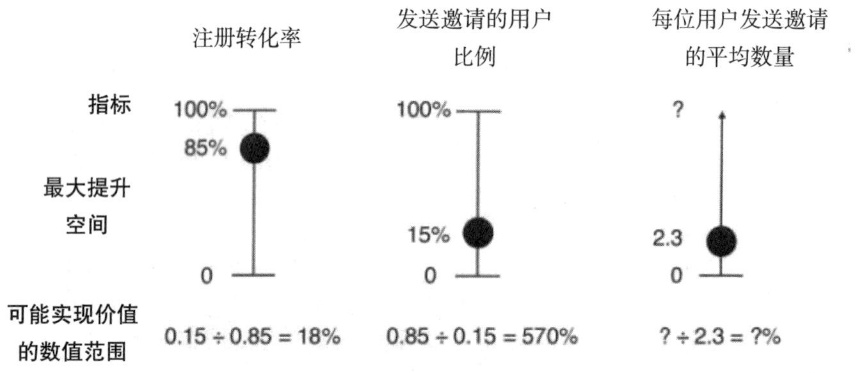

图 14–5　各项指标的潜在提升空间

我们先从注册转化率着手。这是个百分比数值，范围从 0% 到 100%。当前的转化率为 85%。因此不管采取什么策略加以改进，我们最多只能在该项指标上增加 15 个百分点，这是极限了。用百分比来表述其增长潜力时，我们用 15% 除以 85%，即 18%。结论是我们在注册转化率方面改善的最大幅度为 18%。

第二项指标是发送邀请的用户占总体用户的百分比，范围同样是 0%~100%。其当前数值为 15%，因此理论上我们在这项指标上的可改善幅度高达 85%。用百分比来表达其增长潜力时，算式是 85% 除以 15%，即 570%，这表示我们在提高发送邀请的用户占全体用户的百分比方面进行改善的潜力远超过提高注册转化率的潜力。

现在转向第三项指标：每位用户发送邀请的平均数量——这并不是百分比。它的最小数值是零，当前数值是 2.3，那么最大可能值是多少呢？任意值？似乎很难精确加以描述。不过至少我们需要估算一个最大值来计算这项指标的上升潜力。可能是无穷大吗？当然不，至少受限于全球人数限制。每位用户都可能会邀请他或她所有的朋友加入 Friendster。因此其最大数值是 Friendster 用户拥有朋友的平均数量。那又是多少呢？对此我仍没有正确的答案，不过合理的推算应该在 100 到 200 之间。在 1990 年代，心理学家罗宾·邓巴（Robin Dunbar）对一个人可以长期稳定保持的社交关系数量做过研究，这便是著名的 150 定律，即"邓巴数字"，这是一个推算出的中间值。如果使用这个数字，我们可以看到，每位用户发送邀请的平均数量提升的潜力为 150 ÷ 2.3 = 6 520%。即便使用更加保守的数值 100 人，这项指标的潜力亦远远超过其他两项指标。

这时再来看图 14–5，你是否有一种似曾相识的感觉。如果再回看图 14–2 中的三个 ROI 曲线，是否感觉到了两张图之间的类同之处？用户发送邀请的数量就像是指标 A，带来了不错的投资回报；而注册转化率就像指标 B，投资效益少得可怜；平均每位发送者的邀请数量就像指标 C，我们无法确定，除非我们可以看到改善的有效性以及所需投入的资源的多寡。

选择最优先的指标加以改善

我决定首先致力于提升每位用户发送邀请的平均数量，主要原因是其所具备的增长潜力，另外一个原因是这不需要改变现有用户的行为。我们有 15% 的用户已经开始发送邀请了，我们要做的只是让他们多发一些。相比之下，要增加发送邀请邮件的用户的百分比就需要改变其行为。不论出于什么原因，其他 85% 的用户根本没有邀请他们朋友的意愿，尽管在这方面我们也做了诸多努力，但仍然不知道怎样做能够使这一数值增加。另外我们还知道，当前用户在邀请朋友加入的过程中，需要较多的手动操作，我们有信心可以改善这一用户体验。

指标优化循环

现在我们已经选定了每位用户发送邀请的平均数量作为首要的改善对象，那么就可以进入精益产品分析过程的下一步了，也就是进到了图 14–1 右侧的指标优化循环中。我与团队成员集思广益，提出了多种多样的改进意见，随后评估各项改进指标需要付出的成本以及可能带来的改善成效。在经过这样一个过程之后，我们的结论是增加地址簿导入功能是一种投资回报相当高的方式。这在今天早已司空见惯，但在当时却是一项创举。我们的许多用户将朋友们的电子邮箱地址保存在地址簿中，并与 Gmail 与 Yahoo! 邮箱账号关联。地址簿导入功能让他们可以输入邮件网站的凭据，并将朋友们的联系方式直接引入 Friendster。我们设计的地址簿导入器还可以列出所有待导入者的名单，让用户自由选择他们愿意邀请的人。我们预想设计这样一种导入功能会显著提升每位用户发送邀请的平均数量。

在具体技术实施方面，我们可以利用各家电子邮件服务商提供的一些初期开发成果，不过对应不同的邮件服务仍需要一定量的工作。在这点上，我意识到最好要将功能分解成更小的子模块（正如第 6 章所提到的），每个功能模块对应一家具体的电子邮件服务商。为了能以最小的工作量来测试我们的假设，我决定推出一款只支持一家邮件服务商的地址簿的 MVP。在分析用户信息后，我发现 Yahoo! 邮箱是在我们用户当中最受欢迎的电子邮件服务商，因此该功能子模块可能带来最高的投资回报。过程的下一步是设计和实现这一解决方案，这大约只用去了一位产品经理和一位开发者一周的时间。

这是不是一发银弹

我们发布了改进版产品，而且已经推进到精益产品分析过程的下一阶段，亦是最激动人心的一步：观察指标的变化。图 14–6 中的图表显示出我们发布改进版之前与之后的指标变化情况。纵轴显示出每位用户发送邀请的平均数量，而横轴显示出相应的日期。和许多网站一样，我们的用户情况会有周期性变化；工作日与周末的许多指标都会有所不同。因此，我们选择跟踪各项关键指标 7 天之内的变化来发现趋势。图 14–6 中每天的数据点都是指标在过去 7 天中的平均值。

从图表上不难看出，我们的指标数值非常稳定，曾有一个多月的时间都维持在 2.2 到 2.4 的基准数值附近。然而，在图的右侧，从我们推出改进版的那天开始，曲线开始从平滑的水平线转而陡峭上升。由于我们是按 7 天平均值绘图，因此在发布了地址簿导入功能后，曲线经过一段时间后才达到了新的平均值。这说明每位用户发送邀请的平均数量持续增长，最终稳定在 5.3 附近。这使我欣喜若狂！

这个改进项目绝对是一发“银弹”：一周的工作量已经给关键指标带来了一倍以上的提升（5.3 ÷ 2.3 = 2.3 倍）！回到业务等式中，这项指标上 2.3 倍的改善表明我们通过病毒式增长获得了 2.3 倍的新客户。而且我们还只是针对一家邮件服务商提供了导入功能。在用量化的数据证明了假设之后，我们继续扩大战果，导入更多的电子邮件服务商，通过这项关键指标取得了更多收获。

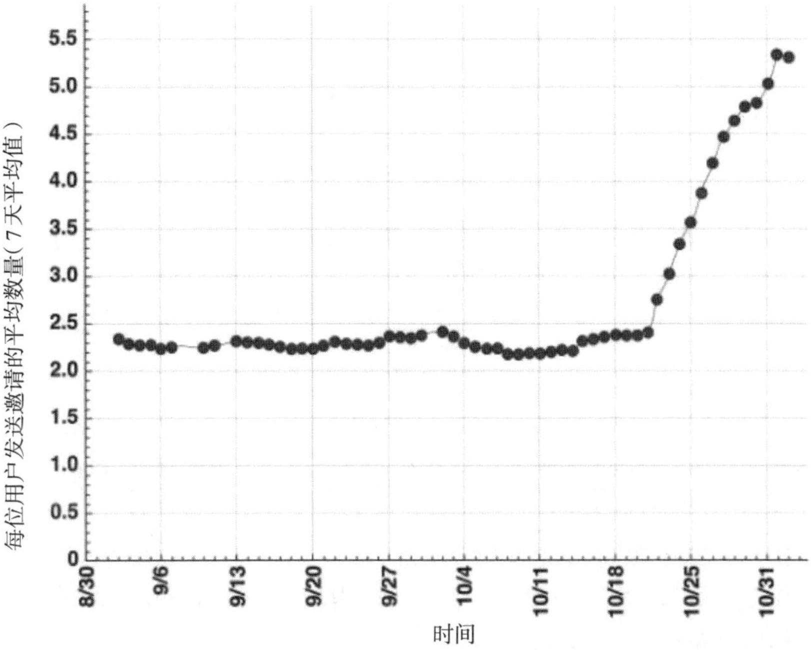

图 14–6　每位用户发送邀请的平均数量在改进版推出前后的变化情况

之后我们又拿出一段时间继续改进每位用户发送邀请的平均数量，但在此之后，似乎所有我们能够识别的、能产生高投资回报的改进创意都枯竭了。既然如此，不如见好就收，我们决定结束对该指标的优化循环，将工作重点转向了另一个病毒式循环，以求得到更高的投资回报。

这个例子显示出，如果运用好分析技巧，你很容易提升业务绩效。通过实施精益产品分析过程，你也能达到类似的结果。正如第 11 章中 MarketingReport.com 的案例分析所展示的，这里面没有什么独门绝技，我只是遵循本书所阐述的这些程序和原则，就如愿达成了自己的业务目标。

用 A/B 测试加以优化

我们在第 7 章节中介绍过 A/B 测试，也称为对比测试。这种定量分析技术可以帮助你同时测试两种（或更多种）可替代的方案来对比其绩效表现。在我就职于 Friendster 时，市场上并没有现成的 A/B 测试工具，而自行创造一款内部使用的工具需要大量开发资源。于是我选择用“前后对比”的方式来甄别想要改善的指标，效果同样不错。今天你可以方便地使用 A/B 测试来检验你的每一项改善创意，将新旧版本同时运行更有助于避免潜在的干扰源的影响。

A/B 测试中的一个重要概念是统计显著性，这由绩效差异性和样本规模共同决定。有一些在线工具可以帮助你计算测试的统计置信度水平。所以你不必去理解复杂的公式，重要的是要知道统计显著性会随着绩效差异和样本范围的扩大而增强。在样本范围过小时，你很难形成具有统计显著性的结论，而且假如两种备选方案的绩效非常接近，你也需要更大的样本规模才能找出其具有统计显著性的差异之处。

市场上有不少可用的第三方 A/B 测试工具，例如 Optimizely、Unbounce、KISSmetrics、Visual Website Optimizer，以及 Google Content Experiments（Google Analytics 套件的一部分）。也有许多公司选择创建自己的内部 A/B 测试平台。这些工具允许你指定一个或多个差异化产品版本，并在各个版本的产品之间随机分配流量。这些软件能够跟踪、记录你所关心的同一指标的不同结果，让各版本间的绩效差异显现出来，并根据样本规模给出置信度水平。

许多企业会将 A/B 测试整合在产品发布过程之中，尤其是当有重大改动时，他们不会即刻从旧版本切换到新版本，而是让原来大部分用户仍然保留在了旧版本上，并将新版本在小范围用户内“测试发布”。随后，他们会比较新旧版本在关键指标上的表现差异。在提高使用新版本的用户百分比之前，产品团队希望能确保那些意图改善的指标能有更好的表现，而其他关键指标也不会恶化。这个过程被称为限流（Throttling），它是精益原则的产物，也是显著减少发布新产品过程风险的好办法。最后，如果意图改善的指标确实表现良好，那么就会把 100% 的用户都切换到新版本上，旧版本就此退出历史舞台。

奈飞公司以其在营销和产品方面完善的 A/B 测试而闻名。在公司网站的常见问题问答中，对“奈飞公司除了会员注册之外还会进行哪些领域的 A/B 测试？”的提问，奈飞公司的首席产品官尼尔·亨特（Neil Hunt）的回答是“简单来讲——所有事情”。亨特解释了奈飞如何测试不同的用户界面、推荐算法、按钮位置和大小、页面加载时间，以及视频编码的质量水准。亨特的结束语是：

以事实为准绳，我们以此为荣。因为这使我们更加谦逊——时刻提醒我们在大多数时候并不能预先知道客户想要什么。从测试得到的反馈能很快让事情清晰化，

确保我们所做的工作都有助于于优化客户的体验。

A/B 测试是否足够

A/B 测试是一种完全基于证据的产品决策工具。因为你是从真实世界的广大用户的行为中获取数据，所以这其中不存在用户言行不一的风险。在进行测试的过程中你不会身临其境，因此亦不会产生干扰。当然，产品团队不能只满足于定量测试，也别忘了奥普拉（定性测试）。许多时候你需要用定性测试来佐证定量测试，了解隐藏在这些用户数据背后的原因。

在进行到这个以快速和迭代为特征的 A/B 测试阶段之前，产品团队走过了漫长的路程。在 MVP 形成之前的早期阶段，他们根本没有翔实的数据可用来作决策参考。有些人会忍不住跳过所有的定性测试与市场认知过程，直接发布一个候选 MVP，开始用 A/B 测试验证其产品 – 市场适配性。这是一种非常浪费资源，并且注定失败的程序。因为在这种情况下，A/B 测试很可能将你引入一种很差的局部极大状态，与你的产品 – 市场适配的目标南辕北辙。

让我们再度回顾产品 – 市场适配金字塔，如图 14–7 所示。你在每一层上所做的假设都会影响到其上的各个层级。用户体验是最容易更改的层级。你也可以改变功能设置与组合，但这需要更大的工作量。但产品 – 市场适配最基础的要素，包括你的目标客户、潜在需求与价值定位，在确定产品之后便很难再作改动。一旦假设被锁定在这些层级上，它们便构成了一组相互关联的构造板块。当产品创建之后，如果再试图移动其中的一个板块，那么已经构建成型的产品便会像遭遇强烈地震的建筑物一样轰然坍塌。一旦这种情况发生，人们出于本能就会尽可能地去努力维护和抢救自己的劳动成果。但是其后果是给你的方案空间戴上沉重的枷锁，此时，也许改变你的问题空间反倒是不错的选择。

精益产品开发过程是有条不紊进行的，可以让你有序地验证各种关键假设，从而显著降低风险，提升实现产品—市场匹配的概率。在问题空间中并不像方案空间那样适合使用 A/B 测试。产品 – 市场适配金字塔底部的三层需要通过定性研究来创建、验证、改善你的假设。从定性研究到产品发布后的定量验证，这是一个自然的演进过程，简而言之：定性测试帮助你定义产品，而定量测试让你进一步优化产品。你同时需要奥普拉和斯波克来帮你赢得产品的成功。

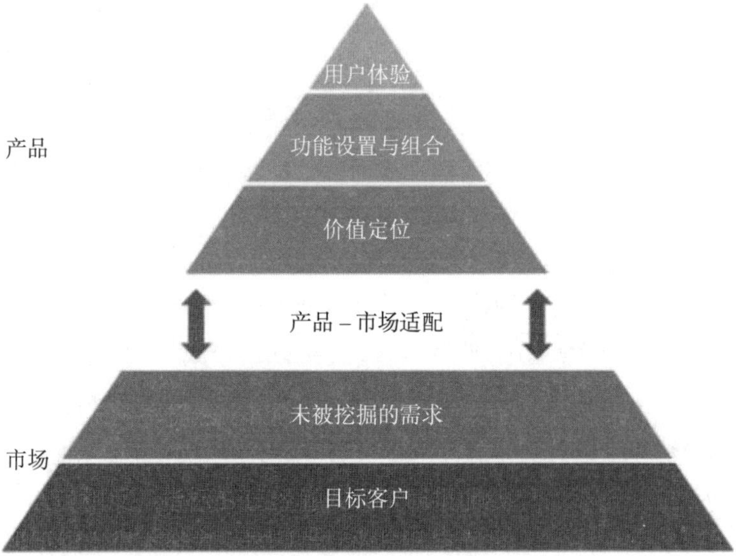

图 14–7　产品 – 市场适配金字塔

结语
创建出赢得客户喜爱的明星产品

我写作本书的目的在于帮助你创建出赢得客户喜爱的明星产品。全书从产品－市场适配金字塔展开论述，这种便于操作的模型定义了产品－市场适配中的各项组成部分及其相互关系。市场是指目标客户以及他们的需求，而你的产品结合了价值定位、功能设置与组合以及用户体验。在实现产品－市场适配的过程中，你需要在这五个层次上作出关键的假设。

精益产品开发过程引导你通过六个步骤制定、验证这些假设：

1. 确定你的目标客户；
2. 识别客户未被满足的潜在需求；
3. 明确产品的价值定位；
4. 细化最简可行产品的功能设置与组合；
5. 创建最简可行产品的原型；
6. 与客户一同测试最简可行产品。

这个过程起始于问题空间，并逐步扩展至方案空间。首先你要确定目标客户，可以使用角色模型来对此加以描述。为了给客户创造出最大价值，你可以使用重要程度与满意程度框架来找出重要但尚未被满足的潜在需求。运用狩野模型你可以制定出差异化的价值定位，更好地满足目标客户的需求。然后采用 MVP 方法，尝试提供价值定位中关键部分的最简可行功能。随后，遵循着用户体验设计准则，你开发出 MVP 的功能设置与组合，创造出产品原型，带给用户实用而精彩的使用体验。

在评估产品–市场适配时，你需要与目标客户一同测试候选MVP，客户在方案空间中所给出的反馈会更胜于问题空间。为了节省资源，实现更快速的迭代，在实际创造产品之前你应该设计出一些可供交付的工件，例如可点击互动的模型。应用你所得到的反馈信息，你可以不断修正自己的假设与候选MVP，不断通过“假设—设计—测试—认知”循环过程进行迭代，从而实现越来越高的产品–市场适配。在测试过程中，你可能会改变一项或多项基础性假设，转向到某个更有潜力的市场机会中去。

在充分验证了产品–市场适配之后，你开始创建MVP。你应当运用敏捷原则，以增量、连续迭代的方式来构建产品，以期降低风险并能更快速的交付客户价值。品质保证与基于测试的开发方式能够实现更好的产品品质，而连续集成与连续部署则有助于改善开发效率。

在发布产品之后，你可以运用分析技巧来掌握客户对产品的使用情况。保持率提供了一种定量测试产品–市场适配的指标，而组群分析则显示出该指标在一段时期内的变化。在有了满意的保持率之后，你可以专注在戴夫·麦克卢尔的AARRR（获取、激活、保持、推荐、变现）框架中的其他重要指标上。定义业务等式可以让你识别出针对特定业务类型的关键指标，而精益产品分析过程则以系统化的方式优化这些指标，从而带来更多效益与利润。

我希望你能够通过本书领悟到精益产品开发过程及其指南的价值。除了在书本中分享的这些建议，我还想留给你们10个创建成功产品的最佳实践。

1. **有自己观点但必须思路开阔。**或许你已经意识到构建产品不能优柔寡断——常常需要在充斥着不确定因素的条件下运筹帷幄。因此，重要的是要有自己的观点，能当机立断。同时，你应该知道如何测试那些最具风险与不确定性的领域。在验证过程中，你应当避免固执于最初的观点，而要以客观事实为依据，用开放的心态来思考，这样你将会得到很多认知，用以修正与提高自己原本的设想。
2. **清晰阐述你的假设。**构建产品时需要作出许多决策与假设。你可以运用的一种有趣的方法是，在认识产品时，将产品看成是集成所有假设后产生的结果。因此你应该尽可能对这些假设做到清晰无误，将它们写下来更会让你受益匪浅，正如海军上将海曼·G·里科弗（Hyman G. Rickover）所说：“没有什么能比写下一个人的观点更能磨炼思维的了”。你的队友也应该如法炮制，而你应该将团队的假设都整理清楚，使之得到清晰呈现。要向每个人展示这些假设，大家一起反思考探讨，使之更趋近完美。

3. **精准的优先级排序**。在创建产品的过程中会产生多样的设想，这些都需要一定的资源支持，因此权衡选择不可避免。优先顺序的模糊不清通常会导致效率低下和举棋不定。这正是我建议你对待办任务列表以及其他事项必须进行精准的优先级排序的原因所在。识别最重要的工作项目，会帮助你更明智、合理地分配时间与资源。正如彼得·德鲁克所说："时间是最稀缺的资源，如果不能有效管理时间，那么别的一切将无从谈起。"
4. **限定小而精的产品功能范围**。与优先级同样重要的是保持一个小而精的产品功能范围。正如我在第 6 章中所提到的，短小精悍的功能在短时间内能快速实现，目的更加明确，并能够快速从客户那里得到反馈。要严格根据规定的产品功能范围，依次加以实现。这并不意味着要放弃大型项目，而是指化整为零将其分解成较小的项目，从而快速迭代、降低风险。
5. **与客户交流**。客户是产品是否达成市场适配这一问题最权威的评委：他们给出的反馈让你认识到真实的市场状况。因此及时而频繁地客户沟通甚为重要。为了让用户测试更易于开展和操作，为了不断扩大交流用户的规模，你值得投入资源来构建这样一个体系。另外，在产品开发过程中，两次测试之间间隔不宜过长；客户永远会有你意想不到的见解，会让你如获至宝。
6. **在创建产品之前，先进行测试**。许多团队急于抓进度尽快拿出产品，而忽视了验证他们原本的假设。但是在尚未证实产品 – 市场适配之前开展创建工作无疑是一种冒进。你需要认识到，基于可交付的设计工件的迭代远比创建实际产品来得更加速成，且成本更低。支持你先进行测试的另一原因是，当一个团队经过努力创造出产品后，他们自然就会敝帚自珍，心态不再开放，不情愿否定自己，不愿意对自己的产品进行大的改动 。
7. **避免局部极大化**。第 14 章的内容你应该还能记得，局部极大化意味着你在可供选择的范围内达到了最佳效果，但是却忽略了其他更好的可替代方案——那些选项之外的可能。在局部范围之内，你认为对于产品 – 市场适配，或者关键指标已经没有可以改进的余地了。在这时，你需要从一个更新颖的、更广阔的视角来观察，将自己的思维提高一个层次，用发散性思维提出新的创意加以探索。
8. **采用更有前途的工具和技术**。团队成员通常会使用自己最熟悉的技术和工具。某些产品团队在这方面的思考有些抱残守缺、封闭保守，不愿去寻求可能的最优方案。而那些观念比较领先的产品团队更愿意积极探索，当有足够多的团队成员认为新方法比原先的方法更好时，就愿意尝试新的技术和工具。一味追赶时髦并没有必要，但是也要关注别的团队，相对走在时代前沿总是更加可取的。当一个新想法看起来有希望、有可能显著提升团队的工作绩效时，你应该给它们一个机会。

9. **确保团队的技能水准**。正如本书涉猎的主题非常广泛，成功创造出一款产品也需要广泛的技能组合。对软件产品而言，需要的一长串技能列表，包括产品管理、用户调研、交互设计、视觉设计、文案撰写、敏捷开发、前端编程、后端编程、品质保证、开发运营以及分析技巧等。不同的产品团队需要开发人员具备的重要技能各不相同。要充分评估团队的强项与弱点，找出哪些方面的技能改善能最大限度地改善整体情况、不断强化你的团队能力（例如额外的人员招募、供应商承包、顾问或培训）。
10. **培养团队的协作精神**。我想说的是，创建产品是一项团队运动。就像一支篮球队的五名球员，后卫、前锋和中锋各有自己的角色定位。要命中得分，五个人需要成为一个整体协调各自的行动，不断传球、跑位，发起进攻。产品团队成功完成一项新的功能就像是投篮成功得分。产品经理撰写用户故事，对待办任务进行排序的工作像是低位传球。产品经理将球传给交互设计师，由他设计出流程图和框架图，并传球给视觉设计师。设计师会创建出高仿真度的模型，并将球传给开发人员。而开发人员基于用户故事和模型最终生成产品，投球得分。独木不成林，团队中每个成员必须认清自身及他人的职责，协调一致、实现目标。在工作间歇，还要共同商讨改进团队协作，以及如何改进工作质量。成为一个高效的团队令人兴奋，团队成员间的高度协作大大增加了实现成功产品的可能性。

我诚邀你访问本书的配套网站，http://leanproductplaybook.com。在那里你会读到与本书主题相关的更新或全新的内容。该网站也是一个共同分享、共同讨论的平台，特别适合那些希望打造出精彩产品的人士。

我非常希望能获知你的读后感，真诚希望这本书中的建议能对你有所帮助，在创造出成功产品的征途上助你一臂之力。

译者后记

我在十多年之前进入大型跨国企业的产品管理部门工作，目睹、亲历了产品管理的各种变化。当时许多企业还未设定产品部，或是将产品与营销混为一谈。其实直到今天许多国内的产品经理仍然是虚职，他们要么充当产品保姆的角色，解决销售一线各种细枝末节的问题；要么是研发人员中较为活跃的人，健谈、能讲 PPT，被一线销售人员视为可靠的售前技术咨询。

我一直在想什么是产品经理？严格地讲，产品经理就是企业这条产品线的总负责人，需要做到：第一，对产品在整个生命周期内的绩效负责；第二，对产品给企业品牌打造的形象负责；第三，对产品带来的客户价值与社会价值负责。如果企业只有一条产品线，那么产品总监就应该是公司的总经理。这和今天市场上许多初创型企业的构成很像，其中不少企业便采取了产品经理 + 风险资本的简单架构。

那么怎样才能做好产品经理呢？这是个非常值得深度探讨的话题。在这个岗位刚出现时，几乎所有的产品经理都是技术出身。当时互联网还刚刚兴起，许多客户还处于懵懂状态，拥有一项业内领先的技术时便很容易打开市场。但今日的市场已全然不同，我们看到许多成功的产品都是由通用性技术所构成的，例如特斯拉高效的电池实际就是由 7 000 多节的 18650 电池所组成；iPhone 内的所有技术都可以从市场上买到，但是要将这些技术组合成最受用户青睐的产品却绝非易事。

这里我要感谢丹·奥尔森所著的这本书，其中提到的观念与霍尼韦尔一直所强调的客户价值导向十分一致，即在首次萌发这款产品的想法时就去验证其市场前景，而不是等到产品定型后再去寻找相应的市场——那是二十年前的做法。

原来客户们很买跨国企业的账，原因是这些企业可以带来最新的技术，但是今天的市场已经完全变了。一方面是因为技术溢价幅度已经微乎其微，今天一台笔记本的运算能力或许都抵得上二十年前的一个数据中心，但市场需求却并没有跟上；另一方面，本地厂商在满足特定需求方面有着得天独厚的政策优势与时间响应优势，例如华为，在有些项目中压根不用去介绍产品，只管搜集、整理客户需求，然后自行研发，产品半个月就出来了，比那些国际巨头的交货期快得多。

不论怎样的企业，你如何在这样的市场上生存？一种是向下走，依靠深厚的技术积累，例如芯片、半导体、元器件厂商；另一种是向上走，这是绝大部分想要生存下去的企业都要走的一条路，不论规模大小。所以我深切地感到，这类企业中的每个人都应该阅读这本书，尤其是企业中与制定产品决策相关的工作人员。相信仔细阅读，并在开发实践中严格遵循精益创业的各项原则后，很难会给市场带去一个不受欢迎的产品。

最后，本书在译著过程中得到了中国人民大学出版社老师们的大力协助，致以衷心的感谢。同时感谢张国成、顾邹芸、周屹等老师在翻译过程中给予的指导和帮助。如果您在阅读过程中有任何问题与建议，欢迎与我取得联系。

张瀚文

北京阅想时代文化发展有限责任公司为中国人民大学出版社有限公司下属的商业新知事业部，致力于经管类优秀出版物（外版书为主）的策划及出版，主要涉及经济管理、金融、投资理财、心理学、成功励志、生活等出版领域，下设“阅想·商业”“阅想·财富”“阅想·新知”“阅想·心理”“阅想·生活”以及“阅想·人文”等多条产品线。致力于为国内商业人士提供涵盖先进、前沿的管理理念和思想的专业类图书和趋势类图书，同时也为满足商业人士的内心诉求，打造一系列提倡心理和生活健康的心理学图书和生活管理类图书。

阅想·商业

《凿开公司间的隔栅：共享时代的联合办公》

- 随着科技和生活方式的改变，促使工作及创业正经历着工业革命以来前所未有的转型，适合创业者、自雇人群和新生代职场人工作需求的新型工作场所——联合办公空间在世界各国粲然崛起；
- 本书是中国联合办公领域第一家独角兽企业掌门人毛大庆倾心之作；
- 真格基金创始人徐小平、财经作家吴晓波、场景实验室创始人吴声、罗辑思维创始人罗振宇领衔推荐。

《精简：言简意赅的表达艺术》

- 人们患有注意力缺失症，迫切需要精简的表达和沟通方式，如果你想得到更多，就要说得更少；
- 企业管理者、营销人员、企业家以及所有想要成为一名精益沟通者的个人必读之作；精简就是帮自己和他人节省时间和资源，并将省下来的时间和资源花费在美好的事情上。

《商业模式创新设计大全:90% 的成功企业都在用的 55 种商业模式》

- 未来，公司的竞争优势将不再基于创新型产品和工艺流程，而是基于创新型商业模式；
- 作者深入研究 50 年来最具革命性的商业模式创新案例，详尽解读世界上最赚钱的 55 种商业模式，帮助你打破一切常规，对现有商业模式进行重组和创造性模仿，为创造新的商业模式酝酿灵感利器，找到适合你的企业的商业模式。

《成功的要素：打破失败定式的 16 条法则》

- 苹果、IBM、宜家、花旗银行等世界知名企业的高效能培训师畅销力作。盘点失败的成因，就是为了到达成功的彼岸；
- 每个人都渴望成功，但成功往往只是一瞬间。如果没有任何机制来管理自己的思想、身体和行为，那你势必会在被动、零碎、断断续续的生活状态中，一步步陷入失败的深渊。驾驭不了成功的要素，你终会落入失败定式的窠臼。

《精进：成为职场精英的 14 项修炼》（实战版）

- 为什么你一直很优秀，却最终落入平庸？只因你不懂得如何为自己代言，打造个人品牌。自我营销资深专家为你量身定制成功方案，帮你迅速提升个人影响力，实现价值倍增，成为人群中最卓越的 2%；
- 在未来的职场中，仅凭扎实的专业能力是不够的，只有懂得自我营销，建立个人品牌，才能拥有核心竞争优势。

The Lean Product Playbook：How to Innovate with Minimum Viable Products and Rapid Customer Feedback by Dan Olsen.
ISBN:978-1-118-96087-5.

图书在版编目（CIP）数据

如何开发一个好产品：精益产品开发实战手册 /（美）丹·奥尔森（Dan Olsen）著；张瀚文译．—北京：中国人民大学出版社，2017.9

书名原文：The Lean Product Playbook：How to Innovate with Minimum Viable Products and Rapid Customer Feedback

ISBN 978-7-300-24867-7

Ⅰ．①如…　Ⅱ．①丹…②张…　Ⅲ．①产品开发－手册　Ⅳ．①F273.2-62

中国版本图书馆 CIP 数据核字（2017）第 199889 号

如何开发一个好产品：精益产品开发实战手册

【美】丹·奥尔森（Dan Olsen）　著

张瀚文　译

Ruhe Kaifa Yige Haochanpin: Jingyi Chanpin Kaifa Shizhan Shouce

出版发行	中国人民大学出版社		
社　　址	北京中关村大街 31 号	**邮政编码**	100080
电　　话	010-62511242（总编室）		010-62511770（质管部）
	010-82501766（邮购部）		010-62514148（门市部）
	010-62515195（发行公司）		010-62515275（盗版举报）
网　　址	http://www.crup.com.cn		
	http://www.ttrnet.com（人大教研网）		
经　　销	新华书店		
印　　刷	北京中印联印务有限公司		
规　　格	170mm×230mm　16 开本	**版　　次**	2017 年 9 月第 1 版
印　　张	16.75　插页 1	**印　　次**	2017 年 9 月第 1 次印刷
字　　数	285 000	**定　　价**	65.00 元